民国国文教学研究文丛

MINGUO GUOWEN JIAOXUE YANJIU WENCONG

总论卷 国文教学总论

饶杰腾 编著

语文出版社

·北京·

图书在版编目（CIP）数据

民国国文教学研究文丛. 总论卷 : 1912～1949 / 饶杰腾编著. -- 北京 : 语文出版社, 2015.8
ISBN 978-7-5187-0199-5

Ⅰ. ①民… Ⅱ. ①饶… Ⅲ. ①汉语－教学研究－中国－民国 Ⅳ. ①H19

中国版本图书馆CIP数据核字(2015)第172820号

项目统筹 陈 鹏 李世江
策划编辑 张子航
责任编辑 张家智 张 兰
装帧设计 郑 毅 梁 明
出　　版 语文出版社
地　　址 北京市东城区朝阳门内南小街51号 100010
电子信箱 ywcbsywp@163.com
排　　版 北京阅微文化发展有限公司
印刷装订 河北新华第一印刷有限责任公司
发　　行 语文出版社 新华书店经销
规　　格 787mm×1092mm
开　　本 1/16
印　　张 18.5
字　　数 266千字
版　　次 2016年6月第1版
印　　次 2016年6月第1次印刷
印　　数 1-3,000
定　　价 55.00元

010-65253954(咨询) 010-65251033(购书) 010-65250075(印装质量)

国家宣传文化发展专项资金项目

项目成果·真语文系列丛书

目　录

相似相续　非断非常

——写在前面

世纪之交，教育领域又开始了新一轮国家范围的课程改革。怎样改革才是有效的，可持续的，这是广大教育工作者至为关注的问题。

其实就语文学科讲，自20世纪初，国文独立设科以来，国文教育工作者，不管处在多么艰难困苦的环境里——即使战火纷飞的年代，也从没有停止过实践与探索。他们所贡献的——或经验，或教训都弥足珍贵。这笔财富，我们不应漠视它，舍弃它。为了总结我国国文教育的历史经验，我陆续浏览了20世纪前期与国文教育相关的资料，边阅读，边发掘，边鉴别，边梳理，选取其中一些文章，按主题编撰，终成了这几个小册子。

梁漱溟先生认为，“相似相续，非断非常”是历史发展的必然。他在《晚年口述》中说：“‘相似相续’，它是连续的，相似就是了，今天的我和昨天的我很相似，已经不同了，只是相似。严格地讲，前一个时间的我跟现在时间的我已经不同了，一个人从一个小孩长大，像我八十多岁，时时刻刻在变化，时时刻刻在不同。这个不同一方面简单地讲，他自己身体就不同了嘛，头脑就不同了，外面给他的影响也早已不同了，所以都是在不同之中，但不同之中也有一定的相似，所以叫‘相似相续’。‘非断非常’，‘非常’，就是不是常恒如故，中国人本来是‘常’，跟‘恒’连着的，也可以说‘恒常’，也可以说‘常恒’。‘非断非常’，不是常恒的，可又不断，‘非常’就是现在的我跟刚才的我不是一回事了，可是也没有断，仍然还是相续的。”①

费孝通先生更把“事物”看作是不同时间上变化的集合体。他在《暮年自述》中也说：“从‘今天’是可以推测‘昨天’的，因为历史并没有‘走’，它还包含在‘现在’里。人们一般不去关心这个时间概念——我们说昨天已经过去了，如果仔细想想，你会觉得‘昨天’并没有走，今天有昨天的‘成分’在；就像昨天的‘我’还留在今天的‘我’里。可是今天的‘我’已经有了变化，又不同于昨天的‘我’了。”②

季羡林先生又认为，我们今天的任务主要还是立，还是继承。他在《自述》中说：“几千年传下来的东西，必有其优异之处，可传之处，否则早已被淘汰掉了。现在有一些先生总是强调批判，而忽视继承。我认为，与其说什么‘破字当头，立在其中矣’，为什么不能说‘立字当头，破在其中矣’呢？破立次序之差，表现了人们对批判与继承的看法。我绝不是说，过去的什么东西都是好的，那是不可能的，任何东西都逃脱不了时代的局限性。虽然破立必须结合，不能不结合；但我们今天的任务主要还是立，还是继承，而不仅仅是破，不仅仅是批判。”③

本着以上三位先生的思路，我们可以也应当把“语文教育”看

---

① 《这个世界会好吗——梁漱溟晚年口述》第246页，东方出版中心2006年版。

② 《费孝通在2003·世纪学人遗稿》第77页，中国社会科学出版社2005年版。

③ 《学问人生——季羡林自述》第154页，山东友谊出版社2006年版。

作“不同时间上变化的集合体”，其变化是循着“相似相续，非断非常”的轨迹，其改革的任务“主要还是立，还是继承”。反观百余年来的我国语文教育，“改革”也好，“革命”也罢，几乎从未停歇，但收效却不尽如人意。这就牵涉到能否认真对待批判与继承的问题。

为此，十年来，我反复翻阅20世纪前期相关的国内中文期刊。在教育方面，有清末宣统元年（1909年）由上海商务印书馆创办的《教育杂志》，民国元年（1912年）由上海中华书局创办的《中华教育界》，五四运动当年（1919年）由新教育共进社创办的《新教育》，以及由蔡元培先生为创刊号（1935年）作序的南京《教与学月刊》。这些期刊，大多产生于历史的关键阶段，其影响是广泛而深远的。它们或以“研究教育、改革学务”为宗旨，或意在广泛探讨新的教育思想、教育内容、教育政策、教育设施和教学方法等，对欧美教育思想及实践也有不少介绍。

综合性刊物有1930年由上海开明书店创办的以中学生为对象的月刊《中学生》。以向中学生提供多种趣味与知识，解答疑问，指导前途为宗旨。虽为多科性杂志，但它对国文教学尤为重视。特别是前期在夏丏尊先生的主持下，更为我们留下了大量的宝贵资料。

至于专科型刊物，则有被誉为国文教学研究“双璧”的40年代创刊的《国文月刊》和《国文杂志》（桂林），前者偏于“教”，后者重在“学”。其影响所及，以至于今。

我阅读上述文献资料的过程，也是与新的课程改革相互比较、碰撞、互补、汲取、提炼的过程。在我的案头，同时放有世纪之交课改以来的《语文建设》《中学语文》《中学语文教学》《中学语文教学参考》《语文教学通讯》等杂志，以及《语文学习》《课程·教材·教法》的相关复印件，它们是我长期跟踪新一轮语文课改的理念与实践的资料，我从中整理出若干思路，作为丛书选文的参照。

于是，就将本丛书分为“总论”“论争”“阅读”“写作”“选读”等五册。“总论”和“论争”部分系概述，“阅读”和“写作”部分为分述，而“选读”部分则服务于“读、写”。五册书，合则为一整体，分则相对自成系统。

“总论”的要点：

新的国文课程是为培养善于运用国文这一工具来应对现代生活的普通公民服务的。作为一国的国民，对本国语言文字必须有最低限度的修养，达到最基本的水准。对国文课程的性质、目的的认识与课程的内容和方法的选择是紧密相关的。回顾自“五四”运动前夕到40年代末，国文课程革新的重心和发展的轨迹，将有助于我们提高语文教学的效益。

“论争”的要点：

一是有关二三十年代国文课程标准的讨论。20年代新学制课程标准的讨论带有纲领性、结构性，因而富有建设性，为以后课程标准的构建和改造打下基础。二是30年代前期关于“中学生国文程度”和40年代初关于“抢救国文”的讨论，其实质是关于“文白”之争。这时期的论争，为我们揭示了相对正确的思维方式方法。

“阅读”的要点：

阅读教学在国文学科中占有相当重要的位置；阅读教学要放在国文学科中作通盘思考；阅读与阅读教学的内在联系；教师的一般指导与学生个性化阅读的密切关系；阅读教学过程中“获得思想”与“运用工具”的有机结合；默读与朗读相辅相成；要注意中小学不同阶段阅读教学的特点。

“写作”的要点：

文章的标准第一是要真，真是善和美的基础；国文学科写作教学遵循“习作”而不是“创作”的原则，旨在养成学生良好的写作习惯；训练思想、培育思想和注重技术、发展技术的有机结合；充分发挥“个体”与“集体”的互动作用；从指导和习作关系的变化区分不同学段的内涵。

“选读”的要点：

作品既包括“诗文”又涵盖“古今”；理论指导与阅读体验的关系；文学作品的理解与鉴赏的关系；选本选编原则与教学的关系；语体文教学与文言文教学思路的异同；范文阅读与写作教学的结合。

当我们接触以上各册中的宝贵史料时，研读、理解、体验、消化、吸收，应力求贯彻顾准先生系统阐明的“科学精神”，即“①承认人对自然、人类、社会的认识永无止境；②每一个时代的人，都在人类知识的宝库中添加一点东西；③这些知识，没有尊卑贵贱之分，研究化粪池的人和研究国际关系、军事战略的人具有同样的崇高性，清洁工和科学家、将军也一样；④每一门知识的每一个进步，都是由小到大，由片面到全面的过程，前一时期的不完备的知识 A，被后一个时期较完备的知识 B 所代替，第三个时期的更完备的知识 C，可以从 A 的根子发展起来的，所以正确和错误的区分，永远不过是相对的；⑤每一门类的知识技术，在每一个时代都有一种统治的权威性的学说或工艺制度，但大家必须无条件地承认，唯有违反或超过这种权威的探索和研究，才能保证继续进步。所以，权威是不可以没有的，权威主义则必须批倒。唯有看到权威主义会扼杀进步，权威主义是和科学精神是水火不相容，民主才是必须采用的方法。”[①]

语文课程的实施与研究就是科学，必须本着科学的态度，体现

① 《顾准文集》第 344 ~ 345 页，贵州人民出版社 1994 年版。

科学的精神，选用科学的方法。语文独立设科以来，上世纪的前半叶，怎样科学地解决“为什么学”的问题，是课程的根本性问题，因为“学什么”“怎样学”是由“为什么学”衍生出来的。我们的老一辈教育工作者为此作了深入与广泛的科学研究。当时《教育杂志》编辑部主任周予同在编制国文课程标准之前，就提出我国的中学校不能当成狭义的职业学校，又不能与大学文科相混。我们的中学生，在学问上是预备升学，在社会上要使之成为“完全的人”。为此，周氏拟得的国文理想目标，应是“人人能用国语或浅近文言，自由而敏捷地发表思想感情，或纪述事实”；“人人能懂得中国文学和学术的大概”。而1932年所拟定的《国语课程纲要》只是提出使学生“有自由发表思想的能力，能看平易的古书，养成研究中国文学的兴趣”的目的。这一表述与周氏见解相比较，就可以看出它的片面性。1929年部颁的《中学国文暂行课程标准》，转而1932年正式颁行，1940年又加以调整与修正。两年后，叶圣陶又在《论中学国文课程的改订》一文中，有重点地作了商榷。如“了解固有文化”，就国文课程而言，文学名著是其中的一部分，要加以了解，要使学生解读它，欣赏它，对“从本国语言文字上，了解固有文化”做了具体明确的解读。再如关于“语体”问题，叶圣陶指出，训练思想，就学校课程方面说，是各科共同的任务；可是把思想语言文字一贯训练，却是国文的专责，这就从一般到特殊区分了国文科的目的，科学地确定了课程的特殊性。再过两年，著有《中学国文的道路》一书的李广田经过详细全面比较之后，在《中学国文程度低落的原因及其补救办法》一文中说：“我看部定标准经多年来一再修整，实在说，为了改进中学国文程度，还不如民国元年校令施行细则第三条更适用些，那一条是：‘国文要旨，在通解普通语言文字，能自由发表思想，并使略解高深文字，涵养文学之兴趣，兼以启发智德。'"

李广田对"那一条"作了当时力所能及的解释：首先"通读"是中学国文教学的主要目标，然后再把理解和运用祖国的语言文字，分为"普通语言文字"和"高深文字"两层，即"白话"和"文言"。其要求是"通解"和"略解"。所读所写都是白话，不仅要"通解"，而且使年青人也能借此以"自由"发表思想（表现感情在内）；高深文字，说的是文言文，而且是近代的、平易的，只求"略解"。中学国文应以"涵养文学趣味"为主，兼以启发智德，指的是寓"智德"于文学之中。

从以上周予同对《新制国文课程》的合理预测，叶圣陶对此后一再修订的《国文课程标准》的深入剖析，以及李广田在与民国元年校令第三条的比较解读中，我们可以清晰地感受到他们所表现出来的不断探求的严谨的科学精神。当然，历史是"相似相续，非断非常"的。以往的一切都不同程度地存在不同时代的局限性，但我们要探讨的是，前辈给我们留下的，我们都"扬"了什么，"弃"了什么——保存了哪些，又更新了哪些；增添了多少，又剔除了多少。无论是保存、更新，还是增添、剔除，其理由又是什么。这些必须要科学地思索和考量，才能做到心中有数。在我们今后的试验和探索中一步一步更加稳健地逼近（而不是背离）语文课程自身发展规律，逐渐改变百余年来语文教学质量不尽如人意的局面。

最后，我还要补上一笔：10 年来，在浏览、收集、挑选、编撰中，时时刻刻受到感动与震撼的，有当时的语文教师、研究专家，也有杂志编辑乃至印行人员。读者朋友们，尤其当你读到 1945 年 4 月 20 日发行的《国文杂志（桂林）》的"启事"时，我想你一定会和我一样向他们致以崇高的敬意：

"这一期的本志，上年九月初已经在桂林印好，准备发行了。那时敌人逼近桂境，桂林紧急疏散，本志全数放在桂林北站，预备起运，到贵阳或重庆去寄发，但敌人来得太快，竟未能运出。现在将原有纸型浇版重印。此后本志在重庆继续发行，并且要尽一切的努力，使它不致常常脱期。本志同人在这次湘桂和黔南的战役中，仓皇撤退，千里跋涉，艰苦备尝，现在还能够重整旗鼓和读者见面，真有说不出的喜悦。希望读者诸君，多多给我们以支持和鼓励，并祝诸君健康、进步。"

是的，语文界的前辈们留给我们的不仅是珍贵的资料，宝贵的经验，科学的态度，还留给我们百折不挠的精神，这些将滋养我们，使新一轮的课程改革健康前行。

饶杰腾

2015 年初春

编者的话

这套《民国国文教学研究文丛》选编的论文起自 1912 年，截止 1949 年，这段时间正是白话文兴起、现代汉语使用标准逐渐确立的时期。这些文章因此具有明显的过渡时期的语用特征，如文白混杂、文字使用不统一、语法运用规范不一致等等。为了方便读者阅读、使用这套书，我们觉得应该对原稿进行一定程度的编辑加工。经过反复交流、商量，我们确定了一个总的编辑原则：在尽可能保留原作样貌的基础上，对原稿的文字、体例进行最小程度的修订。现将具体做法说明如下：

一、繁体改为简体。

二、对一些字、词作了修改，列表如下：

原稿	编后	原稿	编后
底（相当于“的”的用法）	**的**	其它	**其他**
的（相当于“地”的用法）	**地**	那末	**那么**
的（相当于“得”的用法）	**得**	惟一	**唯一**
那（作“哪”用）	**哪**	想象	**想像**
他（作“它”用）	**它**	印像	**印象**
沈（作“沉”用）	**沉**	好象	**好像**
竞（作“竟”用）	**竟**	胡涂	**糊涂**
化（作“花”用）	**花**	未偿	**未尝**
		部份	**部分**
		正谊	**正义**
		剿袭	**抄袭**

三、原稿中不少字、词的用法虽然与现行的用法标准不尽相同，但为了尽量保持原有的样貌，不作调整。这样的情形很难穷举，现将部分字、词列举如下（括号中是现在通行的用法）：

做（作）、辞（词）、于（与）、联（连）、决（绝）、订（定）、藉（借）、见（现）、罢（吧）、缴（交）、较（比）、与（予）、迭（叠）、只（止）、须（需）、目（视）、二（两）

联络（联系）、透澈（透彻）、教课书（教科书）、甚么（什么）、人材（人才）、年青（年轻）

四、原稿中外文人名、地名等专有名词的翻译均保留原译。

五、原稿中的标题体例除了其自身不统一外，基本保留。

六、原稿中数字、标点符号的用法，按照现在的出版标准作了修订。

七、对原稿中的错误（如错字、漏字等）进行了修订。

这些做法，算是我们在编辑过程中的一些探索，不当之处，敬请批评指正！

编者

2015年春

《国文月刊》创刊号卷首语

这一刊物是由西南联合大学师范学院国文系中同人所主编，同时邀同西南联合大学文学院国文系中同人及校外热心于国文教学的同志合力举办的。我们久想办这样一个刊物，因为经费及出版的问题，耽搁到现在。这一次蒙黄子坚先生的赞助，在师范学院内又筹措一部分经费，又蒙开明书店的赞助，贴补了另外一半的出版费，替我们印刷发行，我们非常感谢。

国文一科，在中学及大学的课程里，都占重要的位置。教育部及各省教育厅屡屡表示注重这基本科目的意思，可是学生的成绩总不能如我们的理想，原因很多。但是至今没有一种致力于推进本国语文教育的刊物，确实是一个缺憾。为弥补这一个缺憾，我们愿意抽出教书及研究的余暇来办这刊物，以为提倡。在此抗战期间，刊物的印刷很困难，而且我们的力量也薄弱，所以只从一个小刊物入手。更待将来力量充实时，渐渐达到理想的规模。

本刊的宗旨是促进国文教育以及补充青年学子自修国文的材料。根据这一个宗旨，我们的刊物完全在语文教育的立场上，性质与专门的国学杂志及普通的文艺刊物有别。所以本刊不想登载高深的学术研究论文，却欢迎国学专家为本刊写些深入浅出的文章，介绍中国语言文字及文学上的基本知识给青年读者。本刊虽然不能登载文艺创作，却可选登学生的作文成绩及教师的范作，同时也欢迎作家为本刊写些指示写作各体文学的方法的文章。照我们现在拟定的计划，本刊要登载的文章可分数类。一是通论，凡讨论国文教学的各种问题的文章以及根据教学经验发表改进中学国文及大学基本国文的方案的文字皆可入此栏，作为教学同人交换意见的园地，同时可备办教育者的参考。二是专著，凡关于文学史、文学批评、语言学、文字学、音韵学、修辞学、文法学等等的不太专门的短篇论文或札记，本刊想多多登载。三是诗文选读，包括古文学作品及现代文学作品两项，均附以详细的注释或解说，备学子自修研究。四是写作谬误示例，专指摘学生作文的误字谬句，略同以前别的杂志上有过的“文章病院”一栏。以上四类定为本刊主要的文字，此外还可以加上学生习作选录、书报评介、答问、通讯等等。但为篇幅的关系，每一期不一定总具备各栏的文字。

据社会上一般人的意见，认为现在青年学子的国文程度的低落实为国家的隐忧。同人中看过这两届全国各大学统一招生国文试卷的也感觉到莫大的怅惘。我们办这刊物，抱有提高青年学子的国文程度的宏愿，至于能收多大的实效是不可知的。还祈望教育界同人，不吝赐教，以匡不逮。尤盼望中学国文教师及大学基本国文教师赞同本刊的宗旨给予援力，拨教授的余暇，惠赐大作，还是我们最感谢的。

《国文月刊》编辑部

1940 年 6 月

内容提要

本卷选录20篇文章，其内容分别就“国文是国民学校最重要的功课”“国文科的性质”“国文科的目的、内容”“学生的学与教师的教”“国文教学的理论与经验”“20世纪前期国文教学的革新与改进”等专题集中加以阐述。

罗常培（莘田）在谈到一个民族的语言文字教育时强调：“语言文字是一个民族文化的结晶，这个民族过去的文化靠它来流传，未来的文化也仗着它来推进。作为一国的国民，对于他本国固有的语言文字必须有最低限度的修养。”所以说，国文是国民学校最重要的功课。没有本国语文文字的教育，就不能达到“最基本的水准”。

1914年，我国“国文”独立设科刚过了10年，有论者对学科的性质就有了基本的认识和把握：“教授国文的第一义，无论施者受者，必当先令知吾国之文字文章……论其性质，乃有形式与精神之异致。论其运用，乃有普通与专修之殊科。昧昧者必以为普通用其形式，专修乃用其精神，此惑之甚者也。今请只就普通科说之，精神当与形式并重。”其结论是“罗列其形式，而贯之以精神”，“不敢尽附于教育家实用主义之说”。

夏丏尊在涉及课程的性质时，进而明确其目的和要求：“能从文字上理解他人的思想感情，用文字发表自己的思想感情……”此外，夏丏尊又认为，作为一个中国人，应“知道中国文化及思想的大概”，作为一个生活在20世纪的世界上的人，也应提出最低限度的要求。这就是“精神与形式的统一”。之后，阮真又对中学国文教学的目的作了全面的分析，除“读文”“作文”者外，增加了“演说辩论”一项，即为“口语的发表”。

为学科目的要求的实现与达成，对其内容也作了较全面深入的研讨。有的分为“阅读”“写作”；有的细分为“精读”“略读”“作文”“文章法则”和“口语练习”，此外，尚有“书法”一项。叶苍岑指出，内容各项与该科的学习目标——表达的技能、阅读的能力、思想（或意识）的训练——相匹配。

学生学习国文，一般总以为我们是中国人，学中国文，当然是容易的。事实远非如此。不端正态度，转变观念，下苦功夫，讲究方法，养成习惯，是难以奏效的。

教师教国文，40年代曾有过关于教材与教法的讨论，罗常培（莘田）认为，“至少总得自己通了，懂了，再讲教学法，才能相得益彰，如果自己根本不曾通，不曾懂，就是把教学法讲得天花乱坠，也不免是隔靴搔痒的空谈！”对此，庞翔勋不完全同意：“的确，教学法是要通过了教材才能显出它的作用，离开了教材，根本无教法可言。但教材与教法毕竟是两件事，有了教法而不懂教材诚然收不到好的效果，懂了教材而没有教法也不一定能收到好的效果。自己不懂的固然无法使人家懂得，自己懂的也不一定能使人家懂得。”

以上简要介绍了文章中关于国文科的地位、性质、目的、内容、方法等方面的观点，下面再就20世纪前期国文教学的革新与改进作一番纵向考察。

五四运动前夕，范祥善针对当时国文教学存在的不良现象，对症下药，发表了若干意见。其中尤以“读法作法书法宜联络统一”“实质形式宜两方兼顾”“使儿童有思考之余地，而授以理解之方法”“宜善用教科书而不为教科书所用”等反映了那时国文教学改革的进步。作者坚信，“既以儿童为本位，则儿童之推理力必强，我复加以辅导，教授与学习，迭相进行”，以实现教学的目的。

五四运动后不久，吕思勉以《国文教授祛蔽》为题，指出当时国文教学“大道甚夷，而民好径”的怪现状，对教学中诸关系发表了独到的见解，然后强调指出：“根本上之弊病，则在重讲授，重讨论，……而不重实际的阅读。”这反映了对学生在学习语文过程中主体作用的重视。

二三十年代，部颁语文课程标准虽由“暂行”到“正式”颁行，再由实施到“修正”，但国文教学总是“改而不进”。阮真认为原因虽较复杂，但还是可以找到。譬如“识字量和用字量的标准”等的国文教学的基本问题，“要适合学生程度、兴趣”的国文教材的编选原则，现行教学制度与教学环境以及师资训练、教师待遇等，都应在现实可能的范围内加以探讨、改进。

到了40年代末，不少有识之士把精力集中在围绕教学目标改革教材教法上。关于国文教学的目标有的论者谈到应该依照时代的要求，分清主次，其根据是，中学国文是语文训练的科目。另，对于目标要求须进一步具体与详细，体现教材的选择以及教法的采用有所依凭。关于教材，有“教材选择的基本问题”“语体文与文言文教材问题”“精读与略读教材”等，至于教法，则有“教法的基本问题”“精读教学的程序问题”“精读教学与作文教学之联贯问题”等。而国文教学的研究与运用则有赖于各种相关人士的通力分工合作。

1. 中国人与中国文

罗莘田

语言文字是一个民族文化的结晶，这个民族过去的文化靠着它来流传，未来的文化也仗着它来推进。凡属一国的国民对于他本国固有的语言，文字必须有最低限度的修养，否则就不配作这一国的国民。

中国有将近五千年的历史，开化很早，文化很高，从有史以来就有文字的记载。这种文字属于衍形系统，在世界各国除去埃及和苏墨利亚的古文很少有和它相同的。它的形体比较繁难，含义比较复杂，从这方块字的本身又得不到什么发音的符号，所以很不容易认识。回想我们从小时候开蒙读书以来在识字一方面真不知花去了多少冤枉工夫，从教育的观点来讲，这是很不经济的。最近几十年有些人很热心地提倡汉字改革运动，由这种运动的结果便产生了注音符号，国语罗马字和拉丁化三种辅助汉字或代替汉字的东西。关于这方面的批评，容我另外再讲，现在先就汉字本身来讨论中国人对于中国文应该具有的最低程度。

对于中国文的修养，第一步先得识字，这本来用不着多费话的。可是认真讲起来识字就不是一件容易事。能够认识现行的方块汉字已经很麻烦了，若是推溯它得形的来源，似乎还得知道从刻在乌龟壳儿和牛胛骨上的甲骨文，铸在钟鼎彝器上的金文，再经过大篆，小篆，隶书，楷书几次演变，才成了现在的样子。若是分析它的结构，似乎还得认清拟象物形近乎图画的“日”“月”，视而可识察而见意的“上”“下”，会集两文比类合谊的“武”“信”，半形半声音义兼顾的“江”“河”等等，知道他们在组织上是不同的。再从意义来讲，例如：“东”“西”“南”“北”四个字，“东”本来当“动”讲，从“日在木中”得义，后来转变为东方；“西”像乌在巢上之形，日在西方而乌西（栖），因以为东西之西。南“南任也”，草木至南方有枝任也。从木羊声。（段玉裁注，《汉书 · 律历志》曰：“大阳者南方，南，任也。阳汇任养物于时为夏。”云草木至南方者，犹云草木至夏，有枝任者谓夏时草木畅懋丁壮，有所枝格任载也（故从木）。“北”当乖戾讲，从二人相背。本来是古“背”字，引伸为北方。《尚书传》，《白虎通》，《汉律历志》皆言北方伏方也，阳汇在下，万物伏藏，亦乖之义也。……固然，每个字的意义没有能离开上下文而存在的，从应用的眼光看，只要知道那个字“约定俗成”的用法怎样也就够了。可是要想推究那个字得义的原由，那就非得稍有字源学上的常识不可，至于汉字的读音更困难了。因为方块字的本身表现不出什么音素来，不能看见字形便念出声音。谐声字的偏旁最初本是当声符用的。后来声音递变的结果，它不单不能代表声音，反倒会耽误事。例如“刚愎自用”不念“刚复自用”，“茜纱窗外”不念“西纱窗外”，“始作俑者”不念“始作诵者”，“狮子吼”不念“狮子孔”。还有因为形近而念别字的也不胜列举，例如把“枵腹从公”念成“楞腹从公”，把“鬼鬼祟祟”念成“鬼鬼崇崇”。“斡旋”念成“干旋”，“匕首”念成“叱首”，都是一时传作笑话的（参看我所作的《误读字之分析》）。我讲这一段话的意思并不是希望人人都成了文字学家，我只希望一般人对于汉字的形音义稍微有点儿常识也许对于认字上减少一些困难。如果教给小孩子认字的时候，能够把形音义三方面都用极浅显的话剖析透澈了，我想总比让他囫囵吞枣的效果大得多。

为什么要识字呢？当然希望一般人对于现在和以前用这种文字所写的书能够看得懂。篇章是由字句积累而成的，假如不识字，尽管有多么好的文章，多么有用的书，如何能得到益处？要想了解今人或古人所写的东西，第一先得把逐字逐句的意义弄清楚了，不单每个字的意义丝毫不能含混，尤其是这个字在这句话的上下文里的实际的用法怎样，更不能拘泥沾滞，一成不变。字句弄懂了，然后标出每段的大旨和全篇的主意来，这便是古人所谓“离经辨志”的工夫。必须这样才算当真读过一篇文章，读过一本书。假如模模糊糊随眼滑过，看到后半，忘了前半，主旨所在，内容所包，一概茫然。纵使读过万卷书恐怕依然书是书，我是我。古人称赞陶渊明“好读书不求甚解”，请大家不要误会“不求甚解”并不是“不求解”。像汉朝秦延君说“尧典”二字至三万余言，那叫做甚解，若是模糊影响，当解而不解，就算是“不求解”了。奉劝正在读书的朋友们不要邯郸学步冤枉了陶渊明！

光能了解别人写出来的东西而不能把自己心里蕴蓄着的情感或意思，清晰明白地用文字发表出来，那还没有具备现代国民的资格。了解是“知”的功夫，发表是“能”的功夫，“知”和“能”应该并重的。在看书或读文的时候对于别人构思的程序，布局的先后，文法的组织，修辞的技巧，当真能够了解得透彻，耳濡目染，浸润久了，慢慢地自然而然地就会得心应手培养成自己的发表能力。我们生在现代，自然无须模拟古人去作那和实际语言不相应的死文字，不过就是用白话来写文章也不能信口开合随便胡扯的。无论讲话讲得多么好，嘴里说的和笔下写的总不能完全一样，这就是古人所谓“文不逮言，言不逮意”。记得民国二十二年我在南京中央广播电台讲演，赵元任林语堂两先生在上海听。后来他们告诉我，原稿上有一个字，我讲的时候说了十七个字。可见“话”和“文”的分别并不限于“白话”和“古文”的分别。要把口语写成文章，至少要经过构思，排列，剪裁，润色的几道工夫。我尝说现在的人作文章常犯不知“镕裁”的毛病。什么叫做“镕裁”呢？这是借用刘勰《文心雕龙》上的两句话：他说：“规范本体谓之镕，剪截浮词谓之裁。裁则芜秽不生，镕则纲领昭畅：譬绳墨之审分，斧斤之斫削矣。”再往浅一点来讲，就是说一篇文章总得有个主要论点，造句遣词不能犯浮泛芜杂的毛病。这几句话看着容易作起来却难。严格地一审核，不用说初学的人十篇有七八篇作不到，就是已经成了名的作家或学者也往往有人爱写“博士书券，三纸无驴”的玩艺儿！所以我对于一般国民的希望，只盼人人能够把自己的情感或意思，清清楚楚地，有条有理地，不跑野马，不说废话，老老实实地表达出来就够了。至于神而明之，大而化之，超凡出奇，别创风格，那是文学家的事不是一般人的事。

近几年来，每到暑假都得评阅各大学统一招考的国文试卷。昆明天气虽然不热，可是看完卷子总觉得头昏脑涨，郁闷难舒！因为看完一百本卷子不见得挑出一两本好的来可以安慰安慰自己。就大毛病来讲，不是别字连篇，就是文不对题，凌杂浮泛。考验阅读能力的标点分段和解释字义的题目，也是错误很多笑话百出。这自然是中学国文教学和大一国文教学上的顶严重问题，同时一般国民对于本国文字的修养不够也是很显然的。所以今天我特为提出这个很浅近而颇重要的问题来和大家谈谈。

至于汉字改革问题已然甚嚣尘上的闹了好几十年。它的经过情形在我所写的一本国音字母演变史里已经说得很详细。照我的意见，在小学时期未尝不可仿照从前北平孔德学校的办法用注音符号或国语难写字来代替汉字，似减少儿童识字的困难。从初中以上就得用注音符号辅助读音逐渐的认识汉字，并试着阅读用汉宇印行的书籍。要想完全废弃汉字单用拼音来代替，那似乎为期还远得很。至于汉字拉丁化运动，照我个人的意见觉得比推行国语罗马字更加困难。现在为时间所限恕不多淡，等有机会咱们再来讨论。

（原载《国文月刊》第 12 期，1940 年）

2. 论国文科施受之质性与运用

志 宜

国文为各学科之根据物，世界有同然。而在吾国则文字文章之进化，尤为天然美感所独具。其对于各种科学，如破空而飞，几无迹象之可寻焉。故居今日而论教育，于国文科之研究及主张，尚难断定其方针所在。惟依据实用主义立说，则以注重叙事及书牍文为中坚。此说固为普通教育界之明灯矣。顾去国文界之全豹尚远，且使教授国文者之精神意识，无所余于二者之外。不能好学深思，心知其意，则亦必不能言之亲切有味。于是听受者益致胶柱鼓瑟，刻舟求剑，生趣索然已尽。其为公文程式中造就人才则得矣。其如国文之退化何况即以二者论，试讽名人著述，其叙事于文理密察外，必有生香活色，引人入胜之处。其书牍于按部就班外，必有风发韵流，议论纵横，不规规于绳尺，乃见其妙。此等笔情意境，安可以断章取义之法求之。故教授国文之第一义，无论施者受者，必当先令知吾国之文字文章，实为天然美感所独具，与欧西语尾变化文字不同。盖声变（即语尾变化之简称）文字，其法有一定，文章之构成较易；义变（即独体变化之简称）文字，其法各个联缀无一定，文章之构成特难。此犹就形式言之也。若夫吾国文章之美，以简净无累为长，必经几番洗炼，然后能臻此境，与各国文章之但求详尽，不厌冗长者，迥然各别。若止云趋重实用，则因事缀言，取具而已，必至冗长而不知检，遂并叙事书牍之美而失之。数十年后，官书公牍，仅成一种特别文字，而可诵者十无三四焉。能达情审美简净无疵者十无一二焉，此非美感精神之未易与俗人言耶？由是而欲预防此末流，窃尝罜罜思之，竟委穷原，量时度势，论其性质，乃有形式与精神之异致。论其运用，乃有普通与专修之殊科。昧昧者必以为普通用其形式，专修乃用其精神，此惑之甚者也。今请只就普通科说之，精神当与形式并重。条为若干事，而后天然美感，油然蔚然，常存乎后起之秀。施者受者，皆胜任愉快而无伤也。是则国文之大幸矣。

（甲）属于形式的文字源流。

一曰造字原始，此种在古昔为小学范围，《说文解字》等书其渊泉也。若取其形声昭著，暗合画理者，证明独体象形之来历，颇饶兴趣，如上下日月山川虫鱼等象形字，当引起受者何等之感昧，过来人自能知之。二曰字体历史，自古文蝌蚪籀篆小篆以逮隶草行楷，其间变迁一如人类社会及政治机关之递嬗。试搜寻字书，取一二例证之。蛛丝马迹，抽乙无穷，且足知古今俗变之情状，如说文序所谓马头人为长，人持十为斗之类。文字史中况昧，亦复弥佳。三曰字义变化，既知造字原始，因而悟六书之大略，则于形势不相统一之字。如一字有数种意义用法，则有转注假借等例，推而阐之，遂为本义及引申，辗转触类旁通，下笔时宁患无字可用哉！四曰俗体辨别，同一用字，往往有通入及俗陋之判者，良以不辨俗体，率意沿写之，不自知其谬误。此弊有二种，一官书公牍之传抄，二商贾簿记之减写。二者虽为社会适用，然通文者实耻之。若施者称述原委，受者亦自不甘俗陋矣。

（乙）属于形式的文章法典。

一曰句法成立。学校起手即造句，或嵌字，或联缀，法亦备矣。然往往驯至篇章，诵其句尚有不成立者，则以不知炼字用字法也。

如韩文物不得其平则鸣，杜赋六王毕四海一，此炼字法。史记涉之为王沉沉者，韩文所以传道受业解惑也，此用字法。能悟此等句法，随所宜而用之，无不成立矣。二曰章法呼应。学生初学作文，往往命意杂糅，前后矛盾或散无统纪，令阅者茫然不知其意之所在。欲药此病，须令知章法。章法有唯一之妙诀曰呼应。试按诵古人文字，循其层次求之，前后意义，无有不相呼应者。如前提主旨，中畅发挥，仍处处带定主旨。及小顿结，则必用意回应。前文，是为章法。施者苟能于讲授时，节节提明呼应所在，受者自然通晓，久之而杂糅矛盾之病自除。三曰篇法结构。学者苟能援笔成文，篇法最宜注意。此如建屋然，前堂后院必成一宅，反是则灶厩凌乱，遂无渠渠夏屋之观。又如裁衣然，前襟后裾，领袖妥帖，服之章身，反是则颠倒，必有多伤美锦之叹。故一篇文字，前提后结，首尾完具，此为决定义。否则不能成篇。

（丙）属于形式的文体类别。

一曰备体作用。如古文家常例，别论辨、序跋、奏议、书牍、诏令、传状、杂记、碑志、箴铭、颂赞、辞赋、祭告等门类。诸体中虽多不合时宜之用，然施受时决不能不使各体略备，既以窥见国粹源流，且使学者增益智慧，触类旁通。盖国文与他科学之有系统者不同。有系统者可就系统研求之，俾连缀而寻其条理。无系统者必横列一一标准，从而触悟其旨趣，所谓举一隅必以三隅反也。况国粹所存，有不容不略知其梗概者，他日握管操觚，亦不致拘拘于一绳尺之中矣。二曰辨体界说。论辨有论辨之体，序跋有序跋之体，书牍有书牍之体，杂记有杂记之体。方珪圆璧，随物赋形，毫发不容相混。若施受者漫无成心，辨之不严，则题标论辨而文同杂记，体宜书牍而义若传状，岂不贻讥大雅，见笑艺林。且使初学茫然不明界说之所在。则聪颖者游骑无归，愚鲁者苍黄眩目，是必使学校之文，尽成郢书燕说，樵歌渔唱，而无复斐然成章之观矣。三曰变体能事。时异势殊，则文体亦因之变迁。如政体有共和与专制之殊，则奏议之下对于上，诏命之上对于下，其体有自然之改易。如命令，如公布文，如牍如呈，有不能不变古者。若泥旧体为之，无异章甫适越，徒供谈笑家之资料耳。此等既无故实之可仿效，则当推类引申，就时度势而为之。施者既宜随地留心，随时指点；受者亦必虚心质难，曲畅旁通，以尽变通切用之能事。

以上皆属形式上之普通研究法。其言至为浅显易了，然有一蔽焉。凡在施者，于此等形式上之手续，固无不洞晓其大概。然恒患受者之粗心滑口，习焉不察，往往讲习数年而漫无门径。究其受病之根，良由于施者仅取篇章，敷讲文义，而于此性质之何属，运用之何状，未尝逐地随时，亲切指点，遂令受者有盲从之弊者半。而受者不肯虚心笃志，因疑思问，如积铢累寸之致富，服田力穑之有秩，卒以自荒其学殖者亦半也。虽然，凡事仅拘形式言之，强人就范，恒苦其难为。即使克己嗜学，尚觉干燥无味，何则？因未知此中之自有乐趣耳。昔人寻孔颜乐处，又云乐此不疲。夫事至止觉其乐而不觉其苦，尚有不浸淫沈郁，卒底成功者乎？学问之道，秉自天赋，本为至乐之归。但不收放心，不求自然，则堕落自甘毕世，作伪尤苦心劳。泛论如是，文章亦然。苟但受形式之束缚，日含咀夫糟粕，施者未免传舍之见，受者遂生抄袭之心。至此则即不厌弃，亦将视若具文，而国粹前途，不可问矣。故形式虽不可不讲，而必使其有余于形式之外者，然后可以谋进步，图实效，持永久，福后生，则精神之连用是也。请晋言属于精神之手续。

属于施之方面者，其鼓励精神之术凡六：

一曰姿质辨审。就学者天赋而言，古有仁智文质之不同，今为神经多血胆汁粘液之各异。盖有天然不近于文事之姿质者矣。故注重实用之说，亦当因人而施。其人而聪敏博学，好使才气及华藻，则多与之言论辨杂记等感情审美之文。其人而诚挚厚重或工心计，善处事，则多与之言书牍奏议等办事从政之文。虽一堂授受，不能有所轩轾，然评骘及考察时，语气间恰如其人之分际，此为最要。设非平时辨别精审，安能以片词侧注，即令受者心悦诚服耶？至一二次心悦诚服后，其效不可胜用矣。

二曰境地诱掖。学者所处之境地，亦如姿质之各有不同。其家世或文或野或贵贱贫富，则其所受之感觉影响及乎志趣。故儒生之子弟，恒喜与文学为邻，工商之胤嗣，但蕲有书札之美。施者即可就其志趣所在，而引之使趋于正轨。且因以矫其所短，如好文学者可由文以课实。习书札者且由实以征文及其成功，可归一致。即使不然，必不没其所长，而补救之方，终获尺寸之益。他若学校之境地，科学之境地，俱有可助文字之进步者。在施者之能设身处地以观，且能知受者之对于此等境地，作何观念，则思过半矣。盖文字者，大都能摹绘境地之感情与现状者也。就柯伐柯，其则不远，施者慎毋忽诸。

三曰故事激发。里人谈忠孝节义事，犹复怦怦心动。况良师之于生徒，苟能随事曲尽其情状，有不眉飞色舞者乎？夫人得之于心，则必宣之于口。学者则必笔之于书其势至顺。平时握管构思，特苦无真实之资料，与挥洒之性情耳。亦既耳熟能详，观感无限，则前人之心思才力，言动行为，即不啻已有之心思才力，言动行为矣。积之既久，而此心思才力言动行为者，皆文章之资料，以供发挥，绰绰然有余裕也。有是为之质干，再从事字句修饰，章法结构。夫又何难。激发精神之道，莫善于此。

四曰风景涵养。文章本天然之美，故美感之性充分者，其文章必斐然可观。欲诱起学者之美感性，莫若仍取天然之美涵养之。天然之美者何？即天地间形形色色，足以悦目娱耳而快心者皆是，所谓风景是也。云霞绮丽，风月清幽，晦明晴雨，四时变幻，雷电霜雪，六合改观，与夫山川城郭之游历，草木鸟兽虫鱼之各遂其生，天地之大文，即吾人文章之粉本也。譬之画理得之自然物者，其摹绘益真。又若摄影，遇名胜处辄留其迹象，积久乃蔚成大观。假令学者于旅行及野外游散时，随地得人指点，俾胸中多贮风景，发为文章，自必日臻佳妙。古人所谓得山水之助，以烟霞供养者，即是物也。美感之文，其妙如是。

五曰奖誉鼓舞。好名之心，人所同具，文学尤甚。盖文章本属美感，以美引美，则名誉之美，自足动人。施者苟于评隲中注意奖誉之法，夸饰一二，以为其他之标准而不愧于至公且明，足令受者心服。行见全班争自濯磨，力求一字之华衮，其进步至为直捷。较之苛罚督责者不可以道里计矣。故评文之法，不可但用点窜改易及批答，敷衍了案，而必以精当之识，诚笃之心，用于言语奖励。此一二语如良茶美酝，其味醰醰，令人心醉，则其效尚可胜用哉！

六曰随地指点。此为施者广义用于各科，无不皆然，而于文科，更为微妙。括前所条举五者而言，则姿质之偏驳，随地可以变化而矫正之。境地之殊异，随地可以和同而善诱之。故事讲演，随地有设身处地之指点。风景眺览，随地有即景生情之指点。而于奖誉中寓劝戒，可随时随地得煦妪覆育之妙术焉。文章本变化不居之物，不可拘泥迹象以求之。今触处皆通，无感不应，以养其活泼泼地，则鞭策振厉于无形之地者，安有涯哉！愿言教育者皆知国文与他学科不同，勿以鄙言为掉弄虚机也可。

以上施者之精神，所用以鼓励人心，亦既无微不至。然在受者一方面，绝不能以精神迎合。则枯朽之株，罔知雨露，无机矿物，不感脑电，宁非教育上之大患哉！其在感觉敏锐者，本无烦余之喋喋。今请为普通学者言其克自振拔之精神凡有四端：

一曰国粹思想。为吾人一生成立之基础。西人谓国民不能识本国之文字，与无国等。故能识本国文字，实爱国之标准也。虽然识文字亦谈何易易。有古今事理而不能抒写，有人情物态而不能笔之于书，学者之耻焉。故青年好学，当知文字之昌明，关系国粹。而国粹保存，我躬实有一分子之责，他日尽职兴业，皆于文字之通畅与否为断。荣悴休戚，关系至巨，顾可淡漠视之耶？如此则不可不自励精神，与胸中之茅塞相搏战。姿质虽鲁钝，文法虽艰难，苟以全力争之，必有豁然贯通之一日已。

二曰研究功程。当有勿助勿忘之恒心毅力。国文与他学科不同，在天然美感之独具，前已详陈之，故学者研究方法，亦当与他学科有异。他学科寻条求理，期于明晓则已。文章不然，往往一时断难领悟。即受师长之解说，千言万语，依然在明昧间，必俟恬吟密咏，不厌百回，一旦豁然有得，如梦斯醒。此种境界，古之过来人皆能道之。且有一日不悟，则暂置之。越数日而忽悟矣。一岁月不悟，则屡置屡求之，积数岁月而渐悟矣。盖文境变化，文义及典故繁多，人心之灵明，有时不足供驱使。遇其感触斯通，自能不劳而获。然则苦其难而因以辍业者非，拘泥一时，以致疲精劳神，或废他科学者亦非矣。受者欲得研究文字之真相，而免于自疑自蔽，此中甘苦，不可不知。

三曰扩大见识。多读诗书以养气。以壮胸襟，文章自有根柢。若但就书札公牍及陋劣之兔园册子求之，安得有识解独具之良好文字出自心头腕底乎？故学者作文必求识见之扩大，其法奈何？即多读古人著作及历史故事，且遍阅名人之言行语录，则襟胸自然高朗。援笔为文，而超逸之气，汩汩其来矣。或难之曰：学校教育，科学烦多，时间规定，安得听吾流览古籍？应之曰：吾所谓多读遍览者，亦就普通宜备参考等书言之，非如边孝先之腹笥便便，东方朔之读四十四万言也。例如曾氏之《经史百家杂钞》、姚氏《古文辞类纂》、《通鉴辑览》、《三通辑要》等。苟于本课所习之文字有关连者，可于自修时逐一翻检，用心流览，加以质问。其益自尔无穷，实与其他科学，了无妨碍也。且习之既久，兴味斯得，胸襟亦与俗人不同。则反借此以养心，以卫生，绝不觉多读循览之厌苦矣。

四曰严绝侥幸。使抄袭与掠美等之卑劣心，勿污其灵明。学者之万恶，惟在平时不肯用心，临事则以抄袭塞责，或掠人之美为能事，而于文字之患尤甚。盖文字遇题目相类者，本易蹈抄袭之弊。一染此污点，往往致终身不能独出心裁，自成篇幅，可不慎于其始哉！若夫掠人之美，则近于盗窃，非特欺人自欺，且道德品行经此破坏，将苟偷之事，无不可为，而祸且至于不可救。凡倩人代替，与窥窃人草稿者亦然。原学者初心，谁不好名。唯一存侥幸之意，遂为污习所束缚。文学无进步，其恶犹小，乃使青年有为之子，忽溺于钻营苟且，廉耻道丧。夫亦大可痛惜矣。故为受者计，无论能文与不能文，力能研究与否，必以独立自好为第一义。知独立自好则文必己出。虽未工而有可工之望矣。呜呼，国粹觥觥，兹事体大，愿受者之各思天职，而勿作欺人之想也。是四者，皆学者对于国文科之精神所在，具纲要，立基础，胥视乎此，其果能工与否，则别一问题，兹不及。

以上举精神形式各论，所以不敢尽附于教育家实用主义之说者，则以古今相传数千百年之文学，莫不有其真面目，非探本穷原，无以尽古人之长，而厌今人之望。其道理变化，所包者广，不可规规于一叙事一书牍之小范围，以囿青年之才识。谚所谓取法乎上，仅得其中。文学之不可以科目限也。故胪列其形式，而贯之以精神，期勿背于天然美感独具之旨。苟施者受者，善择所处，要其终始，曷尝不以实用为归哉？

（原载《教育杂志》第6卷第9号，1934年）

3. 中学国文教学目的之研究

阮　真

一　绪言

我国中学的国文教学，向来是无的放矢，任便教者随意，今天教一篇《赤壁赋》，明天教一篇《桃花源记》。他们知道这些文章脍炙人口，不可不读，并不知道教学上要达到何种目的。作文也是这样，这次做记叙，下次作论说，何尝有什么目的？虽然民国二年教育部颁布了《中学国文科教学要旨》，但因为太简略，而且笼统概括，不落边际，教者不能贯彻这种要旨到国文科各学程的教学上去，所以仍然等于没有目的。自从民国九年以后，有些教育家和国文教师，渐渐注意到这个问题了。但都是你定你的目的，我定我的目的。古文派有古文派的目的，新文艺派又有新文艺派的目的；科学派有科学派的目的，国学派又有国学派的目的；甚至国家主义派又有国家主义派的目的，世界主义派又有世界主义派的目的。民国十四年，全国教育联合会新学制课程标准起草委员会，请了二三名人，定了高初中学国文教学标准，但仍没有统御实际教学的效力。便是编教课书的人，就首先反对他们所定的标准。穆济波在《新制中学国文科课程标准纲要问题》（见《中华教育界》十三卷八期）一文中，攻击甚力。民国十八年八月，教育部中小学校课程标准起草委员会，又颁布了《中小学课程暂行标准》，中间又改订高初中学国文教学的目标，将来能否统御思想分歧、意见各异的全国中学国文教师，使他们都照着这种目标去实施教学，还未可预卜。据我看来，或者竟要完全失败的。我何以要料定他们要失败呢？这有四种原因：

第一，从前中学师资训练没有标准，中学国文教师的人选，尤其比别科教师更无标准，他们对于国文教学的职务上，没有一致的中心思想。所以有的全无目的，有的闭门造车，有的标奇立异，有的盲从名人。要他们有一致的中心思想，还得从师资训练入手。有许多中学国文教师，还要经过长时间的师资训练才行。

第二，中学国文教材，没有经过科学研究，尤其是在今日新旧文学纷歧杂出，并行不背的时代，主张尤为纷歧。教者往往只顾自己文学的派别和嗜好，而不顾到教育的宗旨和目的，又安能顾到社会的需要，学生的程度？

第三，订纲要目标的人，多是于中学国文教学没有经验的名人，他们也不过凭着一己之见，随便写出几条，何尝经过调查统计的客观的研究？就拿胡适之来说罢，他在民国九年定了中学国文标准（见胡适《中学国文的教授》，载《新青年》及《胡适文存》卷一），到民国十一年便自己改了一次（见胡适《中学的国文教学》，载《新教育》五卷三期）。他在十四年定的高中国文课程目的和十八年定的又有不同。（两次皆为课程标准起草委员会颁布）这也许是他改进的精神。但也不免因为只凭主观定目标，今天决定，明天便起不满意的毛病。

第四，这种目标仍然是笼统概括而不分析的，决难应用到国文科各学程上以求贯彻。

有了上面四种原因，所以我敢料定《课程纲要》中所定的中学国文教学目标，没有统御全国中学国文教师，使他们照着这种日标去实施教学的效力。

教育部和课程标准起草委员会所定的中学国文教学要旨或目标，既然没有统御的效力，而各校国文教师对此问题的意见怎样呢？据种因《对于现在中学国文教授的批评及建议》（见《教育杂志》十二卷五号）篇中说：

“我前在某中学担任教授，有一天校长问我们教授国文的要旨。有一个答说是‘教学生能看各种书籍’。这一句话，没头没脑，不知说到哪里去了。又有一个说是‘为学生讲解中国文章的体裁，并使知道中国学术思想变迁的情形’。前句范围何其小！后句范围何其大！又有一个老先生答了一百多字，起首说：‘呜呼！人心不古，道德沦亡，为今之计，非推崇国文来挽回不可。……’真真荒谬绝伦！”

我以为这并不是一校独有的怪象，如果我们把全国中学国文教师的意见来调查一下，必然要发现许多同样的笑话。这就是中学国文教师有好多不经师资训练，平日教学毫不注意“目的”的缘故。而一般人以为只要通文的人，人人可做中学国文教师，不知道国文教学是一种专业，以为不必经过专门研究和训练，也是一种错误。

上面所说是教学全无“目的”的教师一种实例。下面还要详举许多有教学目的的优良教师和学者的意见，他们所定中学国文教学的目的，究竟怎样呢？

二　一般学者和教师所拟中学国文教学目的

（一）胡适所拟中学国文标准（见胡适《中学的国文教学》，载《新教育》五卷三期，这是胡先生第二次改定的）。

1. 人人能用国语自由发表思想——作文演说都能明白晓畅，没有文法上的错误。

2. 国语文通顺之后方可添授古文，使学生渐渐能看古书，用古书。

3. 作古文但看作实习文法的工具，不看作中学国文的目的。

按本标准第二、三条，注重在第二次修改的声明，似乎不像条文，我们要明白他第二次的声明，非参看他第一次所定的标准不可。兹附录于下（见胡适《中学国文的教授》，载《新青年》八卷一号，并载《胡适文存》一集一卷）：

1. 人人能用国语自由发表思想——作文，演说，谈话，都能明白通畅，没有文法上的错误。

2. 人人能看平易的古文书籍，如《二十四史》、《资治通鉴》之类。

3. 人人能作文法通顺的古文。

4. 人人有懂得一点古文文学的机会。

这两种标准所不同的地方，便是第二次把第一次定的三、四两条取消，第二条的程度减低。所谓“古文”，大概是指和白话文对称的文言。

（二）周予同所拟中学国文教授的目的（见周予同《对于普通中学国文课程与教材的建议》，载《教育杂志》十四卷一号）。

1. 人人能用国语或浅近的文言文自由而敏捷地发表思想情感，或记事实，绝对没有文法上的错误。

2. 人人能懂中国文学和学术变迁的大概。

周先生所定两条目的，第一条包括胡先生第一次所定的一三两条，第二条较之胡先生第一次所定的第四条更加“人人能懂中国学术变迁的大概”一句。周先生的意思，似乎中学国文科应包括中国学术在内，或者要把所谓“学术文”作有系统的选教。那么周先生虽没有写出胡先生所定的二条，当然也把这一条的意思包括在内了。

（三）沈仲九所拟中学国文教授的目的（见沈仲九《中学国文教学的一个问题》，载《教育杂志》十六卷五号）。

1. 人人有迅速看国语书报的能力，以启发思想，并了解现代思潮大概。

2. 人人有赏鉴国语文艺的能力，以培养美的情感，并且了解彼的变迁和性质。

3. 人人能用国语，自由地、明确地、敏捷地发表情思，纪述事物。

按沈先生主张中学只要专教国语文，不用教文言，所以注重国语文艺；他又主张初中要注重现代思潮，不用研究什么国学国故，所以注重国语书报。他并且从世界主义的立脚点竭力反对从国家主义的立脚点发出的主张什么国性国魂国学。所以他定的“目的”，与胡周二先生所定的，面目大异。（按，此三条曾为“吴淞中学”国文教学目的）

（四）常乃德所拟中学国文教学的目的（见常乃德《中学国文教授之我见》，载《中等教育》二卷一期）。

1. 能作普通通顺的文字——补足小学不足的程度。

2. 使有赏鉴文学的能力——培养文学兴趣，奖进文学天才。

3. 略知文学之原理及作法——包含文法修辞学及文学史。

按常先生以为，普通国文，小学毕业时，已经可通，在中学不用讲文改文，国文一科没有存在的必要，即使要学，也不过补足小学不足的程度。而中学国文的目的宜注重使有赏鉴文学的能力，略知文学之原理及作法。

（五）朱自清所拟中学国文教学的目的（见朱自清《中等学校国文教学的几个问题》，载《教育杂志》十七卷七号）。

1. 养成读书、思想和表演的习惯或能力。

2. 发展思想，涵育感情。

这两条目的，很是含混概括。所谓表演，大既是指笔述和口说，即所谓发表和演说，而所谓“发展思想，涵育感情”似乎不是语文教学所独有的目的。譬如图书音乐，何尝不可“发展思想，涵育感情”呢？

（六）孙本文所拟中学国文教学的目的（见孙本文《中学校之读文教授》，载《教育杂志》十一卷七号）。

“中学国文在授以写实主义理想主义之普通文文学文，养成其实际上搜集知识发表思想之能力，并以启发智德。”

他说“部定中学国文科要旨，用意混括，未见切实，兹略为改订”。似乎他所改订的，已经比部定要旨来得分析，而且切实得多了。但据我看来，除加上了不相干的“写实主义理想主义”外，并没有比部定要旨更见分析，更见切实。所谓搜集知识的能力，各科教学，都要注意，也不是国文科所应特别注意的目的。

（七）陈夑勋所拟中学生对于国文所应达到之目的（见陈夑勋《中学国文自修的商榷》，见《新教育》五卷四期）。

1. 用国语谈话演说，能自由达意，明白通畅。

2. 能阅平易之古文书。

3. 一切必需的应用文字，能自起稿。

4. 所发表之文字，皆能适称已意，不差累黍，且无文法上之错误。

5. 关于说理、记事、言情，一切复杂的事理情景，皆能曲为传达。

6. 有欣赏高深文学之能力。

按陈先生所拟中学国文教学目的，予所见者，凡经二次，所拟各有不同。上文所引为其第二次所拟者。兹附录其第一次为南高附中所拟（见《中等教育》二卷一期，《南高附中国文实施概况》），第三次集合近人意见所拟（见《新教育》十卷二期，《中学生学习国文问题》）之中学国文教学目的如下：

第一次所拟（为南高附中拟）：

1. 能了解他人的意思。

（a）他人用国语作文，演说，谈话，均能了解。

（b）普通平易之古文书籍，均能阅看了解。

2. 能发表适称己意的语言文字，且能令人了解。

（a）用国语作文，谈话，演说，能自由控御，能明白通畅。

（b）普通应用文能自起稿（能预及时间经济，能做纲要，且能使人一见如亲历其境，不生误会）。

（c）常用词语（不论白话文言）能摇笔即至。

（d）能仿造饶有兴趣之文学作品。

（e）能重述他人的意见（不论口头或文字）。

3. 养成有系统有组织的思考能力。

4. 养成阅读习惯（分朗读及默读，后者务求速度渐增）。

5. 养成欣赏高深文学之能力。

6. 养成爱真确的习惯（养成检查字典习惯附此）。

第三次所拟（集合近人意见）：

（甲）初中方面

1. 能运用普通语言和文字。

2. 能阅读平易书报。

3. 了解现代思潮的大概。

4. 明了中华民族特有的精神。

（乙）高中方面

1. 所发表的文字能精炼畅达。

2. 能阅读普通古书。

3. 明了现代文学的思潮。

4. 有研究古代学术思想的能力。

5. 明了中国民族结合的渊源和往哲优美的人生观。

6. 有赏鉴中国文学的能力。

我们在此可以知道陈先生所拟的中学国文教学目的，比较的细密，但他第一次所拟的，往往把性质相近的多列条目，似乎太嫌琐碎，所以他第二次把它修改了许多。至于第三次所拟的，是集合了近人各派的意见，似乎是兼收并蓄，集其大成，所以和他两次自拟的大不相同，但这种兼收并蓄的办法，是否适当还是一个问题。

（八）穆济波所拟中学国文教学目的（见穆济波《新制中学国文科课程标准纲要问题》，载《中华教育界》十三卷八期）。

一、初中共通目的

1. 在人生教育上，须使明了现实人生之可贵及社会的共存与个人应有之责任。

2. 在国家教育上，须使明了国民资格之修养与职业的联合，指导国内国外的侵略与压迫的险状，起谋自卫的动作。

3. 在民族教育上，须使明了民族之特有精神及现世的堕落现象，与其补救的方法。

4. 注意社会现象的观察，奖掖青年能力可能的活动与救济。

5. 注意青年团体的团结与共同生活应有的知识与修养。

二、初中各年级特殊目的

初中一年级标准：

1. 能用普通语言文字叙述个人及团体生活，描写自然风景，发抒单简的理想，记载实物性状、谈话、故事短文，得充分运用自如。

2. 能读日报或普通刊物及写实的短篇小说，并有感发可录为笔记。

3. 了解语法中各名词及单复句的性质，使用新式标点符号，无大错误。

4. 习楷书能笔画端整，有间架，不苟且，不写破体字。

初中二年级标准：

1. 能用普通语言文字，说明事物因果与辨证事理之是非得失，阐发己见，著为驳论，或演说，可供应用。

2. 能阅近人长篇论著及长篇小说等有所评述。

3. 能了解辩论术之方法与学理的大要。

4. 习草书能自由运笔，有帖意。

初中三年级标准：

1. 能如意描写自然风物，或社会现象及作想像丰富，情绪深永之文艺的小品文字或小诗，无多大疵弊。

2. 读近人长短篇文艺的名著与译品，能得其大意，且能略为分别作品思想艺术之高下。

三、高中共通目的

1. 在人生教育上，须使明了人生之究竟及社会的永存与人类进化之轨迹与趋向。

2. 在国家教育上，须使明了国家政治与国民生计的变迁，指导改进社会经济与树立民本政治学理的根据与历史知识。

3. 在民族教育上，须使明了中国民族结合的渊源及文化演进之状况。

4. 注意时代进化的程度与学术思想的发展。

5. 注意往哲精神生活的向上，训练个人精神独立的思想与习惯。

四、高中各年级特殊目的

高中一年级标准：

1. 能用简净文言叙述事状变迁、因果关系，或描写特殊人物与记载舆地形胜、风俗、制度沿革等，不失真相。

2. 能节读史传、地志及典乘、诸古籍，无十分艰窘之处；并能启疑，有探索或是正。

3. 能批评近代古文，有矫正其思想及纠举其作法未合处之能力。

高中二年级标准：

1. 能用酣畅之笔，畅发史事成败关系，演述往哲思想，力论学术异同，可说理不竭，辩事无碍。

2. 选读诸子或经传之一部，可整理其思想，勉力编练条贯，著为札记。

高中三年级标准：

1. 能读诗、骚、短赋、汉魏古诗、近体诗、宋词、元曲，得欣赏之趣。

2. 能评阅明清人长篇小说、传奇，研究其时代思想及批评其艺术高下。

3. 有成篇著作可供人欣赏。

按穆先生主张国文科须贯彻中等教育的宗旨，反对专以本科知识技能为主的教育。他以为教国文的唯一目的在——“养成有思想，有作为，有修养，在中等教育范围以内，有充分使用本国语文技能的新中国少年”。我以为教育宗旨在无论何科，都要贯彻但却不能与各科教学目的混为一谈。穆先生所拟的初高中国文科的共通目的，好像是较详细的中等教育宗旨，而不是国文科的教学目的了，而且他的共通目的和各年级的特殊目的两不相同，似乎也难贯彻。他的特殊目的好比是一领衣服，他的共通目的不过加上一顶帽子，而且在常服上加了一顶大礼帽，衣帽并不相联，他要如何贯彻这种共通目的到各年级的特殊上去呢？穆先生所拟的共通目的上，很带了国家主义的色彩。他这几十条的中学国文教学目的，真是别开生面了。不过他能注意到各年级分别规定目的，比较的很是分析而不笼统概括，这却在许多人中不易找得的。(附注：此目的后经东大附中采用)

以上八人所拟中学国文教学目的，共有十一种。下面再述一般教师所拟师范学校国文教学目的。讲到国文教学，师范和中学，除去小学教育应用的一部分，其他大概相同。也有并不注意到小学教学的应用，而视师范和中学，完全相同的。

三　一般老师所拟师范国文教学目的

(一) 浙江一师校教员所拟师范国文学者的目的（见《浙江教育》一卷五期，并见何仲英《白话文教授问题》所证引，该文载《教育杂志》十二卷二号)。

1. 形式的：使学生能够了解用现代语——如日报和中等学校科学教课书所用的文言——所发表的文章，而且能够念得敏捷，正确，贯通。

2. 形式的：使学生能够用现代语表现自己的思想情感，而且要自由，明白，普遍，迅速。

3. 实质的：使学生了解人生真义和社会现象。

这三条目的，就前两条言，可说师范和中学，简直没有分别。第三条所谓“了解人生真义和社会现象”诚然是师范生所必要的，但也不能说中学生可以不用了解。该校教员特别把这一条定为国文教学的目的，似乎国文科应该包括人生哲学和社会学在内了。诚然国文的形式离不了实质，它的内容，也许有一部分包含着“人生真义和社会现象”，但也有其他部分，或则包含政治经济，或则包含史地科学，何以并不一一列入国文教育目的内呢？我以为这无非受了时代思潮的支配，因为民国八九年间，一般人所谓“新思潮”，人生哲学和社会问题，几乎占了全部的地位。社会提倡“新思潮”，学生欢迎“新思潮”，从报章杂志上选来的白话文，也大半讨论人生哲学和社会问题的“新思潮”，所以国文教师不知不觉地把它当作国文教学的目的，占了国文教学的重要地位了。

（二）张审所拟前期师范国文教学的目的（张审《师范学校前三年国文教学的研究》，载《新教育》十卷三期）。

1. 整理思想：

（a）能知人生的要义及个人应负之责任。

（b）能了解现代思潮之大略与社会生活的缺陷。

2. 授予关于本科的知识：

（a）能知文学与人生的关系。

（b）能了解语文的基本组织法。

3. 养成关于本科的技能：

（a）能读浅显语文书报，充分了解其内容和形式。

（b）能用普通语言文发表思想，无文法上重大的谬误。

张先生所拟一三两项四条目的，仍是根据“浙江一师校”的国文教学目的来的，不过比较说得清楚些。第二项两条是他自己加上的。但也没有注意到小学教育方面的应用。所谓师范国文教学的目的，和中学有什么分别？

（三）陈启天和孙俍工合拟的师范国文教学目的（见陈启天《我对于师范国文教授的意见》，载《中华教育界》十卷六期）。

1. 关于实质的：

（a）启发思想，锻炼心力，并稍留意引起文学的兴趣。

（b）使学生对于人生和自然了解的程度加深，应付的能力扩大。

2. 关于形式的：

（a）使学生对于国语能说，能看，能做，而且正确，明了，迅速，有力。

（b）养成学生有教授小学国语的能力。

这两项四条目的，总算有一条注意到小学教育的应用了，但也说得很笼统。而第一项第二条所谓了解和应付人生的自然，也未免说得太高远难行，而欠切于实际（按此目的为“湖南一师范”所用）。

（四）阮真在十三年前所拟师范国文教学目的（见阮真《师范国文教授的商榷》，载《集美校师范教育》第一期，晋青《旧制师范国文教学问题》中并有引证）。

甲、普及的目的：

1. 个个学生能阅读普通书籍，领略近代思潮，并能阅读关乎教育的书籍，研究教育问题。

2. 个个学生能欣赏通俗文学，并能了解文学的普通意义。

3. 个个学生能为通俗应用文字及教育上必需的文字。

4. 个个学生能编制小学国文教材及通俗演讲材料。

5. 个个学生能用普通语言发表思想，简明而有次序。

乙、特别的目的：

1. 一部分学生能阅读古代文学，领略古代思想。

2. 一部分学生能略知文字上形声义之根本及变迁，并能略知古今文体的变迁。

3. 一部分学生能为流畅的演说，精当的辩论。

4. 一部分学生能为学校教育及社会教育上需要的文学。

5. 一部分学生能研究现代文学并知世界文学趋势。

按此系真在民国十年为“集美校”师范部所拟者，该校师范部当时在本科三年级即分文理两系。所谓普及的目的，系指一般学生言；特别的目的，系指文系学生言也，而晋清先生评谓：“普及特别的分法，未免牵强”是未知该校实情的缘故，而又真为求实际，重效率的实际教育者，故条目以实际应用为主，而不重逻辑的分列；所言以能说能行为主，而不求其高远难行，徒为形式的完备。

（五）晋青所拟师范国文教学的目的（见晋青《旧制师范中学国文教学问题》，载《中华教育界》十二卷五期）。

1. 要使个个师范生都能读用国语文，或浅近文言文发表出的普通文章或译著的书报杂志，而且能迅速、正确地彻解其精义。

2. 要使个个师范生都能阅读文学作品，并能解悟人生的真义和时代的价值，鉴别各种思想学说是否适应于环境。

3. 要使个个师范生都能有一点了解古文学的能力——但不必一定读《二十四史》《资治通鉴》（其按胡适举例言“如《二十四史》、《资治通鉴》之类，也并不说一定要读”。晋青先生于此亦有批评，似误解原文）。

4. 要使个个学生都能用国语发表思想，或教育上的心得——或笔写或口讲——而且能明白，迅速，正确，普遍，没有文法上的错误。

5. 要使个个师范生都能了解小学国文的要旨和小学国文教材的性质、体裁、程度和分量；并能实地编纂小学教材，指导儿童文艺设施，订正小学生缀文成绩，更能有娴熟的国文教学法，而无思想或方法上的谬误。

按晋青先生在条文后面自己附说：“……若是照这个标准，在现在的师范学校中实施起来虽不能说绝对完善，但总可以落得个‘无大疵谬了’。”但我以为晋青先生这个目的的毛病，就在要求“绝对完善”。要个个学生达到他所定的目的，谈何容易！现在无论中学师范，一班三四十个毕业生中，至少有三四个以至七八个，作文完全不通的。这固然是误在从前教学无目的。但如把目的定得太高，希望得太完善，实际上能否救济一部分不通的学生个个达到这最高标准呢？如果达不到，反落得一个完全不通，那么不如放低标准，用十二分的努力，教那些劣等生个个达到我所定的最低限度的人人必须普及的目的。至于文系学生，或长于国文的优材生（指不分系者言）不妨叫他们侧重些国文，希望他们能达到我所定的特别的目的。若是标准定得很高，要求“绝对完善”，那么所定的标准，不是成了“纸上谈兵”吗？

以上所述，一般老师所拟师范国文教目的，共有五种。前二种目的和中学相同，没有什么分别。后三种目的，除去关于教育应用的一部分外，其余也和中学相同，原是没有什么大差异的。下面再来看看教育部和前后两次课程标准起草委员会所定的中学（及师范）国文教学目的如何？

四　教育部和课程起草委员会所定的中学国文教学目的

（一）教育部所定的中学国文科要旨（见民国二年教育部中学校令施行规则第三条）。

“国文要旨在通解普通语言文字，能自由发表思想，并使略解高深文字，涵养文学之兴趣，并以启发智德。”

按这个要旨，固然是太笼统概括，近年攻击的人很多，但我觉得部分要求条文的简赅，却也未可厚非。上面许多人拟的目的，也比这个好不得几多；而且仍然没有详细的分析，也难说确能贯彻到国文科各年级各学程的教学上去。而且还是各说各的，比部令更少了统御的威权。

（二）教育部所定师范国文科要旨（见民国二年教育部分师范学校规程第十条）：“国文要旨，在通解普通语言文字能自由发表思想，兼涵养文学之兴趣，以启发智德，并解悟小学校国文教授法。”这个要旨，仍和中学国文科要旨差不多。所不同的，只是删去了“略解高深文字”一语，增加了“解悟小学校国文教授法”一语。

（三）第一次课程标准起草委员会所定中学国语课程目的（见民国十四年六月，全国教育联合会新学制课程标准起草委员会所颁布课程标准纲要）。

（甲）初中国语课程目的（叶绍钧拟，委员会复订〉：

1. 使学生有自由发表思想的能力。

2. 使学生能看平易的古书。

3. 引起学生研究中国文学的兴趣。

有些人批评这三条目的，以为第一条仍是太含混；第二条，初中学生不必要能看平易的古书，而且他们所定的略读书目举例也举不出一本平易的古书。

（乙）高中公共必修的国语课目的（胡适起草，没有注明委员会复订）：

1. 培养欣赏中国文学名著的能力。

2. 增加使用古书的能力。

3. 继续发展语体文的技术。

4. 继续练习文言文作文。

我们在这四条目的之中可以发现极大的笑话，便是初中和高中的目的，并不衔接，并无联络，而所谓“增加”“继续”都是空话。在初中目的中并没有说到用古书，而高中何来增加其能力？在初中目的中并没有说到用文言文作文，而高中何来继续练习？只有“继续发展语体文的技术”一条，我们可以让他模模糊糊地过去，因为在初中目的中有含糊笼统一条，“使学生有自由发表思想的能力”。这是因为两个名人各自分头去拟，委员会也未必认真复订的缘故。至于这种“目的”能否统御全国中学国文教学，那可不必再讨论了。(参看本文绪言)

（四）第二次课程标准起草委员会所定中学国文课程目标（见民国十八年八月，教育部印行《中小学课程暂行标准》第二第三册）。

（甲）初中国文课程目标（孟宪承起草，孙学辉、刘大白、刘奇整理与审查）：

1. 养成运用语体文及语言充畅地叙说事理及表达情意的技能。

2. 养成了解平易的文言文书报的能力。

3. 养成阅读书报的习惯和欣赏文艺的兴趣。

这次所定“目标”，于语体文言技能、能力、习惯、兴趣及读书、作文，面面俱到，自然比较上次的进步多了。

（乙）高中普通课程目标（孟宪承、胡适起草整理）：

1. 继续养成学生运用语体文正确、周密、隽妙地叙说整理及表达情意的技能，并依学生的资性及兴趣，酌量并使用文言文作文的能力。

2. 继续培养学生的讲解古书的能力。

3. 继续培养学生欣赏中国文学名著的能力。

这三条目的和初中的三条目的完全衔接，那么“继续”两字方有了根据。在第一条看来，大多数的高中学生只要能运用语体文作文，只有少数资性及兴趣相近的，可以酌量使他兼文言文作文。在第 2、3 条看来，所谓“读解古书”，所谓“欣赏中国文学名著”，几乎完全是文言的。做的是语体文，读的完全是文言文，那么语体文作文的继续进步，能否不致发生影响？如果要使语体文学到正确、周密、隽妙，那么还该多读好的语体文。如果说初中毕业时语体文已作得很好，那么在高中也还有学做文言文的需要。因为在现在社会上文言文还是很需要。而且在语体文已经学好之后，再学做文言文，还也可有助于语体文的。譬如我们尽管读古文，与语体文并无妨碍，尽管读语体文，与做文言文也并无妨碍；就是有妨碍，也是很少。因为我们对于两者已有相当的训练。但是，高中学生学习上的境遇，是否与我们现在完全相同，还是要待研究试验的一个问题。

我在上面已经把国内学生、教师以及教育行政机关、教育会议机关所拟的中学及师范国文教学目的，搜集了二十种，一一讨论过了。虽然尽我两个月的力量，只有找到这二十种，但是重要的论文，大概都已找到了。这二十种之中，各种意见，已是无奇不有，大的其大无外，小的其小无内；简的只有二三十字，繁的长至一千余字。但我们尽管在国内学者教师的意见中去探讨，这是不能发生新鲜的问题，而使我们思想有所开展。所以我们还得借鉴于外国同样问题的资料，来做我们的参考。下面再看一九一七年，美国全国英文联合委员会之报告。

五　美国全国英文联合委员会对于重订中学英文教学目的之报告

他们的报告中说，无论中学哪年级的英文教学，都要注意下面的几个目的：

1. 培植学生用语言文字发表的技能。
2. 教学生能为完善地诵读，而且能鉴别之。
3. 养成学生阅读优美文字的嗜好。
4. 教学生怎样去找有价值的书籍。

英格里斯（Inglis）对于该委员会之意见，有点批评。他说：

“语言科之价值与目的有二：（1）传达思想之工具；（2）思想历程之工具。……在中学不特应训练学生发表思想之能力，而且在养成学生条理地思想议论的习惯（Inglis：Principles of Secondary Education Chap. 11）。”他又以为文学方面之目的，可以分为下列3种：

1. 养成学生审美的态度。
2. 养成学生高尚的观念。
3. 养成学生读书的习惯。

下面再看该委员会对于美国中学英文教学目的的详细分析。

（甲）关于语言的发表者

（a）有回答问题简明而中肯之能力。

（b）为普通问题的演讲，有搜集和组织材料的能力。

（c）在会场中能将已组织的材料为庄严有力地发表。

（d）于不正式的讨论时，能与他人之意见相衔接不致旁生枝节或无理的争辩。

（e）欲为领袖者，于相当预备之后，能演说于公众之前或领导公众会议，有威仪和礼貌，不至有局促不安的现象。

（f）能高声朗读，将作者的思想精神传达于听者，且能使之对于所读之材料发生兴趣。

注意：所有之语言发表，均当有明显而自然的关连，真确的发说者应有一种诚恳的希望，以唤起听者的兴趣、观念和感情。

（乙）关于笔写的发表者

（a）能依普通应用的，无论拘礼与不拘礼的形式，为礼雅的书函。

（b）初习述写，能应用熟习的材料，为清楚可读之段文，不至违反“一致”及“层次”的规则。

（c）能将一节讲演或文学分析其要点而录成纲要，且能将之伸展。

(d) 对于特别有兴趣的长篇文学作品，经相当预备，能为清顺有味而有层次的报告。

(c) 对于文学有兴趣者，能作短篇故事或其他的想像作品，而具有风格上“活力”与“人格”之原素，及适当的体裁。又能将相宜的故事，排列为戏剧表演的形式。

注意：所有笔记发表，都要笔迹清楚，拼音无误，文法相合，大写与标点符号合则，作者应力求字汇富足，简明活泼的风格，句段构造之有坚性与柔性。

(a) 能于阅读佳著中得到愉快，增加知识和鉴别书籍优劣的能力。

(b) 对于最著名之作家，能明了其生活概况，重要著作及其当时和现代的重要理想。

(c) 明了各种重要的文体——小说，戏剧，论说，抒情诗等等的构造和格式。

(d) 以下 3 种阅读的技能和知识：

1. 速读　能博览群书而又能速达其实质。

2. 熟读　能约制书籍，而确实明了其意义与效用。

3. 考查　能利用目录、书籍指南和一切参考书，寻找特别的事实，快而且确。

(e) 养成估量段文中特别重要点的习惯。

(f) 能想像而深得作者之思想；且凭自己的斟酌以解释其意义；又能朗读选文，表示出“书为娱乐之源”。

注意：学生无论读何书籍，都须明白了解。学生所用于读书的方法及上叙各种目的，皆为直接的，为养成学生一种优良的读书嗜好起见，务须为课外阅读指导。欲达此目的，必须为各年级预备若干书籍；而此等书籍，又必包罗丰富，以适应学生个性的嗜好，和程度的深浅。

该委员会又将初中作文和文学的主要目的分析如下：

一、作文：

1. 务求观察之真确和想像之灵活；

2. 养成清爽的和论理的思维；

3. 养成“秩序”和“完整”的意义；

4. 能用相宜的材料以适应听众；

5. 文句的意识之养成；

6. 使用字语之得当；

7. 能应用外形的标准用法。

二、文学：

A. 普通的：

1. 发展青年的感觉力，使其阅读的热望和欣赏达于最高地位；

2. 为青年的现在和将来，须养成其“闲暇时以书为友”的性情和习惯。

B. 特别的：

1. 培植生活及品行之最高理想，必须求学生团体间深切的相互了解及同情。

2. 启发学生的想像和情绪，使与其他课程之理解力同时并进。

3. 使学生熟习世界各地的景物和各时代的历史，以广博其心智的经验。

4. 使学生谙练简单的作品，使将求习复杂的文学时感觉容易。

5. 灌输学生以各种体裁的文学作品（但须吻合初中学生的心智把持力，及与其他教育宗旨不相抵触）。

6. 改进学生自我表现之能力（使多用思索，多供给有价值的模范作品，使多与简单名著接触，以灌注文格的感情）。

7. 规定一些相宜的诗歌散文，令学生记忆，以为判断其他作品价值之标准，并引起其他阅读之动机。

8. 训练学生判断及选取流行作品的能力。

再看该委员会按年级分别作文的目的。

（甲）初中一年级的作文目的：

1. 给与更广博的兴趣及环境的优美之知识；

2. 增加观察、组织和发表的能力；

3. 更进一步地发展语句之意识；

4. 扩大字汇范围；

5. 教以职业的、社交的合乎无法度之书函；

6. 减少普通的拼音错误；

7. 给以文法上基本原理之知识。

（乙）初中二年级的作文目的除与一年级相同外，添加下列二项：

1. 求得语句构造上之更大的揉和变性。

2. 教以段节之普通原则。

（丙）初中三年级的作文目的：

1. 唤起对于全文构造及各部联络之兴趣；

2. 注重动词的形式，以广文法的知识；

3. 使拼音之错误极少发现。

他们对于中学英文教学的目的，何以要从各方面这样条分缕析地详细规定呢？我们要知道简括而笼统的“目的”，诚然是“言简意赅”，但如要使他贯彻到各方面的实际教学上而发生效力，那是不可能的。无论是教育部、委员会，或哪个名人，他们要想用“言简意赅”的条文，统御全国中等学校国文的实际教学，使他贯彻而发生效力，没有不失败的。所以要求实际教学上能贯彻而发生效力，非这样的详细分析不可。英文和中文在文字上、文法上，虽然有不同的地方，但大部分的语文教学目的，总是相同。这是很可供我们参考借鉴的。

六 我国教师对于中学国文教学目的之意见的统计

本文第三、第四节所述，我国学者教师教部委员对于中学及师范国文教学所拟的“目的”，已有二十种之多。我们如果要知道哪条目的是最为重要的，哪条是次要的，哪条是副贰的，哪条是未必有用的，哪条是绝对无用的，那么我们须根据许多人的意见来做统计。做这种统计的第一步手续，先要把所有意见中各个单独的质点提出。然后在每个质点之下，找出赞同的人数，一一记出，但同是一人，前后二次或三次所拟，其质点相同者，仅作一人之赞同之一单位；二人或三人合拟者，作为二人或三人赞同之二单位或三单位。同是赞同某质点之人，其意见完全相同者，为完全赞同；其意见有部分相同，而未必尽同者，为部分赞同。经过这种统计以后，然后可以确定赞同人数最多者为最重要，以至赞同人数最少，或无人赞同者，为最不重要或无用。虽然统计的根据太少，然而这都是教育部、委员会的报告，和国内学者及优良教师的重要论文里找出来的，比较普通的调查，或者较有价值。我知道在现在多数中学国文教师没有经过相当的师资训练的时候，便是调查几千人的统计结果，也是靠不住的。譬如中华民国的国会议员能举出曹锟作大总统，难道不是他们多数人的公意吗？多数中华民国的国民，还是希望“真命天子”出世，难道不是多数人的公意吗？而且这种调查，非借政府的力量，个人决难办到。所以我在这里只好根据从各种报告及论文里找出来的意见来做统计，这种统计的结果，虽然也不很可靠，但总比完全杜撰，随意拟的，要可靠得多了。除师范的特别质点外，我且把上面各人对于中学国文教学“目的”意见中，各个质点，统计如下：

中学国文教学目的之意见统计表

条目	赞同人数	完全赞同	部分赞同
1. 能用国语自由发表思想（包括作文演说）	19	19	
2. 能用国语自由发表情感（包括作文演说）	6	6	
3. 作文演说没有方法上的错误	19	19	
4. 人人能看平易古书	8	5	3
5. 人人能作文法通顺的古文	10	1	9
6. 人人能欣赏古文学（或高深文学）	13	5	8
7. 人人能懂中国学术变迁的大概	3	1	2
8. 能作浅近文言文	9	7	2
9. 有看国语书报的能力	19	19	
10. 了解现代思潮的大概	8	5	3
11. 启发思想或发展思想	6	4	2
12. 人人有赏鉴国语文艺的能力（或兴趣）	10	5	5
13. 培养美的感情	2	2	
14. 了解国语文学的变迁和性质	1	1	
15. 奖进文学天才	2	2	
16. 启发智德	2	2	
17. 养成搜集知识的能力	1	1	
18. 养成读书习惯	3	3	
19. 能为文学作业	5	2	3
20. 养成有系统有组织的思考能力	2	2	
21. 锻炼心力	1	1	
22. 了解人生真义	6	5	1
23. 了解社会环境	3	2	1
24. 明了个人责任	2	2	
25. 明了中华民族的精神	2	2	
26. 能知文学与人生的关系	1	1	
27. 能知世界文学的趋势（或现代文学思潮）	2	2	

（续）

条目	赞同人数	完全赞同	部分赞同
28. 明了中国民族结合的渊源	2	2	
29. 明了在哲优美的人生观及往哲精神生活	2	2	
30. 有研究古代学术思想的能力	1	1	
31. 能作普通应用文学	3	3	
32. 明了国民资格之修养与职业的联合对国内外的侵略压迫及自卫	1	1	
33. 奖掖青年的活动	1	1	
34. 注意青年的团结与共同生活应有的知识	1	1	
35. 注意时代进化程度与学术思想的发展	1	1	
36. 明了国家政治与国民生计的变迁使知政治经济的学理	1	1	

附注：我做上面三十六条的统计，发生了很多的困难。第一，有的太笼统含混，不易分析。譬如说："养成发表能力"这句话包括"笔述"和"口语"，"语体"和"文言"，"思想"和"情感"，究不知其何所指也。第二，有的太琐碎，譬如同是说作文，对于纪事、论说、描写、言情，分了许多条，我只好不提出了。第三，有的虽没有明文，而意思似已包含在内。譬如说"欣赏文学"当然包含"了解文学意义"，而"有批评文学能力"，似乎也差不多。第四，有许多条文，似同而异，似异而同，也只好列入"部分赞同"之内。第五，还有各人思想的方式不同，文句中各质点联络组织不同，所以做这个统计，很费了许多心思去判断分别。而穆济波的别开生面奇特的"目的"，难以找出有别人和他相同的质点。只有陈夔勋抄了他几句，而又略改变其文字。

根据上面的统计，我们可定初高两级中学国文教学的目的如下：

（甲）初中国文教学目的：

1. 人人能用国语及国语文自由发表思想情感。

2. 作文演说没有方法上的错误。

3. 人人有看国语书报的能力，并养成读书习惯。

4. 人人有赏鉴国语文艺的能力及兴趣。

（乙）高中国文教学目的：

A. 普及的：（指理科职业科及文科）

1. 继续初中国文教学目的更求进步。

2. 人人能看平易的文言书报。

3. 人人能作浅近文言文及普通应用文字。

B. 特殊的：（专指文科）

1. 能看平易的古书。

2. 能作文法通顺的古文

3. 能欣赏古文学。

4. 能仿做文学作品。

上面所定十一条目的，是采取某质点赞同人数最多者，列入初中；其次者，列入高中。仅有一二人赞同者，皆不采入。惟于了解人生真义、社会环境及现代思潮各条，赞同人数虽多，亦不采入，以其为教育的目的而非国文科教学之特有目的也。又如启发思想，则为教学的手段，故亦不列入目的之内。但此十一条目的，如欲贯彻于国文科各学程之实际教学，尚须详细分析，方有效力。

七　中学国文教育目的之分析

甲、关于读文者：

A. 初中读文教学之目的；

1. 养成优良的默读习惯，渐渐增加其速度。

2. 读音正确，解字得当。

3. 能了解普通国语文及国语文学之意义。

4. 能决择文章要点，复述大意。

5. 能应用语法，分析文句；并能划分段落。

6. 能分析普通国语文之意义，评判是非。

7. 增进常识，开展思想。

8. 引起文学兴趣，养成以读书为嗜好之习惯。

B. 高中读文教学之目的：

(1) 普及的：（指高中各科）除继续求初中各条之进步外，增加下列各条。

1. 能阅读浅近文言书报，了解意义，确而且速。

2. 能利用目录，参考与所读文章有关系之材料。

3. 渐渐能补充所读文章之意义。

4. 能用文言文法，分析文句。

5. 能明了各种重要文体之构造格式。

6. 能分析所读文章，作成纲要表解。

7. 能用逻辑为正确之思考及判断。

(2) 特殊的：（指文科）除注意普及的各条外，增加下列各条。

1. 能朗读文学作品，表现其神情。

2. 能评判文学作品之优劣。

3. 能为字句的推敲及细细的玩味。

4. 能看平易古书剖析其思想。

5. 能明了著名作家之生平著作及其理想。

乙、关于作文者：

A. 初中作文教学之目的：

1. 就学生的生活环境及经验所及者能写简明而有层次的叙事文、说明文。

2. 能写述故事新闻，饶有兴趣。

3. 能为生活职业上必要的应用文，合乎格式而畅达情意。

4. 做简短的论说文，有明晰正确的思维。

5. 所作文字能思想清晰，文意切题，语法通顺，辞语确当，段落分明，标点清楚（本条的解释，请参看拙著《中学作文教学研究》第三章，该书为民智书局出版，定价六角）。

B. 高中作文教学之目的：

（1）普及的

1. 描写自然风景及人物的容状言行，能曲尽其态。

2. 作论说文能有合乎逻辑的思考判断。

3. 为职业上、社交上的应用文，能简明修洁，情文兼至。

4. 所作文言文字，能文法通顺，论理正确，见解切合，结构谨严，修辞雅洁（本条的详细解释，请参看拙著《中学作文教学研究》第三章）。

（2）特殊的

1. 能了解修辞原则，应用于作文。

2. 能略习各种文章作法，应用于作文。

3. 能略为几种文艺作品之模仿或创造。

丙、关于演说辩论者（即为口语的发表）

A. 初中口语发表之目的：

1. 能说普通语言，音语清晰而圆熟。

2. 能当众报告事实，有条理，有层次，说得娓娓动听。

3. 演说时仪容姿态，端庄而自然，无局促不安的状态。

4. 能搜集材材，加以组织说得有凭有证。

5. 能容纳他人的意见，不为无理的争辩。

6. 能知普通演说辩论之规则及方术，应用适当。（参看拙著《中学国文各学程教学研究》第三章，该书为民智书局出版，定价五角）

B. 高中口语发表之目的（除继续初中各条目之外，须注意下列各条：

1. 演说时能注意词句的修饰。

2. 发言精当而有力。

3. 辩论时能为精密而分析的思考，敏捷而周至的应付。

4. 有虚己下人而服从真理的精神。

5. 熟知各种会议规则而能遵守。

6. 能领导公众会议，有相当的威仪和礼貌，并有诚恳的态度。

上面已将初高级中学国文教学目的分读文、作文及演说辩论三项，详细拟定。至于各年级应注重何条，尚须待实施时加以研究。而新制初高级中学，尚有各种选修必修之特设学程。各学程之教学目的，均详见拙著《中学国文各学程教学研究》，阅者可以参看该书（民智书局出版）。

八　余论

作者因鉴于近年国内学者教师所拟中学国文教学目的，纷纭杂出，各有不同，无所折衷；而教育部前后两次课程标准起草委员会所颁布者，仍无统御各校实际教学的效力；故特搜集各种意见、各家主张，而为统计分析的研究。最后由作者根据统计结果分别拟定各项条目，虽不能谓为确定不易之标准，要亦可为进一步研究的重要参考资料。尚望国内学者教师及课程标准起草委员有以教正之！

（原载《中华教育界》22 卷 5 期，1935 年）

4. 关于国文的学习

夏丏尊

一　引言

摆在我面前的题目，是《关于国文的学习》。就是要对中学生诸君谈谈国文的学习法。我虽曾在好几个中学校任过好几年国文科教员，对于这任务，却不敢自信能胜任愉快。因为这题目范围实在太广了，一时无从说起，并且自古迄今，已不知有若干人说过若干话，著过若干的书，即在现在，诸君平日在国文课里，也许已经听得耳朵要起茧哩。我即使说，也只是些老生常谈而已。

我敢在这里声明，以下所说的不出老生常谈。把老生常谈，择要选取，来加以演述，使中学生诸君，容易领会，因而得着好处，是我的目的，这目的如果能达到若干那就是我对于中学生诸君的贡献了。

二　中学生应具的国文能力

国文二字，是无止境的。要谈中学生的国文学习法，先须预定中学生应具的国文程度。有了一定的程度，然后学习才有目标，也才有学习法可言。

诸君是中学生，对于毕业时的国文科的学力，各自作着怎样的要求？我原不知道，想来是必各怀着一种期待的吧。我作了许多年的中学国文教员，对于国文科的学力，曾在心中主观地描绘过一个理想的中学生，至今尚这样描绘着。现在试把这理想的人介绍给诸君相识。

他能从文字上理解他人的思想感情，用文字发表自己的思想感情而且能不至于十分理解错，发表错。

他是一个中国人，能知道中国文化及思想的大概。知道中国的普通成语与辞类，遇不知道时，能利用工具书物，自己查检。他也许不能用古文来写作，却能看得懂普通的旧典籍。他不必一定会作诗，作赋，作词，作小说，作剧本，却能知道甚么是诗，是赋，是词，是小说，是剧本，加以鉴赏。他虽不能博览古昔典藉，却能知道普通典籍的名称，构造，性质，作者及内容大略。

他又是一个世界上的人，一个二十世纪的人，他也许不能直读外国原书，博通他国情形，但因平日的留意，能知道全世界普通的古今事项，知道“周比特”（Jupiter），“阿普罗”（Apollo），“委娜斯”（Venus）等类名词的出处，知道“三位一体”“第三国际”等类名词的意义，知道“荷马”（Homer），“拜伦”（Byron）是甚么人，知道《神曲》（Devine Comedy），《失乐园》（Paradise Lost）是谁的著作，不会把“梅德林克”误解作乐器中的曼陀铃，“伯讷特·萧”误解作是一种可吹的箫！（这是我新近在某中学校中听到的笑话，这笑话曾发生于某国文教员）

我理想中所期待悬拟的中学毕业生的国文科的程度是这样。这期待也许有人以为太过分，但我自信却不然。中学毕业生是知识界的中等分子，常识应该够得上水平线。具备了这水平线的程度，然后升学的可以进窥各项专门学问，不至于到大学里还要听名词动词的文法，读一篇一篇的选文。不升学的可以应付实际生活，自己补修起来也才有门径。

现在再试将十八年八月教育部颁行的中学课程暂行标准中所规

定的高中及初中的毕业最低限度抄列如下.

甲、高中国文科毕业最低限度:

(一) 曾精读名著六种而能了解与欣赏。

(二) 曾略读名著十二种而能大致了解欣赏。

(三) 能于中国学术思想文学流变文字构造文法及修辞等有简括的常识。

(四) 能自由运用语体文及平易的文言文作叙事说理表情达意的文字。

(五) 能自由运用最低限度的工具书。

(六) 略能检用古文书籍。

乙、初中国文科毕业最低限度:

(一) 曾精读选文,能透澈了解并熟习至少一百篇。

(二) 曾略读名著十二种,能了解大意,并记忆其主要部分。

(三) 能略知一般名著的种类、名称、图书馆及工具书籍的使用,自由参考阅读。

(四) 能欣赏浅近的文学作品。

(五) 能以语体文作流畅的文字,无文法上的错误。

(六) 能阅览平易的文言文书籍。

把我所虚拟的中学生的国文程度和教育部所规定的中学生国文科毕业最低限度两相比较,似乎也差不多相仿佛。不过教育部的规定,把初中高中截分为二,我则泛就了中学生设想而已。

现在试姑把这定为水平线,当作学习的目标。怎么去达这目标呢?这就是本文所欲说的了。

三　关于阅读

依文字的本质来说,国文的学习途径,普通是阅读与写作二种。

阅读就是我在前面所说的“从文字上理解他人的思想感情”的事，写作就是我在前面所说的“用文字发表自己的思想感情”的事。能阅读，能写作，学习文字的目的就已算达到了。

先谈阅读。

“阅读甚么?”这是我屡从本志读者及一般青年接到的问题。关于这问题，曾有好几个人开过几个书目。如胡适的《最低限底的国学书目》、梁启超的《国学入门书要目》，此外还有许多人发过不少零碎的意见。但我在这里却不想依据这些意见，因为“国文”与“国学”不同，而且那些书目也不是为现在肄业中学校的的诸君开列的。

就眼前的实况说，中学国文尚无标准读本，中学国文课程中的读物，大部分是选文。别于课外由教师酌定若干整册的书籍作为补充。一般的情形既不过如此，当然谈不到甚么高远的不合实际的议论。我在本文中只拟先就选文与教师指定的课外书籍加以说述，然后再涉及一般的阅读。

今天选读一篇冰心的小说，明天来一篇柳宗元的游记，再过一日来一篇《史记》列传，教师走马灯式地讲授，学生打着呵欠敷衍，或则私自携别书观览，这是普通学校中国文教室中的一般情形。本文是只对学生诸君说的，教师方面的话，姑且不提，只就学习者方面来说。中学国文课中既以选文为重要成分，占着时间的大部分，应该好好地加以利用。为防止教师随便敷衍计：我以为不妨由学生预先请求教师，定就一学年或半学年的选文系统。决定这学年共约选若干篇文字，内容方面属于思想的若干篇，属于文艺的若干篇，属于常识或偶发事项的若干篇，属于实用的若干篇形式方面属于记叙体的若干篇，属于议论体的若干篇，属于传记或小说的若干篇，属于戏剧或诗歌的若干篇，属于书简或小品的若干篇（此种预计，只要做教师的不十分撒滥污，照理应该不待学生请求，自己为之）。材料既经定好，对于选文，应该注意切实学习。

我以为最好以选文为中心，多方学习，不要把学习的范围限在选文本身。因为每学年所授的选文，为数无几，至多不过几十篇而已。选文占着国文正课的重要部分，如果于一学年之中，仅就了几十篇文字本身，知得其内容与形式，虽然试验时可以通过，究竟得益很微，不能算是善学者。授到一篇选文，对于其本身的形式与内容，原该首先理解，还须进而由此出发，作种种有关系的探究，以扩张其知识。例如教师今日选授陶潜的《桃花源记》，我以为学习的方面有下列种种。

（1）求了解文中未熟知的字与辞。

（2）求了解全文的的趣意与各节各句的意义。

（3）文句之中如有不能用旧有的文法知识说明者，须求得其解释。

（4）依据了此文玩索记叙文的作法。

（5）籍此领略晋文风格的一斑。

（6）求知作者陶潜的事略，旁及其传记与别的诗文。是好乘此机会去一翻他的集子。

（7）籍此领略所谓乌托邦思想。

（8）追求作者思想的时代的背景。

一篇短短的《桃花源记》于供给文法句上的新知识以外，还可籍以知道记叙文的体式、晋文的风格、乌托邦思想的一斑，陶潜的传略、晋代的状况等等。如此以某篇文字为中心，就了有关系的各方面扩张了学去，有不能解决的事项，则翻书查字典或请求教师指导，那么读过一篇文字，不但收得其本身的效果，还可连带了习得种种的知识。较之胡乱读过就算者，真有大渊之差了。知识不是可以孤立求得的，必须有所凭借，就某一点分头扩张追讨，愈追讨关联愈多，范围也愈多。好比雪球，愈滚愈会加大起来。

以上所说是对于选文的学习法。以下再谈整册的书的阅读。

整册的书，哪几种应该读？怎样规定范围？这是一个麻烦的问题了。我以为中学生的读书的范围，可分下列的几种。

（1）因选文而旁及的。如因读《桃花源记》而去读《陶集》，《读无何有乡见闻记》（威廉·马列斯著）。因读司马谈的《论六家要旨》而去读《论语》《老子》《韩非子》《墨子》等等。

（2）中国普通人该知道的。如《四书》《四史》《五经》《周秦诸子》，著名的唐人的诗，宋人的词，元人的曲，著名的小说，时下的名作。

（3）全世界所认为常识的。如基督教的《旧约》《新约》，希腊的神话，各国近代代表的文艺名作。

不消说，上列的许多书，要一一全体阅读，在中学生是不可能的。但无论如何，要当作课外读物尽量加以涉猎，有的竟须全阅或精读。举例来说，《四书》须全体阅读，《诸子》则可选择几篇，诗与词可要读前人选本，《旧约》可选读，《创世纪》《约伯记》《雅歌》《箴言》诸篇，《新约》可就《四福音》中择一阅读。无论全读或略读，一书到手时，最好先读序，次看目录，了解该书的组织，知道有若干篇，若干卷，若干数目，然后再去翻阅全书，明白其大概的体式，择要读去。例如读《春秋左传》，先须知道甚么叫经，甚么叫传，从甚么公起至甚么公止。读《史记》，先须知道本纪、世家、列传、书表等等的体式。

近来有一种坏风气，大家读书不喜欢努力于基本的学修，而好作空泛工夫。普通的学生案头有胡适的《中国哲学史大纲》《白话文学史》，顾颉刚的《古史辨》；有《小说作法》，有《欧洲文学史》，有《印度哲学概论》，问他读过《四书》《五经》周秦诸子的书吗？不曾。问他读过若干唐宋人的诗词集子吗？不曾。问他读过古代历史吗？不曾。问他读过各派代表的若干小说吗？不曾。问他读过欧洲文艺中重要的若干作品吗？不曾。问他读过若干小乘大乘的经典吗？不曾。这种空泛的读书法，觉得大有纠正的必要。例如胡适的《中国哲学史大纲》原是好书，但在未读过《论语》《孟子》《老子》《庄子》等原书的人去读实在不能得很大的利益。知道了《春秋》《左传》《论语》等原书的大概轮廓，然后去读《哲学史》中的关于孔子的一部分，读过几篇《庄子》，然后再去翻阅《哲学史》中关于《庄子》的一部分，才会有意义，才会有真利益。先得了孔子庄子思想的基本的概念，再去讨求关于孔子庄子思想的评释，才是顺路。用譬喻来说，《论语》《春秋》《诗经》《礼记》是一堆的有孔的小钱，《哲学史》的《孔子》一节，是把这些小钱贯串起来的钱索子，《庄子》中《逍遥游》《大宗师》等一篇一篇的文字，也是小钱，《哲学史》中《庄子》一节是钱索子。没有钱索子，不能把一个个的零乱的小钱，加以贯串整理，固然不愉快，但只有了一根钱索子，而没有许多可贯串的小钱，究竟也觉无谓。我奉劝大家，先读些中国关于哲学的原书，再去读哲学史，先读些《诗经》及汉以下的诗集词集再去读文学史，先读些古代历史书籍，再去读《古史辨》，万一必不得已，也应一壁读《哲学史》《文学史》，一壁翻原书，以求知识的充实。钱索子原是用以串零零碎碎的小钱的，如果你有了钱索子而没有可串的许多小钱，那么你该反其道而行之，去找寻许多的小钱来串才是。

话不觉说得太絮叨了，关于阅读的范围，就此结束，以下试讲一般的阅读方法。

第一是理解。理解又可分两方面来说。（1）关于辞句的；（2）

关于全文的。关于辞句的理解，不外乎从辞义的解释入手，次之是文法知识的运用。辞义的解释如不正确，不但读不通眼前的文字，结果还会于写作时露出毛病。因为我们在阅读时收得辞义，一经含糊不甚彻底明白，写作时也就不知不觉地施用，闹出笑话来。（笑话的构成，有种种条件，而辞义的故意误用，就是重要条件之一）文字不通的原因，非文法不合即用辞与意思不符之故。“名教”“概念”“观念”“幽默”等类名辞的误用是常可在青年所写的文字中见到的，这就可证明他们当把这些名辞装入脑中去的时候，并未得到过正当的解释了。每逢见到新辞新语，务须求得正解，多翻字典，多问师友，切不可任其含糊。

辞义的解释正确了，逐句的文句已可通解了，那么就可说能理解全文了吗？尚未。文字的理解，最要紧的是捕捉大意或要旨，否则逐句虽已理解，对于全文，有时仍难免有不得要领之弊。一篇文字全体必有一个中心思想，每节每段也必有一个要旨。文字虽有几千字或几万字，其中全文中心思想与每节每段的要旨，却是可以用一句话或几个字来包括的。阅读的人如不能抽出这潜藏存文字背后的真意，只就每句的文字表面支离求解，结果每句是懂了，而全文的真意所在仍是茫然。本稿纸数有限，冗长的文例，是无法举的，为使大家便于了解着想，略举一二部分的短例如下：

> “当此之时，天下之大，万民之众，王侯之威，谋臣之权，皆欲决于苏秦之策；不费斗量，未烦一兵，未战一士，未绝一弦，未折一矢，诸侯相亲，贤于兄弟。”（《战国策》）

天下之大，以下同形式数句，只是“全世”之意，从有“不”字句起至一连数句未甚么，只是“不战”二字之意而已。

> “外物不可必，故龙逢诛，比干戮，箕子狂，恶来死，桀纣亡。人主莫不欲其臣之忠，而忠未必信；故伍员流于江，苌

> 弘死于蜀，藏其血，三年而化为碧。人亲莫不欲其子之孝，而孝未必爱；故孝己忧而曾参悲。”（《庄子·外物篇》）

这段文字，要旨只是第一句“外物不可必”五字，其余只是敷衍这五字的例证。

> “……大家来至秦氏卧房。刚至房中，便有一股细细的甜香。宝玉此时便觉得眼饧骨软，连说好香。入房向壁上看时，有唐伯虎画的《海棠春睡图》，两边有宋学士秦太虚写的一副对联：‘嫩寒锁梦因春冷，芳气袭人是酒香。’案上设着武则天当日镜室中设的宝镜，一边摆着赵飞燕立着舞的金盘，盘内盛着安禄山掷过伤了太真乳的木瓜，上面设着寿阳公主于含章殿下卧的宝榻，悬的是同昌公主制的连珠帐。……”（《红楼梦》第五回）

把房中陈设写得如此天花乱坠，作者的本意，只是想表出贾家的富丽与秦氏的轻艳而已。

对于一篇文字，用了这样概括的方法，逐步读去，必能求得各节各段的要旨及全文的真意所在，把长长的文字，归纳于简单的一个概念之中，记忆既易装在脑子里也可免了乱杂。用譬喻来说，长长的文字，好比一大碗有颜色的水，我们想收得其中的颜色，最好能使之凝积成一小小的颜色块，弃去清水，把小小的颜色块带在身边走。

理解以外，还有所谓鉴赏的一种重要功夫须做，对于某篇文字要了解其中的各句各段及其全文旨趣所在，这是属于理解的事。想知道其每句每段或全文的好处所在，这是属于鉴赏的事。阅读了好文字，如果只能理解其意义，而不能知道其好处，犹如对了一副名画，只辨识了些其中画着的人或是椅子、树木等等，而不去领略那全幅画的美点一样。何等可惜！

鉴赏因了人的程度而不同，诸君于第一年级读过的好文字，到第二年级再读时，会感到有不同的处所，到毕业后再读，就会更觉不同了。从前的所谓好处，到后来有的会觉得并不好，此外别有好的处所，有的或竟更觉得比前可爱。我幼年读唐诗时，会把好的句加圈。近来偶然拿出旧书来看，就不禁自笑幼稚，发现有许多不对的地方，有好句子而不圈的，有句子并不甚好而圈着的。这种经验，我想一定人人都有，不但对于文字如此，对于书法，乃至对于整个的人生都如此的。

鉴赏的能力既因人而异，因时而异，关于鉴赏，要想说出一个方法来，原是很不容易的事。姑且把我的经验与所见的约略写出一二，以供读者诸君参考。

据我的经验，鉴赏的第一条件是把“我”放入所鉴赏的对象中去，两相比较。一壁读，一壁自问“如果叫我来说，将怎样?”对于文字全体的布局，这样问；对于各句或句与句的关系，这样问；对于每句的字，也这样问。经这样一问，可生出三种不同的答案来：

（甲）与我的说法相合或差不多，我也能说。并没有甚么。

（乙）我心中早有此意见，或感想，可是说不出来，现在却由作者替我代为说出了。觉到一种快悦。

（丙）说法和我全不同。觉得格格不相入。

三种之中关于（甲）的，是平常的文字（在读者看来）；关于（乙）的，是好文字；关于（丙）的怎样?是否一定是不好的文字?不然。如前所说，鉴赏因人而不同，因时而不同，所鉴赏的文字与鉴赏者的程度如果相差太远，鉴赏的作用就无从成立。“仁者见仁”，“智者见智”，“英雄识英雄”，是相当可信的话。诸君遇到属于（丙）类的文字时，如果这文字是平常的作品，能确认出错误的处所来，那么直斥之为坏的不好的文字，原无不可。倘然那文字是有定评的名作，那就应该虚心反省。把自己未能同意的事暂认为能力尚未到此境地，益自奋励。这不但文字如此，书法绘画，无一不然。康有为、沈寐叟的书法，是有定评的，可是在市侩欲以为不如“汪洵”的好，最近西洋立体派未来派的画，在乡下土老看来，当然不及曼陀丁悚的月份牌仕女画来得悦目。

鉴赏的第二要件是冷静。鉴赏有时称“玩赏”，诸君在厅堂上挂着的画幅上，他人手中有书画的扇面上，不是常有见到某某先生“清玩”，或“雅鉴”“清赏”等类的字样吗？“玩”和“鉴”与“赏”有关。这“玩”字大有意味。普通所谓“玩”者，差不多含有游戏的态度，就是“无所为而为”，除了这事的本身以外，别无其他目的的意味。读小说时，如果急急要想知道全体的梗概，热心地“未知以后如何且看下回分解”地急忙读去，虽有好文字，恐也无从玩味，看不出来，第二次第三次再读就不同了。因为这时对于全书梗概已经了然，不必再着急，文字的好歹，也因而容易看出。将我自己的经验当作例子来说，《红楼梦》第三回中黛玉初到贾府与宝玉第一次见面时，写道：“……宝玉看连笑道：‘这个妹妹我曾见过的。’贾母笑道：‘可又是胡说，你何曾见过他。’宝玉笑道：‘虽然未曾见过他，然看着面善，心里倒像是旧相识，恍若远别重逢一般。’”我很赞赏这段文字，因为这一对男女主人公，过去在三生石上赤霞宫中有着那样长久的历史，以后还有许多纠葛，在初会见时，做宝玉的恐怕除了这样说，别无更好的说法的了。故可算得是好文字。可是我对于这几句文字的好处，直到读了数遍以后才发见（《红楼梦》我曾读过十次以上）。是玩味的结果，并不是初读时就知道的。

好的作品至少要读二遍以上。最初读时，不妨以收得梗概了解大意为主眼，再读时就须留心鉴赏了。用了“玩”的心情冷静地去对付作品，不可再囫囵吞咽，要仔细咀嚼，诗要反复地吟，词要低徊地诵，文要周回地默读，小说要耐心地细看。

把前人鉴赏的结果，拿来做参考，足以发达鉴赏力。读词读诗，不感到兴趣的，不妨去择一部诗话或词话读读；读小说不感到兴趣的，不妨去一阅有人批过的本子。诗话，词话，文评，小说评，是前人鉴赏的记录，能教示我们以诗词文或小说的好处所在，大足为鉴赏上的指导。举例来说：《水浒》中写潘金莲调戏武松的一节，自“叔叔万福”，起至“叔叔不会簇火，我与叔叔拨火，要似火盆常热便好”，一直数十句谈话都称“叔叔”，下文接着写道：“那妇人……便放了火筋，欲筛一盏酒来自呷了一口，剩了大半盏看着武松道：‘你若有心吃了这半盏儿残酒。’”金圣叹在这下面批着：“写淫妇便是活淫妇”，“以上凡叫过三十九个叔叔，忽然换做一你字，妙心妙笔。”

这“叔叔”与“你”的突然的变化，其妙处在普通的读者也许不易领会，或者竟不能领会，但一经圣叹点出，就容易知道了。

但须注意前人的诗话词话文评小说，是前人鉴赏的结果。用以帮助自己的鉴赏能力则可；自己须由此出发，更用了自己的眼识，去鉴赏，切不可为所拘执。前人的鉴赏法，有好的也有坏的。特别是文评，从来以八股的眼光来评文的甚多，甚么“起承转合”，甚么“来龙”“去脉”，诸如此类从今日看去，实属可哂，用不着再去蹈袭了。

四　关于写作

从古以来，关于作文，不知已有过多少的金言玉律。甚么“推敲”咧，“多读多作多商量”咧，“文以达意为工”咧，“文必己出”咧，诸如此类的话，不遑枚举，在我看来，似乎都只是大同小异的东西，举一可概其余的。例如“推敲”与“商量”固然差不多，再按之，不“多读”，则识辞不多，积理不丰也，就无从“商量”，无从“推敲”，因而也就无从“多作”了。因为“作”不是叫你随便地把“且夫天下之人”瞎写几张，乃是要作的。至于“达意”，仍是一句老花头，惟其与“意”尚未相吻合，尚未适切，故有“推敲”“商量”的必要，“推敲”“商量”的目的，无非就在“达意”而已。至于“文必己出”亦然。要达的是“己”的意，不是他人的意，自己的意要想把它达出，当然只好“己出”，不能“他出”，又因要想真个把“己”达出，“推敲”“商量”的功夫就不可少了。此外如“修辞立其诚”咧，“文贵自然”咧，也都可作同样的解释，只是字面上的不同罢了。佛法中有“一即一切”“一切即一”的话，我觉得从古以来古人所遗留下来的文章诀窍亦如此。

我曾在本稿开始的时候声明，我所能说的只是老生常谈。关于写作，我所能说的更是老生常谈中之老生常谈。以下我将从许多老生常谈中选出若干适合于中学生诸君的条件，加以演述。

关于写作，第一可发生的问题是“写作些甚么”，第二是“怎样写作”。现在先谈“写作些甚么”。

先来介绍一个笑话：从前有一个秀才，有一天伏在案头做文章，因为做不出，皱起了眉头，唉声叹气，样子很苦痛。他的妻在旁嘲笑了说：“看你做文章的样子，比我们女人生产还苦呢！”秀才答道：“这当然！你们女人的生产是肚子里先有东西的，还不算苦。我的做文章，是要从空的肚子里叫它生产出来，那才真是苦啊！”真的，文章原是发表自己的思想感情的东西，要有思想感情，才能写得出来，那秀才肚子里根本空空地没有货色，欲要硬做文章，当然比女人生产要苦的了。

照理，无论是谁，只要不是白痴，肚子里必有思想感情。决不会是全然空虚的。从前正式的文章是八股文，八股文须代圣人立言，《论语》中的题目，须用“孔子”的口气来说，《孟子》中的题目，须用“孟子”的口气来说，那秀才因为对于“孔子孟子”的化装，未曾熟悉，肚子里虽也许装满着目前的“想中举人”咧，“点翰林”咧，“要给妻买香粉”咧，以及关于柴米油盐等琐屑思想感情，但都不是“孔子孟子”所该说的，一律不能入文，思想感情虽有而等于无，故有做不出文章的苦痛。我们生当现在，已不必再受此种束缚，肚子里有甚思想感情，尽可自由发挥，写成文字。并且文字的形式，也不必如从前地要有定律，日记好算文章，随笔也好算文章。作诗不必限字数，讲对仗，也不必一定用韵，长短自由，题目随意。一切和从前相较，真是自由已极的了。

那么凡是思想感情，一经表出，就可成为文章了吗？这却也没有这样简单。我们有疾病的时候，“我恐这病不轻”是一种思想的发露，但写了出来，不好就算是文章。“苦啊！”是一种感情的表示，但写了出来也不好算是文章。文章的内容是思想感情，所谓思想感情不是单独的，是由若干思想或感情复合而成的东西。“交朋友要小心”不是文章，以此为了中心，把“所以要小心”“怎样小心法”“古来某人会怎样交友”等等的思想组织地系统地写出，使它成了某种有规模的东西，才是文章。“今天真快活”不是文章，把“所以快活的事由”，“那事件的状况”等等记出，写成一封给朋友看的书信或一篇自己看的日记，才是文章。

文章普通有两种体式，一是实用的，一是趣味的。实用的文章，为处置日常的实际生活而说，通常只把意思（思想感情）老实简单地记出，就可以了。诸君于年假将到时，用明信片通知家里，说校中几时放假，届时叫人来挑铺盖行李咧，在白纸簿上写一张向朋友借书的条子咧，以及汇钱若干叫书店寄书册的信咧，拟校友会或寄宿舍小团体的规约咧，都是实用文。至于趣味的文章，是并无生活上的必要的，至少可以说是与个人眼前的生活关系不大，如果懒惰些，不作也没有甚么不可。诸君平日在国文课堂上所受到的或自己想作的文章题目，如“同乐会记事”咧，“一个感想”咧，“文学与人生”咧，“悼某君之死”咧，“个人与社会”咧，小说咧，戏剧咧，新诗咧，都属于这一类。这类文章和个人实际生活关系很远，世间尽有不做这类文章，每日只写几张似通非通的便条子，或实务信，安闲地生活着的人们。在中国的工商社会中，大部分的人就都如此。这类文章，用了浅薄的眼光从实在话上看来关系原甚少，但一般地所谓正式的文章，大都属在这一类里。我们现今所想学习的，(虽然也包括实用文)，也是这一类。这是甚么缘故呢？原来人有爱美心与发表欲，迫于实用的时候固然不得已地要利用文字来写出表意，即明知其对于实用无关，也想把其五官所接触、心所感触的写出来示人，不能自已。这种欲望，是一切艺术的根源，应该加以重视。学校中的作文课，就是为使青年满足这欲望，发达这欲望而设的。

话又说远去了，那么究竟写作些甚么呢？实用的文章，内容是有一定的，借书只是借书，约会只是约会，只要把意思直截简单地写出，无文法上的错误，不写别字，合乎一定的格式就够了，似乎无须多说。以下试就一般的文章，来谈“写作些甚么”。

秀才从空肚子里产出文章，难于女人产小孩。诸君生在现代，不必抛了现在自己的思想感情，去代圣人立言，肚子决无空虚的道理。“花的开落”，“月的圆缺”，“父母的爱”，“家庭的悲欢”，“朋友的交际”，都在诸君经验范围之内，“国内的纷争”，“生活的方向”，“社会的趋势”，“物价的高下”，“流行的变更”，又为诸君观想所系，材料既无所不有。教师在作文课中，更常替诸君规定题目，叫诸君就题发挥，限定写一件甚么事或谈一件甚么理。这样说来，“写作些甚么”在现在的学生似乎是不成问题了的。可是事实却不然。所谓写作在某种意味上说直等于母亲生产小孩。我们肚里虽有许多的思想感情，如果那思想感情未曾成熟，犹之胎儿发育未全，即使勉强生了下来也是不完全的无生命的东西。文章的题目不论由于教师命题或由于自己的感触，要之只不过是基本的胚种，我们要把这胚种多方培育，使之发达，或从经验中收得肥料，或从书册上吸取阳光，或从朋友说话中供给水分，行住坐卧都关心于胚种的完成。如果是记事文，应把那要记的事物，从各方面详加观察。如果是叙事文应把那要叙的事件的经过，逐一考查。如果是议论文应寻出确切的理由再从各方面引了例证，加以证明，使所立的断案坚牢不倒。归结一句话，对于题目，客观地须有确实丰富的知识（记叙文），主观地须有自己的见解与感触（议论文感想文）。把这些知识或见解与感触打成一片，结为一团这就是“写作些甚么”问题中的“甚么”了。

有了某种意见或欲望觉得非写出来给人看不可，于是写成一篇文章，再对于这文章附加一个题目上去。这是正当的顺序。至于命题作文，是先有题目后找文章，照自然的顺序说来，原不甚妥当。但为防止抄袭计，为叫人练习某一定体式的文字计，命题却是一种好方法。近来学校教育上大多数也仍把这方法沿用着，凡正课的作文，大概由教师命题，叫学生写作。这种方式对于诸君也许有多少不自由的处所，但善用之，也有许多利益可得。（1）因了教师的命题，可学得捕捉文章题材的方法。（2）可学得敏捷搜集关系材料的本领。（3）可周遍地养成各种文体的写作能力。写作是一种郁积的发泄，犹之爆竹的遇火爆发。教师所命的题目，只是一条药线如果诸君是平日储备着火药的，遇到火就会爆发起来，感到一种郁积发泄的愉快，若自己平日不随处留意临时又懒去搜集，火药一无所有，那么遇到题目只能就题目随便勉强敷衍几句，犹之不会爆发的冷爆竹，虽用火点着了药线，只是“刺”地一声，把药线烧毕就完了。“写作些甚么”的“甚么”，无论自由写作，或命题写作，只靠临时搜集，是不够的。最好是预先多方注意从读过的书里，从见到的世相里，从自己的体验里，从朋友的触类记说话里，广事吸收。或把它零零碎碎地记入笔记册中，以免遗忘；或把它分类了各装入在头脑里以便触类记及。

再谈“怎样写作”。

关于写作的方法，我在这里不想对诸君多说别的，只想举出很简单的两个标准。一曰明了，二曰适当。写作文章目的，在于将自己的思想感情传给他人。如果他人不易从我的文章上看取我的真意所在或看取了而要误解，那就是我的失败。要想使人易解，故宜明了，为防人误解，故宜适当。我在前面曾说过：自古以来的文章诀窍，虽说法各各不同，其实只是同一的东西。这里所举的“明了”与“适当”，也只是一种的意义，因为不“明了”就不能“适当”，既“适当”就自然“明了”的，为说明上的便利计，姑且把它分开来说。

明了宜从两方面求之。(1）文句形式上的明了，(2）内容意义上的明了。

文句形式上的明了，就是寻常的所谓“通”。欲求文句形式上的明了，第一须注意的是句的构造和句与句间的接合呼应。句的构造如不合法，那一句就不明了；句与句间的接合呼应如不完密，就各句独立了看，或许意义可通，但连起来看去，仍然令人莫明其妙。这样的例子举不胜举。例如：

“国民党是救国救民”

这是我在某处看到的标语，就是一句不通的文字。因为句的构造未合。应改为“国民党是救国救民的党”或“国民党能救国救民”才对。

> “发展这些文化的民族，当然不可指定就是一个民族的成绩，既不可说都是华族的创造，也不可说其他民族毫不知进步。”

这是某书局出版的初中教本《本国历史》中的文字。首句的“民族”与次句的“成绩”前后失了照应，“不可说”的“可”字也有毛病。又该书于叙述“黄帝”与“蚩尤”的战争以后，写道：

> “这种经过虽未必全可信，如‘蚩尤’的能用铜器，似乎非这时所知。不过，当时必有这样战争的事实，始为古人所惊异而传演下来，况且在农业初期人口发展以后，这种冲突，也是应有的现象。”

这也是在句子上及句与句间的接合上有毛病的文字。试再举一例：

> “我们应当知道，教育这件事，不单指学校课本而言，此外更有所谓参考和其他课外读物，而且丰富和活的生命，大概是后者而不是前者所产生的。”

这是某会新近发表的《读书运动特刊》中《读书会宣言里》的文字，似乎辞句上也含着许多毛病。上两例的毛病在那里呢？本稿篇幅有限，为避麻烦计，恕不一一指出，诸君可自己寻求，或去请问教师。

党部的标语会不通，初中的历史教本会不通，读书会宣言会不通，不能不说是“奇谈”了，可是事实竟这样！足见“通”字的难讲。一不小心，就会不通的。我敢奉劝诸君，从初年级就把简单的文法（或语法）学习一过，对于辞性的识别及句的构造法，具备一种概略的知识。万一教师在正课中不授文法，也得在课外自己学习。

句的构造与句与句间的接合呼应，如果不明了，就要不通。明了还有第二方面，就是内容意义上的明了。句的构造合法了，与句间的接合呼应适当了，如果那文字可作两种的解释（普通称为歧义），或用辞与其所想表示的意义不确切，则形式上虽已完整，也仍不能算是明了。

> “无美学的知识的人怎能作细密的绘画的批评呢?”

这是有歧义的一例。“细密的绘画”的批评呢，还是细密的“绘画的批评”？殊不确定。

> “用辅导方法，使初级中学生自己获得门径，鉴赏书籍，踏实治学（读‘文’作‘文’，体察‘人间’）。”

这是某书局初中国文教本编辑要旨中的一条可作为用辞与其所想表示的意义不确切的例子。“鉴赏书籍”这话看去好像收藏家在玩赏“宋”版书与“明”版书，或装订作主人在批评封面制本上的格式哩。我想，作者的本意，必不如此，这就是所谓用辞不确切了。“踏实治学”一句，“踏实”很费解，说“治学”，陈义殊嫌太高。此外如“体察人间”的“人间”一语似乎也有可商量的余地。

内容意义的不明了，由于文辞有歧义与用辞不确切。前者可由文法知识来救济，至于后者，则须别从各方面留心。用辞确切是一件至难之事。自来名文家都曾于此煞费苦心。诸君如要想用辞确切，积极的方法是多认识辞，对于各辞具有敏感，在许多类似的辞中，能辨知何者范围大，何者较小，何者最狭，何者程度最强何者较弱，何者最弱。消极的方法，是不在文中使用自己尚未十分明知其意义的辞。想使用某一辞的时候，如自觉有可疑之处，先查字典，到彻底明白然后用入。否则含混用去，必有露出破绽来的时候。

以上是关于明了一方面的，以下再谈到适当。明了是形式上与部分上的条件，适当是全体上态度上的条件。

我们写作文字当然先有读者存在的预想的，所谓好的文字就是使读者容易领略，感动，乐于读阅的文字。诸君当执笔为文的时候，第一，不要忘记有读者；第二，须努力以求适合读者的心情。要使读者在你的文字中得到兴趣或快悦，不要使读者得着厌倦。

文字既应以读者为对象，首先须考虑的是：（1）读者的性质；（2）作者与读者的关系；（3）写作这文的动机等等。对本地人应该用本地话来说，对父兄应自处子弟的地位，如写作的动机是为了实用，那么用不着无谓的修饰，如果要想用文字煽动读者，则当设法加入种种使之兴奋的手段。文字的好与坏，第一步虽当注意于造句用辞，求其明了，第二步还须进而求全体的适当。对人适当，对时适当，对地适当，对目的适当。一不适当，就有毛病。关于此，日本文章学家五十岚力氏有“六W说”，所谓六W者：

（1）为甚么作这文（Why）

（2）在这文中所要述的是甚么（What）

（3）谁在作这文（Who）

（4）在甚么地方作这文（Where）

（5）在甚么时候作这文（When）

（6）怎样作这文（How）

归结起来说，就是“谁对了谁，为了甚么，在甚么地方，甚么时候，用了甚么方法，讲甚么话。”

诸君作文时，最好就了这六项逐一自己审究。所谓适当的文字，就只是合乎这六项答案的文字而已。我曾取了五十岚力氏的意思作过一篇《作文的基本的态度》，附录在《文章作法》里，（开明书店出版）请诸君就以参考。这里不详述了。

本稿已超过预定的字数，我的老生常谈也已絮絮叨叨地说得连自己都要不耐烦了。请读者再忍耐一下，让我附加几句最重要的话，来把本稿结束吧。

文字的学习，虽当求之于文字的法则（上面的所谓明了所谓适当，都是法则），但这只是极粗浅的功夫而已。要合乎法则的文字，才可以免除疵病。这犹之书法中的所谓横平竖直，还不过是第一步。进一步的，真的文字学习，须从为人着手。“文如其人”，文字毕竟是一种人格的表现，冷刻的文字，不是浮热的性质的人所能模效的，要作细密的文字，先须具备细密的性格。不去从培养本身的知识情感意志着想，一味想从文字上去学习文字，这是一般青年的误解。我愿诸君于学得了文字的法则以后，暂且抛了文字，多去读书，多去体验，努力于自己的修养，勿仅仅拘执了文字，在文字上用浅薄的功夫！

（原载《中学生》杂志第11号，1931年）

5. 对中学新生谈国文学习

叶苍岑

在学生开始学习某一学科的时候，做教师的往往对于这一学科先作一番概括的介绍和说明，使学生对于这一学科有一个概括的认识，这样对于该科的学习一定会有许多方便。国文科的学习自然也是如此。因此我想在这里就中学国文科的各方面略谈几句话，将主要的几点概括地说明一下，以供刚刚踏入初高中的行将开始学习这一科的新同学做参考。

概括的说明是不需要详细的，因此我这篇文字将力求简明。我对于国文教学不能说没有一点点儿经验，但是我的说话却大半依据着二十九年部颁的国文课程标准——这是目前正在实施的国文课程标准。想来大家一定知道，我们中华民国自有我们中华民国的教育宗旨（附注），所以部颁课程标准，对于各级学校的各种学科，无论在教材方面，教学方面以及各学科所应达到的目标，都有详细的规定，这不但编制教本或者从事教学的人都应该对它有彻底的认识，便是学习者也不能忽略。这就是为什么我的说话要大半依据着课程标准的原因了。

请先从学习目标谈起。

中学国文科的学习目标，主要的有三项：

第一是表达的技能。这又分两方面：一是用文字表达；一是用语言表达。在初中学生，要养成用语体文和语言叙事说理表情达意的技能。具体一点说：就是在文字表达方面，要能写记叙文、抒情文，简单的说明文和议论文，普通的应用文等；在语言表达方面，要能描叙见闻，述说事理，发表感想，作简单的演说以及普通的应对等。如果是高中学生呢，除加强其在初中所习得的技能使更加熟练以外，对于现代文言的写作，也要加以练习，达到能用现代文言叙事说理表情达意的地步。

第二是阅读的能力。在初中学生，要养成了解语体文和现代文言的能力，而阅读书籍的习惯和欣赏文艺的兴趣也必须在这个时期养成。这里需要解释的是“了解”一词。所谓了解，是说在阅读之后，能够正确地明了文中的意义，能够说出全文的大意，能够提出问题来研讨，能够欣赏它的好处等等。如果是高中学生呢，除加深或加强其在初中所养成的阅读习惯，欣赏兴趣和了解能力以外，并需养成运用工具书籍及参考材料以读解古书及欣赏文学名著的能力。

第三是思想（或意识）的训练。在初中学生，要借着本科的学习，使其了解固有文化，并从代表民族人物的传记及其作品中，唤起其民族意识，发扬民族精神。如果是高中学生呢，则借着本科的学习，使其对于固有文化的了解愈加深切，使其民族意识与民族精神愈加坚强。本来，要想圆满地达到这一个目标，不是单独国文一科所能胜任的，其他各科，尤其是公民、历史、地理等科也负有同样的任务。我们在国文科的学习当中，尽最善之努力就是了。

其次谈到学习的内容。

中学国文的学习内容可分为下列五方面：

第一是精读。这是最重要的一部分。教学时间占本科全部教学时数二分之一至三分之二。如果有合用的教本，则教材已经够用，否则必须加以补充。就文章体裁说，不论初中高中，先侧重记叙文，后侧重说明文和议论文，抒情文则掺杂其间，不过第三学年分量较多罢了。就语体文和文言的分量说，初中较偏重语体文，约占百分之六十；高中则以文言为主，一二学年还有少量语体文，约占百分之二十五，第三学年便全属文言了。

第二是略读。略读是和精读相辅而行的，没有固定的教材，由教师指导学生，依照学生个人的程度和兴趣选择读物（选读标准及范围，课程标准中也有大略的规定），最好能和精读的教材相联络。选读的分量，除定期刊物外，每学期每人至少两种。大部分的工作都在课外进行，课内每周只设“略读指导”一小时（高初中均同），以供质疑，解答，讨论，或教师指示阅读方法，考查成绩之用。

第三是作文。作文每两周一次（短篇习作一小时可完者，每周一次），和文章法则联合进行，譬如本周作文，则于下周发文后讲解文章法则。题目需时有变化，且与精读教材略读教材及文章法则相联络。在初中学生，分为命题（教师命题或学生自拟），翻译（文语互译或译韵文为散文），整理材料（教师供给材料，由学生作一有系统之文字），重写（示以原文，令学生重写，亦可演简为繁或节繁为简），听写（教师演讲一事一题，学生听后写成文字），写生（教师提示实物，学生实地描写），记录（演说及新闻等之记录），应用文件（书札、契据、章程、广告或普通公文）等项。在高中学生，除依照初中各项继续练习以外，并增加专题研究，试写论文。

第四是文章法则。初中学生所习的文章法则，包括语文法。文章体裁及应用文示范等；高中学生所习的文章法则，则包括文法（注重文言与语体文的异同及古书上文法特例），修辞学及各体文章作法等。在教材分配及学习进度上，与精读教材及作文练习须保持密切联络。

第五是口语练习。由教师命题指定学生演讲，或由学生自由发表意见，或组织辩论会分组辩论，方式很多，可自由运用，均在课外进行。

此外还有书法一项，也是本科的学习内容之一。依照课程标准规定，初中第一学年所用教本，应附有“书法指导”教材，于第一学年略读时间中每周划出半小时教授用笔、结体及书法源流大意等，至于练习，则在课外进行。

最后，再谈一谈本科在学习上应该注意的地方。

这也可以依据上述的五方面来分别说明：第一，在精读方面，我们必须名副其实地做到一个“精”字。这有三点应加注意：（1）课前预习。在上课之前，对于即将讲到的文章，必须利用工具书籍（如字典、普通辞典、百科辞典、人名地名辞典等），将本文及注释中所有的疑难（如词的音和义，成语和典故的解释，人名和地名的来历等），只要个人的能力能够解决的，都须逐一予以解决。这样，教师在教课时就不必徒费口舌于一词、一句、一人、一地的解释，而可移其精力于其他重要方面（如作者身世，时代背景，文章的主旨体裁及作法、文法等），使教学进度加速，而学生个人的学习兴趣也一定会增高，听到难解的地方也一定会特别注意，不致有被动注入的毛病。（2）注意听，记。教师讲解时必须注意听讲，丝毫不可放过；有必要时，必须随手记录，不可贪懒；有疑惑的地方，必须发问：以期对于一词、一语、一句、一段，以及全篇文章的主旨、体裁、作法、文法、时代背景、作者身世等等，透彻了解，毫无遗憾。若在高中，文章的派别、流变、特征以及个人作风等，也必须有相当的了解。（3）课后复习。凡是讲过的文章，必须熟读，并择其最优者（教师指定，或个人选定），熟读到能够背诵的程度。这样，对于文章的领会必更深切，得到的益处也更多。如果课前不预习，课后不复习，只凭课堂上那一点记忆，日久定会茫然。俗语说“吃过肚饥，话过忘记”。讲完了不读也一定会忘记，结果与不讲无异，更怎能谈到“精”呢？所以这一点必须做到，不可马虎。

第二，在略读方面，我们切不可误解了这个“略”字。虽说略读，对于所读的书籍（或篇）也必须了解清楚。如作者身世，全书（或篇）大意，书（或篇）中所包含的问题，以及时代背景等等，都必须了解清楚。工具书籍和参考材料要尽量利用，并须作读书札记，如读一遍还不能了解，应再行重读，直至了解清楚而后已。要知道略读绝不是走马看花般草草读过的意思。草草读过，有时不但不能正确地了解，反而会发生误解，贻害无穷，还不如不读呢。世间尽有对于书籍略事浏览便能得其精义且能知其纰缪的人，但此非经验丰富的饱学之士不能做到，我们中学生无法勉强。还有略读书籍和精读书籍，本来很难区分，但若拿中学生的需要程度和兴趣来作标准，却不难划出一个大略的范围来，譬如《水浒传》和《红楼梦》，在某一些人可视为精读书籍，而在中学生虽然也可以节取其中某几段作为精读教材，但就全书来说，只能选作略读书籍，是很显然的。

第三，在作文方面，依个人观察，以应注意下列三点：（1）要认真地写出自己的所见，所闻，所思，所感，绝不可敷衍了事，更不可抄袭别人的东西。敷衍抄袭，作文不会进步，其害尚小，因而养成自欺欺人的态度，其害甚大。“修辞立其诚”虽是一句老话，但是我们必须牢牢记着。（2）要起草稿，并自行修改，然后再抄入作文簿。振笔直书，文不起草，于一般初学者实不相宜。（3）各体文章应普遍练习。爱好的文体，自然可以多多练习（课内时间不足，可在课外），但是不爱好的文体也不能不练习。常见中学生作文，一本作文簿有三分之二都是新诗。我并不反对中学生写新诗，可是我以为中学生不该这样偏重地练习新诗，而把其他各体的练习搁置了。要记得自己是中学生呢，决不能忘记了在作文方面所应达到的目标。

第四，在文章法则方面，有一点似应加注意：即在学习进行中，必须和精读教材及略读教材时时比较研究，并且要和作文密切联络，否则必致减少学习兴趣，且不能切实领会。

第五，在口语练习方面，似应注意下列两点：(1)切实。把自己的所见，所闻，所思，所感，照原样表达出来，叫作切实。油腔滑调，应竭力避免。(2)得体。措词，语气，态度，繁简等，都能按照自己和对方的身份及关系，说得恰如其分，叫做得体。常见学生开会，主席致词，俨如师长训话，虽口若悬河，实在是不得体的。

至于书法，也不应该过于轻视。我们固然不主张中学生在书法练习上耗费过多的时间，但是对于用笔、结体、书法源流等必须知道；而写起字来，清楚，整齐，正确，而且相当地迅速，也是最低限度的目标，每个同学都应该做到的。但是就现在的实际情形说，即使是高中毕业生，能够达到这个目标的也还不多呢。

目前的中学生，英文和数学占去了学习时间的大部分，分到国文科的学习时间实在很少；脑子里堆了英文和数学，留给国文的只剩了一个小小的角落。一般人都说中学生的国文程度日见低落，想来不是无因（我们对于这一问题的看法，和一般人的见解不尽相同，容待以后再谈)。不过依据个人的经验看来，中学生的课程虽觉繁重，各科教本的分量有的也嫌过多，但是，如果我们能够把时间合理地分配，对学习有计划地进行，且而持之以恒，那么，分到国文科和其他各科的学习时间一定会增多，上面所谈的属于国文科的几点也一定能够做到，国文的程度也一定会提高，这是可以断言的。

（附注）中华民国教育宗旨：中华民国之教育，根据三民主义，以充实人民生活，扶植社会生存，发展国民生计，延续民族生命为目的；务期民族独立，民权普遍，民生发展，以促进世界大同。

（原载《国文杂志》第1卷第2期，1942年）

6. 国语与国文的离合

张世禄

一、怎样把意思表达出来?

我们现在要想把国文学得很好，试问应该用什么方法?我以为就用说话的原理来学习国文，一定会有好的结果。说话的目的，就是在表达意思，把意思表达得清楚明显，这就算具有了说话的能力。我们要学习国文，目的也就是在获得表达意思的能力；只是说话用口来讲，文字用手来写罢了。古人有句话："辞，达而已矣。"这就是说：我们做文章，只是要能够表达就好了。可见做文章的目的，和说话并没有什么两样，都是想把我们的意思表达出来。说话和作文的目的，既然一样，学习的原理，当然也并无二致。

我们平常口说用"国语"，手写用"国字"；这是因为我们是中华民族的一分子，身处在这中国的社会当中，要把我们的情意通达于本国的人民，要把我们自己和本国的社会联合成为一体，自然要应用本国的语言和文字。本来，我们学会了国语，具有了说话的能力，便可以和本国的人民，本国的社会通达情意。而所以除了能够口说国语之外，还要学习写字作文的缘故，这又是因为语言通达的效力，不及文字的广大。文字表达的效用，可以及于异时异地。我们必须获得了应用本国文字的能力，才可以在本国的社会上有所作为，才能够对我们的民族国家有大的贡献，从事实上讲，国字只是国语的记号，国字也只是用来代表国语的；不过一经用这种记号把国语代表出来，便增进了通达的效用，便可以把它留传到后代，把它传达到远地。

因此，我们对于国语和国文，不应当把它们分作两件东西；我们应当把国文认作手写的国语。应用手写的国字来替代口说的国语，这便是国文。在理论上，应如此看法；在实际的学习上也应当抱持着这种原则："语"和"文"两者要合而为一。我们学习国文，就应当作学说话或练习国语那样的看待。说话要发音正确，要把每个语词的读音合于一般的标准；那么，写起字来，也要笔画清楚，也要把每个字体的结构合于一般的写法。说话要把语词运用得当，要把各个语词连缀成为合于文法的句子；那么，我们写作的时候，也要把各字用得妥帖，各句合于文法。说话要有条理，要层次分明，要把各句或各段的意思都凝聚在一个中心的意旨上；我们写作的时候，对于篇章的结构，也正是要如此。总之：说话要好的条件，正是我们做文章所需要的条件；我们在说话时所应注意的地方，便是我们在作文时所应守的规则。所以国文和国语，在实际的学习上，要合作一件事，要互相联贯，不应分别看待。因为说话和作文，同是用来表达我们的意思的。

怎样才能够把我们的意思表达出来？如果需要我们写作，首先便要想出我们所要说的话，我们所应当说的话；话应当这么说，就照着这么写。如果写得不对，便是说得不对；矫正了我们的语言，便是修改了我们的文辞。凡是用字的错误，文句的不通，上下文的失联，以及全篇意旨的不明，文不对题等等，作文上的弊病，都是出于语言上的种种缺点。如果把这些足以妨害我们表达作用的缺点，纠正弥补过来，便是完整了我们的语言。依着完整的国语来写作，没有不能产生完整的国文的。所以我们写作的时候，必须要把我们的意思演绎成为完整的国语，并且注意着各个字体所代表的相当的语词；于是照着说出来的话，依次逐字逐句地写下来，这样决不会感到写作的困难。

二、说话容易写作难

通常我们总是说运用语言比较文字来得容易；因为说起话来，总是觉得很轻便；如果要叫我们来作文，便不免有点难色。这种畏难的心理，便是我们学习国文的大障碍，也是我们练习写作得不到好结果的基本原因；我们非要把它祛除不可。固然语言用口说，文字用手写，两者表达的方式不同，但是它们的本身上，并没有可以区分难易的所在。一般能够写作的人，实在并没有觉得“笔谈”替代“口语”的一些困难。只是我们平常应用口语的机会较多，练习写作时间较少；说话惯了，而写作未惯；语言纯熟了，而文字未经纯熟：因此发生了彼此有难易的区分的一种错觉。

或者以为写作时所费的时间和精力，总比平常口语所耗费的来得多，便可以作为话语容易的一种证据。因为用手来写，替代了用口来说，就是变换了一种表达的工具；在手写的这种工具本身上，已经比较口语要费时吃力，同时又要把语言翻作文字，更增多了一重转接。这固然是实际的情形；但是，通常所谓写作的困难，并不在手写的费时吃力，并不在表达中间转接的多少，而在不知道怎样把语言翻作文字，不知道口说当中的语词，应该写成哪些字体来代表才是惬当的。所感觉的困难，还是在他自己写作的不惯，由于他运用文字的未经熟练。

手写的这种工具，有时反而比口说来得便利。因为日常的口语，总是要当面的说出；在表达的工具上固然较为轻便，可是正因为过于轻便了，往往自己不必用心加以调整，而无意之间发生着重复，累赘，支离，破碎种种不简洁的弊病。甚至有把日常口语上容易发生的这些弊病，自己不留心矫正，因而养成了坏的语言习惯的。又因为语言匆遽地说出，面对着要听受的人，反而容易有说不出、达不出的情状；或且未经考虑而轻易地说出，即使不至于到了那种“驷马难追”的严重的境地，而要反复地声明改正，就不免使听受的人感到一些疑惑和迷乱。在写作的时候，便可以免除这些弊病和困难；正因为写作时所费的时间和精力较多，可以容许我们有从容思考和修正的机会；写作也不必要当众匆遽地写出，可以容许我们细心支配辞句的次序，详密校量用字的正确，或者你要逐字“推敲”一下，也未尝不可以。所以我们平常写出来的文辞，比真正说出来的语言，往往要简洁，容易有条理，而且有些还要表达得更深切。这样说来：说话固然有说话的便利，写作也有写作的便利所在；说话并不容易，写作也并不难。

所谓写作的难，便是说话的不易所在。说话的不易，就是在怎样使得我们的意思演绎成为清楚明白的语言，怎样使得我们所用的词语和所要表达的意思恰恰相当；这就关于语言的技术问题，纯熟的技术，是由我们不断地练习和随时地矫正而渐渐获得的，并非可以“一蹴而就”。写作的难，也就是在此；要把我们所要说出的话，写成简洁而有条理的文章，要把我们说话里的词语写出恰恰相称的字句；当然也需要相当时期和不断的训练，才能够渐渐养成习惯，才可以“熟能生巧”。我们要知道，我们自从幼小时候呀呀学语到了现在，自然具有了说话的能力；我们现在学习写作，就可以无需像学说话时的那么长久的期间，也并不像幼童学说话时的那么多的困难；这正是因为我们利用具有了的语言能力来作练习写作的基础的缘故。如果我们已经操着完整的国语，哪有不能学好国文之理？就我们学习的过程上来说，倒反是写作容易说话难了。

写作实在并不难，只要我们学习的得法。只要我们以完整的语言为基础，熟认了各个语词适当的代表的字体，并且把捉着日常练习写作的机会；如果使得我们应用文字的机会，和日常说话的那么多，自然不会感到写作的困难。总之：我们不要把“语”和“文”分开来，不要预存写作繁难的心理；我们要沟通国语与国文，要把两者打成一片；这便是我们学习国文的捷径。

三、怎样阅读？怎样对付“文言”？

我们要把写作认为说话，同时也把阅读认为听讲。听讲的目的，在从发言者的言论当中，听取他所要发表的意思；阅读的目的，也是一样，也是靠了读物，以获取作者的意思。听讲是利用听官，阅读是利用视官，而都是在吸收外界的印象。我们在读物上目睹的文字，就是作者写成的语言；作者既然以手写来代替口说，我们也就用眼看来代替耳听。我们必须从眼看的文字当中，认识各个字体所代表的语词，再从字句的联接上以认识作者的语言；了解了他的语言，便懂得了他的意思。如果不依据语言的原理来读书，便把“语”和“文”分离开来，只眼看了纸面的文字，而没有深切认明作者利用文字记录出来的语言，这样，即使能解，也只是强解，决不能符合作者的原意。所以我们在阅读的时候，也要把国语和国文打成一片；眼看着写成的文字，便要当作听取作者的说话。这样的阅读，才可以发生兴趣，才可以有心得，才可以解除一切读书的困难。

我们在阅读当中所遭遇的困难，最重要的就是难解的字句；所谓难解的字句，便是字体所代表的语词不易确定，句子里所包含的成语不很普通，句子里语词间配置的文法关系不很简单。这些都是关于语言上的问题；如果我们应用语言的原理采取听讲的方法来阅读，把读物上的文辞当为作者实际的说话，懂得了他的说话，那么，这些阅读的困难，一切都可以迎刃而解了。通常都说是听讲容易阅读难；其实也不尽然。阅读既然是用眼来替代耳听，时间可以由读者自由的支配。我们可以静心抽绎读物的内容，可以反复推寻作者的原意；不像在真正听讲时那样要匆遽的领会。我们利用了这种阅读的便利，并且运用语言的原理来解除阅读的困难，自然可以达到我们读书的目的。

上面所说学习国文的方法，要把国语和国文联合为一体，似乎是偏重于语体文而言；你或许要问：学习语体文，自然可以把写作当为说话来看待，把阅读当为听讲来看待，至于学习文言文，怕不是这样的了？实在，语体文固然是代表现代的国语，文言文也何尝能够离开语言而存在？不过它所代表的，不是现代的国语，而是古代的国语，或者接近于古代的国语罢了。这里，我们须得把“国语”的意义扩大起来说，凡属于中国语的系统，为某时代多数人所能了解的，并不限于小小区域内通用的，方言的色彩并不很浓厚的，都可以认为在某时代有做“标准语”的资格。文言文当中，固然有些体式过于整齐，人工的雕琢过多，因而失却语言的自然状态；但是，无论如何，总不能完全离开自然的语言而独自成立的。所以文言文，大体上可以认为古代国语的代表。

古代语和现代语的中间，固然有许多的差异；因为语言是随着时代而演变的，如音读、词义、语词组织、文法结构等等的演变，使得它们的代表作品，也有许多的差异。我们具有了现代语言的习惯，自然学习现代的语体文，比较容易些。但是，习惯是可以渐渐养成的；起初学习文言或古文，当然不免有生疏之感；等到看多了，读多了，或常常练习写作文言，自然会惯了，自然能够化艰深为浅易。所以我们对付文言文，第一，要祛除文言难学的心理。

又，文言文既然是代表古代语言的，古今的分别，并没有绝对的界限，并没有天然的鸿沟；我们要学习文言或古文，不妨就用我们具有的现代语文的习惯来做基础，由近及远，避重就轻，先学好了现代语比较接近的，依次以及于比较隔远的，这种循序渐进的逆溯方法，是依据语言演变的原理的，在它的本身是递遭而下，在我们学习的进程上却要层层推上。所以我们对付文言文，第二，要采取语言习惯的移转的方法。

又，文言文和语体文的分别，既然是依据于古今语言的差异而来，我们就可以利用这种语言上差异的所在来作学习文言的根据。例如古今语言上音读有差异，遂发生用字的区别：文言用“之”，语体用“的”；文言用“也”，语体用“呀”；文言用“耳”，语体用“呢”等等。又如古今语言上语词组织有差异，遂发生单字复字的区别：文言上单写“道”或“理”，语体上写“道理”；文言上单写“意”或“思”，语体上写“意思”等等，其他关于词义、文法等，都可以寻出它们彼此间的差异点。我们就依据古今语言上这些显著的差异点，来作为“文白对译”的标准，更用来作为学习国文的方法，文言自然可以学得成功。所以我们对付文言文，第三，要应用语言比较的方法。

总之：我们学习国文，别忘了国语；我们应用文字，不能离开语言。国语与国文两者，正是“合则两全，离则两伤”；我们为着国文教学的前途，应该来一个“国语教育的扩大运动”！

（原载《国文杂志》第 3 卷第 1 期，1944 年）

7. 怎样学习国文

——在昆明中法中学讲演

朱自清

国文这科，在学校里是一种重要的功课，与英算居同等的地位。可是现在呢？国文只是名义上的重要了，其主要的原因，就是一般学生存着错误的观念，以为我们是中国人，学中国文，当然是容易的，于是多半对这门功课，不很用功。无论白话文也罢，文言文也罢，在学习的时候，往往词不达意的地方很多，这就是没有对国文这科下过一番功夫的缘故。

最近的舆论，以为中学生的国文程度很低落，这种低落，指的是哪方面？所谓低落，若是在文言文这方面，确实是比较低落，尤其是近十余年来，中学生学做文言，许多地方真是不通。读文言的能力也不够。但从做白话文这方面来说，一般的标准是大大的进步了，对于写景、抒情的能力，尤其非常的可观。可是除此而外，以白话写议论文及应用文的能力，却非常的落后。

中学生对于“读”的功夫是太差了，现在把“读”的意义，简单地说一说。“读”这方面，它是包含着了解的程度及欣赏的程度。就像看一张图画，你觉得它确实太好了，但问你好到什么境地，那么得由你自己去体会，从体会的能力，就见出欣赏的深浅。

古人作一篇文章，他是有了浓厚的感情，发自他的胸腑，才用文字表现出来的。在文字里隐藏着他的灵魂，使旁人读了能够与作者共感共鸣。我们现在读文言，是因为时间远隔，古今语法不同，词汇差别很大，你能否从文字中体会古人的感情呢，这需要训练，需要用心，慢慢的去揣摩古人的心怀，然后才发现其中的奥蕴，这就是一般人觉得文言文了解的程度，比白话文实在是难的地方。

再进一步，可以说，白话与文言固然不同，白话与口语，又何尝一致呢？在五四运动的时候，有人提出口号："文语一致"。这只是理想而已。"文"是许多字句组织起来的，"语"则不然，说话的时候，有声调、快慢、动作等因素来帮助它，可以随便地说，只要使对方的人能够了解。总之，"语"确实是比"文"容易。

文言文，大学生与中学生都不大喜欢读的，大半因为文言文中的词汇不容易了解。譬如文言文中的"吾谁欺？"在白话文中是"我欺负那一个？"的意思。如果你不了解古代文法，也许会想到别的意义上去，然而只要多读它几遍，多体会一下，了解的程度就不同；所以"读"的功夫，我是以为非常重要的。

我们之所以对于典籍冷淡，另一方面，是因为它里面的事实，与我们现在不同。电影汽车飞机等类，在古代书籍中就见不到。反之，古代许多事物在我们现在也无从看到，譬如官制、礼节、服装等等，必须考据才能知道，这都阻碍我们阅读的兴趣。然而，只要用心，是没有什么困难不可以克服的。

生在民国的人们，学做文章，便不须要像做古文那样费很大的力量，只要你多读近代的作品，欣赏过近代的文学作品，博览过近代的翻译书籍、文学名著，那么，你写的文章，也可以很通顺，这是不用举例证明的。文言文中的应用文，再过二十年，必定也要达到被废弃的境地，因为白话文的势力，渐渐地侵入往来的公文中、交际的信函中了。

由于文言文在日常应用上渐渐地失去效用，我们对于过去用文言文写的典籍，便漠不关心，这是错误的思想。因为我们过去的典籍，我们阅读它，研究它，可以得到古代的学术思想，了解古代的生活状况，这便是中国人对于中国历史认识的任务，你多读文言，多研究历史、典籍、古文，这阅读工作的本身就是值得尊重的！

读文言最难的一步工作，是须要查字典，找考证，死记忆，有一种人图省事，对这步工作疏忽，囫囵吞枣地读下去，还自号“不求甚解”，这种态度，太错误了。假若我们模仿陶渊明的“好读书，不求甚解”的态度，那是有害无益的。他的不求甚解，是因为学问已经很渊博了，隐居时才自称“不求甚解”的，这句话含着他的人生观，青年人是万万不能从表面去仿效的。如果你以为他的不求甚解，就是马虎过去的意思，那么你非但没有了解“不求甚解”这句话的意义，对于你所读的书，就更无从了解。

碰见文言中不懂的词汇，除了请教国文老师而外，必须自己去查字典，以求“甚解”。如文言中的“驰骋文场”这成语，有一个人译到外国去是“人在书堆里跑马”的意思，这岂不是笑话吗？又如“巨擘”，原意是指拇指叫做巨擘，而它普通的意义是用来表扬“第一等”或“刮刮叫”等意义的赞语，这些地方就得留神，才不会出错。再举一例：

白日依山尽，黄河入海流，欲穷千里目，更上一层楼。

它在辞句上直接表示的意境已非常优美，但这首诗更说出另一种道理，它暗示人生，必须往高处走。所以我们读这首诗的时候，最要紧的是要懂得“言外之意”。又如下例：

铜炉在向往深山的矿苗，瓷壶在向往江边的陶泥……

这两句新诗，它的含意似乎更深了，有些人不解，但如果读了全文，便知道是非常容易明白的话。由此可见，诗里含着高尚的感情，要你多欣赏，多诵读，必能了解得更深刻。

此外关于了解文章的组织，也是必须的，须得把每篇文章做大纲，研究它怎样发展出来，中心在那里，还要注意它表面秩序，这种功夫，须得从现在就养成习惯，训练这种精神。

最后，我要告诉大家的，是关于写作方面，那你必须了解“创作”与“写作”的性质是不同的。自五四运动以后，许多人都希望成为一个作家，可是在今天，我们所能看见成功了的，出名的，确是寥寥无几。推究失败的原因，是到处滥用文学的感情和用语，时时借文字发泄感情，文学的成分太多了，不能恰到好处，反而失去文学真正的意义。

来纠正我们这些坏习惯，必须从报章文体学习。而我们更要学写议论文，从小的范围着手，拣与实际生活有密切关系的问题练习写，像关于学校中的伙食问题，你抓住要点，清清楚楚地写出来，即是有条理的文章。新闻事业在今世突飞猛进，发展的速度可以超乎其他文体之上，因为它是简捷而扼要。这种文体，我希望大家能努力去学。与其想成功一个文学家，不如学做一个切切实实的新闻记者。

（原载《国文杂志》第3卷第3期，1944年）

8. 国文教授革新之研究

范祥善

三四年来，国文教授之改革，月异而日新，不可谓非教育界之进步。究其改革之点，有唾弃注入式、实行启发式者；有排斥三段教授、规定教授顺序者；有改教师本位为儿童本位者；甚至脱离学级教授，易为个别教授者有之。在教育界诸君，热心毅力，得尺则尺，得寸则寸，可谓不遗余力。乃观其实际上所收效果，不惟不如旧教授，抑且愈趋愈下愈前进愈入歧途。驯是以降益将不可收拾。无怪为父兄所诟病，社会所轻视。今且私塾家塾之势力圈，渐有澎涨之势。(友人述在浙省温台等处短期演讲，听者多以取缔私塾质问，故云）学庸论孟之哲学书，大有死灰复燃之概。(顷有友人自京回，述及北京官僚令其子弟每日自学校归家，必另请学究死读四书，故云）我侪试一思之，果何为其然耶，夫研究因果相生之理者，谓种善因必得善果，种恶因必得恶果。今律以国文教授之例，殊出意外，是必所种之因未或尽善，致所结之果乃有若斯之恶耳。于是知欲得善果不得不责之于善因，欲种善因不得不考求果之现象若何，预计改善之地步教师教授，犹种因也，儿童发表，获得果也。今儿童之国文成绩如何，盍一为之审察乎，就个人所知则有下列三项：

其一、文理未能通顺

小学儿童，固非冀其为文学专家所读教科书，本为清浅适度之文字。彼所作之文，只求达意已足，今乃不然，作议论文者必自

"人生于世"或"世界之人"始，千篇一律。是不能将所读之书，剪裁融洽，其弊在食而不化。作记述文者，排列之错乱，文句之驳杂，比比皆是，是不能将课文理会，而得其提纲挈领之精神。其弊在不能明了。作书信文者，称谓之误用，叙事之琐屑，不堪寓目，他人阅之，既不可直解，又难以意会，其弊在以辞害意。就其荦荦大者言之，已有如斯现状，若言其琢句，非不合论理，即不成位次，模棱两可，似是而非，不容深诘。而其最易犯之病，儿童于作文时贪多务得，颇有韩信将兵多多益善之决心，以为非长文不足以动先生之目，而制胜于同窗。句之硬凑，意之重复，不暇兼顾，实则愈形其丑。凡此种种。言其标，在作文教授法之缺陷。论其本，则读法教授之未能贯彻也。

其二、字迹之恶劣

学校儿童，曾有自私塾考入者，彼之笔算唱歌等，虽自愧不如，而其书法成绩，未遑多让，甚有为全校魁首者，此其理大可供吾人研究之资料。或谓练习时间较多之良果，或云描红映写之奏效，实皆不然。试问今之学校，其教授书法，曾一加研究其教材如何配置乎，曾一思教授如何进程乎，彼之练习书法，诚多于学校数倍，然良教师之教授，无论何种学科，必使儿童对于功课上有学习兴味，不须严加督促，自能探求研练，时时质之于教师，庶可达到圆满之目的。若但依一日四五时之课程表，敷衍了事，未有不一败涂地者。故自我言之，学校书法时间虽较少于私塾，能以少许胜人多许，是为上上乘。否则何所谓教授法，亦何贵乎研究哉？虽然我之主张书法，非审美主义，系实用主义，不求其优秀圆润，但求其书平竖直，不必毕肖欧颜碑版，但望其勿潦草塞责。故我所谓恶劣者，指欹斜不正，草率从事者言也。

其三、别字之满纸

因其欹斜不正草率从事，而脱笔误写之字遂致连篇累牍，触目皆是。大别之则有四类，如桃误为挑，畫误为書，偏误为徧，支误为文或误为欠等，则由于形体类似而误写者。如闻误为问，功误为工等，则由于声音类似而误写者；如簿写为薄，因受专字之影响；式写为或，因受或字之影响；则由于联合他字之观念而误写者，如叫写为呌面写为靣，陰写为險，迟写为达等，此为随意书写之俗体字。试一检儿童作文簿，无论何篇，必有一二误字，甚者一行数字，一句数字，此非求全责备，实不堪入目也。独怪教师热忱可掬，辄于稿本眉上，写以朱笔模范字，儿童则视若无睹，下次运用仍蹈其故辙，甘受呵斥。而不辞此其故在教师乎，儿童乎，彼何纯用机械的指示，以为得计，而不知隔靴搔痒也。

上来所述，皆果也，善果乎，恶果乎，一加反省，不禁愀然忧惕然惧，乃知空言改良，不足以收成效，必探究其所以然之理，对症发药或有成绩之可言，兹就研究所得，贡其一二，教育界诸君首肯而试行之，则幸甚矣。

读法作法书法宜联络统一。国文教授之根本精神，在讲解日常须知之文字文章，并能正确发表其思想，兼以启发其知德。故读法时之话法，与儿童作文，尤有密切之关系焉。盖吾人思想实基于知识而表彰其思想，非达之以言语即寄之以文字，彼话法得当者，作文成绩自必优良。此两者之互相维系，问有能顾及之乎？据我所闻，卑词俚语，土音方言，教师既为平时谈笑之资，儿童习以为常，恬不为怪，尤而效之，据为讲解，何怪所作之文，支离杂凑，不知命意所在也。然则遇对话文章时，对话之练习，固不可缓而敷畅，约缩分解，结合反正修饰等法，更当随机采用。一以磨练言语之技能，一以预伏作文之程式。俾两方融会，合而为一。舌底澜翻，无异笔头描写，其庶几矣。即读法时之钞书，作文时之誊清，正书法教授之应用段，尤当注意其发表正确与否，盖能读而不能写，所读之书，终归无用。能表其意思，而不能传达于笔墨间，不啻隐藏未泄，来伊氏之感受发表循环说，何为之再三研究而见之实际乎。

实质形式宜两方兼顾。国文科之实质，果以何者为标准耶，我以为属于收得知识者，地理历史理科实业公民家事之材料，属于涵养德性者，童话传说名人事略军事及国民特有之事项属于养成趣味者，田园之经营，艺术之构造，具有兴趣之事实，苟偏重此点，教者议论滔滔势如泉涌，听者虽眉飞色舞，兴会淋漓实则等于云烟泡沫而已。夫以愚昧无知之童子，得聆天花乱坠之敷词，未有不心悦而诚服者。在教者固洋洋自得，以为非此不足以压服学生，而显个人之学问，乃一按国文教授之目的，则大谬不然。须知国文课非演说会可比也，演说以事实为主体，国文以文字为主体，演说以听者领受为度，国文以学生应用为归。非特读法为然，即作文出题后之演讲，亦不必过事铺张，致学生无所适从也。若夫侧重形式者，文字之咀嚼，纤屑无遗。事实之如何，置之不问，懵懂无知，粟麦莫辨。纸面教育之痛骂，殆非无因。我以为低学年生当由事实而归宿于文字，即先就事物之谈话及直观，然后授以文字之音义，语句之解释也，高学年生当由文字而归宿于事实，即先以检查文字为出发点，然后推究其内容之如何组织也。

使儿童有思考之余地，而授以理解之方法。昔拉邱斯之言曰：学问最忌暗诵。垤斯台尔利希之言曰：谋儿童将来生活上之必要，当先培养其表象思想意见气力。雅思大德勒之言曰：知觉思考探求三者，所以达真理之径途。试问今之教授国文相去几何，彼以注入式为教坛健将者，固不必深谕。而全时间之诵读全时间之默书，果有若何效果乎？盖机械的记忆无论如何确切，可暂而不可久。与其空费无益之精力，无宁抽出其时间加以适当之问语，实行判断推理证明之推考阶段乎？不特此也。作文不加思考，则段落倒置；习字不加思考，必随意涂鸦。在热心教授者，未尝不咨嗟太息，徒唤奈何，殊不知儿童未用其推考机能也，古人闻一知十举一反三者，岂有他故，亦不过利用其精神作用耳。今姑假设一二问题吾侪可一省焉。

（甲）我之教授国文，解释某事物或某文句时，必先使儿童探求之乎，抑我即简直授之乎？

（乙）我之教授国文，儿童先能自己寻出问题乎，抑必由我提出问题乎？

（丙）我所教之儿童，遇国文中疑难处，时有头倾于下，作沈思默考之态度乎？

（丁）我所教之儿童，遇国文中疑难处，曾有“何以如此”或“是为何故”之质问乎？

我之教授，既以儿童为本位，则儿童之推理力必强，我复加以辅导。教授与学习，迭相进行，而谓不能达教授目的者，无是理也。

善用教科书而不为教科书所用。教科书，死物也。教授国文舍而弗用固不可，用之不当其害立见。尝见不当之教授者，字句之解释，过于细密。遇复杂名词，则分析解剖不厌精详，致讲述时格格不成言语，作文时造出不相联缀之字，此拘泥于字句之弊也。更有囫囵吞枣者，一篇之大意似尚了了，而字里行间，不屑推敲其组织，轻轻滑过，几如走马看花。是无异以未经细嚼之食物，一口咽下，尚欲冀其消化也。无怪学生作文时，无有能运用课文之精华者，万一能应用，长者直抄一段，短者叠用数句，不过为默书之变相，此怠忽于字句之弊也。又有始终不离书本者，既不用预备应用之段阶，亦无需抄写默书之手续，讲读以外，无所事事，黑板高悬，如同虚设，此等教授，实迫令天真烂漫之儿童硬吞鸡肋，夫亦大可哀矣！不知善教授者，一时间内变化多端，务使儿童对于教科书若醴泉之甘美而醰醰有味。故以教科书为文字之借径则可，以儿童为教科书之奴隶则不可。英国某教育家有言曰：不能利用黑板者，不得为良教师。吾侪盍加以玩索乎？更有进者，国文教科书，非乡土读本也，不适本地者，不妨删去，或稍加改窜而授，总以切于实用为指归。其关于本地县市乡村街道里巷等名称，以及广告招牌发票证书契单书信等，又当随宜授予，以与教科书相辅而行，俾有活用之余地。

利用读法笔记簿而授以记载之方法。教授读法，先当养成儿童自习之习惯。今日教育界，已一致公认。但自习之施行，非使用笔记簿不足以收实效。近顷东西洋各学校，以笔记与诵读讲解，视为并列之功课，足见其价值之可贵，而为万不可缓之举。今当研究者，笔记簿之式样若何，笔记簿之内容若何，实施笔记之方法若何，是皆切要之问题。我以为自习之顺序，以预习为起点，则生字音义之记载，自当特设一栏，补正练习，为自习第二之门户。则难字难句，以及字法句法篇法章法，如何组织，如何构成，提要钩元，皆不可少，不可不别其栏以记载之也，整理应用，为自习最终之目的。段落大意，如何分列。难写字句，如何暗记，新字新句，如何运用。是又当别其栏以记载之也。今之各小学校，亦有令儿童备读法笔记簿者。据我参观所得，泰半失其效用。盖率皆以教师为本位，絕不留儿童自动之余地。不过教师如善于笔墨之文牍员，儿童如勤于书写之书记生，誊录不误，即已尽厥天职。此虽较诸一味施行讲演者，差胜一等，然按之教授目的，自习原理，犹有刺谬者在也。我谓儿童能以自己力量，使用读法笔记簿者，实为最良之法，其次由教师儿童共同讨论而利用之，此外则非所敢知。然则笔记之效用，不特为读法之重要部分，抑且为培植作文之基础。练习书法之机缘。谓为国文科最要之枢纽，亦无不可。

教授与学习，方法宜变化无穷，而不可涉于呆板。国文教科，每不如唱歌体操等之活泼泼地，趣味环生，故在教授方面，当用种种方法，提起其兴会。在学习方面，又当利用各感觉机关，多方变换，以确切其印象。兹姑避去笼统之议论，而为具体的说明，分读法作法书法以述之。

读法 今之教授读法，拙劣者固不必深论。其上焉者，苟欲验其得法与否，视其活动与呆滞决之。长时间之朗读，儿童易流于油滑之声调。长时间之讲解，彼不讲解者每多注意分散，是盖一定之理。故一时间之动作，宜随学年之高下，而别其久暂。我以为一年生每种动作，至多以十五分钟为度；二年生每种动作，至多以二十分钟为度；三四年生，以次递增，最为妥善。而其有时用口，有时用手，尤宜参互错综，使有活动之地步。盖一生用口，他生可练习其听神经，继以用手，则练习其视神经矣。即同一朗读，有时用论理的读法，有时用审美的读法，亦可随宜变化。同一话法，宜就教材之性质，教授之段阶，或为模述，或改述，或为自述，各异其途。同一笔记，复有视写、听写、暗写、问答、填字、填句、改作正误之别。总之，变换愈多，印象愈深，趣味愈足。此实屡试屡验之事实也。

作法 作法之变化，不在儿童学习，而在教师教授。尝见注重论说者，一学年中出以非论某某即某某论等题，此等通套文章，处此提倡实用主义时代，尚有何用。须知作文之正则，不以笔头之缠绕讨生活，而以发挥其固有之本能为目的。至以译俗为成绩较优者，舍译俗以外，置之不问，更不足言矣。盖作文方法，有自作助作之别。作文进程，有准备期组织期发达期之分。即同一自作法，有板示多数文题任其自择者，有纯由自己构思所得而拟题者。同一助作法，补助其思想乎，指示其文例乎，是在随时应变而不可拘执一途也。

书法 书法为技能科之一，技能科以多行反复练习为最有效，似不宜用变化之方法，以混淆其趋向。然平时练习大字者，有时可缩小练习之；平时练习小字者，有时可扩大练习之。平时用九宫格米字格者，有时可离去其格而练习之。如欲达到应用之目的，可用暗写速写焉。暗写有默写听写等法，速写有视写记录等法，皆可乘机利用。而收条信件以及各种标题，宜假定与实际相类之纸，随时练习以增高其趣味

多用图解表解，使儿童明了部分与全体之关系。文字文章之有条理。尽人皆知，欲明组织之原理，而寻其出头绪，非用图解表解不为功。在低学年图解最为适宜，高学年生表解尤不可少，盖图解为代表实物，表解为分析事理，二者虽不仅为国文教授独具之精神，实为国文教授不可不用之手段也。分为三项说明于下：

读法 整理国文教科书分形式实质二项，在形式方面，则篇章节次可绘简单之虚实线以证明。在实质方面，则段落要点亦可排列比较之，此等具体之方法已详于共和国新国文教案中，固不必为喋喋之敷陈矣。虽然我欲就教案所载进一步言之，今试任取第七册第一课观之，其题为《地球大势》，其文为“大地浑圆，高者为陆，低者为水，约计之则陆占其一，水占其三，陆分五大洲，曰亚细亚洲，曰欧罗巴洲，曰亚非利加洲，曰亚美利加洲，曰海洋洲。水之大者为洋，洋有五，曰太平洋，曰印度洋，曰大西洋，曰北冰洋，曰南冰洋。岛屿之属，孤峙水面，不与大洲相连者，则分属于附近之洲”。本课表解，既详列于教案，深究整理之中，然欲表明高者为陆低者为水两句，未尝不可以绘之。欲明了陆占其一水占其三两句，未尝不可以

示之。欲探求五大洲或五大洋之大小比较，未尝不可以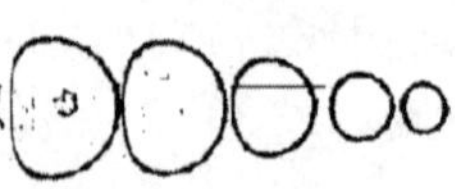明之。以是知，读法教授所用之图解

表解，不必限以一篇一章，即一字一句无不可以证明之也。

作法 作文纯为儿童发表之课程，似无所用其图解表解。惟据我试行所得，有足供研究者，今日各校通行者，为直观描写法，即将某实物示于儿童之前，而任其写为文章也，然成文之后，绘以图式，列以简表者，未之前闻。我所试行者，在文章既成以后，欲知事物之正确与否，另纸绘图以明之；欲表段落之颠倒与否，篇末列表以明之，或在著笔之前，将构思所得列表于题目之下。间有一时间中，出以不相类之五六题，但令写出各题段落大意，列一表式订正，以后下次任择一题，只就其大意缀以适当之语句。犹造屋之先建梁柱，后附门窗墙壁然，试行数次，颇有效验。惟此仅作文教授诸法之一，不可施行于低学年生耳

书法 图解表解与书法教授骤视之，似漠不相关，其实大可利用，以立间架结构之基础，试观儿童书法成绩。点画之偏僻所在多有，而字体之不正实为最大原因。夫教授书法固以练习为前提，但当为意识的练习，不当为机械练习，则有不期进步，而自能蒸蒸日上者。所谓意识的练习者，先当明乎字体之骨骼轮廓，练习时便可认定目的以进行。如国门为正方形则以示之，日贝为长方形则以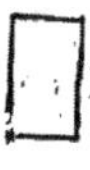示之，大土下丁为正三角形，则以示之，乐梁为圆形则以示之。余如法便之为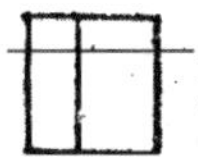形，艳饥之为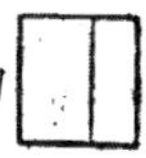形，辩衍之为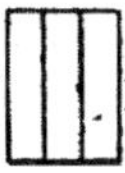形，意章之为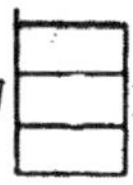形，音买之为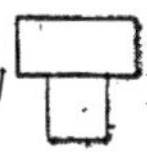形，星盂之为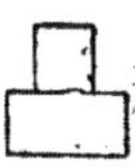形，第茎之为形，质背之为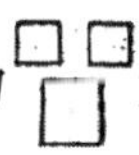形，以及左右相等上

下并行。梭形、菱形、不等边三角形等，一一别其形式。示其径途大体之格局，既已洞悉，复就其点画上加以适切之指示，而谓成绩不能优良者，我不信也。

宜多用复习法，使儿童反复练习，以达应用之目的。试观私塾之教授国文，一年读毕三四册，我侪恒讥其进程之太骤，而无俾实用，不知彼之科目简单，国文以外，无他科目伴之以进行，则其一往直前，绝无阻隔者，势有必至，理有固然。而学校中之教授，往往前后不相呼应，致读毕后册，茫然于前后之文字与事实者，数数观之，是讥之者，直五十步笑百步耳。今试一检儿童所作之文，与读本之文较其程度相去几何？语曰：取法乎上，仅得乎中，取法乎中，仅得乎下。今之国文成绩，窃恐法虽取乎上，而发表者不特不能得中，抑且得乎下且等于零也。此其故，固由于现时读本文法程度太高，致儿童不能追随其后，然吾侪未能多用复习方法，恐亦不得辞其咎。是故最良知教授国文，遇文法之相似或相反者必时时回顾遇事物之同类者，必多方比较，此教授中复习之一法也。若授毕一单元后，加以复习一次，其效亦甚著。又有学期之始末，检查其理会之程度如何，或将固有之材料，汇类而统一之，同时增进其乡土的、实用的新知识，俾儿童得类化作用，造成有系统之概念，俨如图书馆中预藏图书若干新得之籍，因类相从也，不特读法为然，即作法书法亦当如是。

以上云云，虽属老生常谈，教者苟循是进行，丝毫弗懈，收效必宏。我之哓哓于笔墨者，良以有所感触，故不觉言之过甚，抵触冲撞，在所不计。然我岂无所指而云然哉！今当更述与国文教授有直接关系而为近今最大之问题，以与诸君商榷焉。

改国文为国语。我国文学之精髓，早为世人所公认。惟因其过于艰深，遂为物质文明之大阻力，而小学国文之不易入手，影响尤大。故今之倡为国语者，洵为根本解决之问题。而以教科书着手之第一步，尤为根本之根本。虽然，岂易言哉。教科书既改为国语，则教科书以外之报章杂志等，能强其一一皆用国语而为学生流览之用、参考之资乎？教科书既改为国语，则教授之时无所用其讲解，能强其一一以国音读出而为全国通行无阻之言语乎？我以为改教科书为国语体裁未始不可，特提倡国语之机关，实苑国语之方法，先当讨论研究，而作并行线之前进，则俟诸十年以后或有效力可言，否则徒劳无功耳。然则值此过渡时代，一面改浅文句法式，一面增高言语程度，不容或缓矣。彼三代秦汉之文，直记载当时普通之语言，故绝无牵强饤饾之病，以今人模仿古人口吻，何乃愚甚。此文句法式之不可不先改浅者。改浅之法，以切近今之普通语为准。更有进者，今之主张国语，率以京语为唯一之依归。不知北京虽为外省人麇集之地，积习相沿，几自成为一种土语。试思以女儿为姑娘，以医生为大夫，揆诸字义，亦未见允当。故今日不言国语则已，苟言国语先当推广注音字母，并以确定标准语为要图，我之主张增高言语程度即以此。

改良文字。所谓改良文字者，非臆造新文字，实恢复旧时简明之文字也。盖目击近世流行之字，去古愈远，愈难知其创造之意。盖不知字之孰为象形，孰为指事，孰为会意，孰为谐声，孰为假借，孰为转注，虽谓之一字未识，无以过之。因之教授国文时，无由用其理解之方法，使儿童明了某字之形体如何组织而成，则亥豕鲁鱼之误，自必层出不穷，莫由抵制。无他，实机械的记忆之结果耳。今欲改良文字，未免骇人听闻，惟欲便于教授适用理解者，不得不由此着手。（以下略）

（原载《教育杂志》第10卷第1号，1918年）

9. 国文教授祛蔽篇

吕思勉

老氏曰："大道甚夷，而民好径。"甚矣，世之好径者之多也。国文者，一国所独有，其传之必且数千百年；宜其研究之法无不明，而教授之法无不得矣。然而竟不能然者，何也？则有物蔽之也。有物蔽之，则康庄在前而不见矣。

一、偏主文言白话之蔽

文言白话，非有判然之界限也。今试将现行文字，按其性质之古近，而严密区别之，则当分为以下之三种：

甲、古文　其词类及语法，皆以古为标准者也。非至古代之词类语法，必不能用，或必不足用时，必不轻变。

乙、白话　其词类及语法，悉以今日之口语为标准者也。非至口中实无此语时，决不参用古代语。

丙、普通文　界乎甲、乙之间，日常应用之文，如公牍书札等，皆属此类。普通文者，所以合和文言白话，以应社会之需要者也。今有甲焉，以板凳击乙；乙避之，触桌子，伤而死。板凳桌子，在古文中例代以几席字，然于此事则固不能，则古文穷矣。又设此事而问于理，理官援律以蔽甲之罪，其律文或沿之自古，岂能译以白话？则白话又穷矣。然则文言白话之并行，社会固自有此需要也。

文字所以代表语言，本应与口语相合。然而不能然者？则一国之人，智识有高下，好尚各不同；所治之学问，所操之职业，亦复殊异；此部分人所需用之言语，未必即为彼部分人所需用。故文字语言，有通行于全国者，亦有仅流行于一部分者，——非独文言白话相较，有专普之殊也。文言白话之中，亦自有之。作文言者；文中之字，不能入诗；诗中之字，不能入词；词中之字，又不能入曲；甚至散文之辞句，不能入骈文；宋四六之辞句，不能入汉魏体之骈文；选体诗之辞句，不能入骈文；宋四六之辞句，不能入汉魏体之骈文；选体诗之辞句，不能入西江派之诗；皆是物也。说白话者，则如江湖上之切口，各种商业中所特有之名称等皆是。尝有治化学者，告予曰："中国表颜色之字，不过十数，必不足用。"予谓："若尽搜之，可得数百。"其人不信。予曰："子不当但求之字典中；当集染坊，绸缎肆，布肆，漆肆中人而问之。凡菜青、月白等复音字，皆是也。"彼乃释然。——故文言白话，并无一定之界限。以为死语，则凡我所不用者，皆死语也；抑且此时此地所不用者，在此时此地，即死语也。以为活语，则药笼中物，何一不可储以待用？而人之用语，亦岂有限制乎？

又天下事不必论其可不可，且先问其能不能。抑究极言之，所谓可不可者，固仍以能不能为标准也。今试问：举全国之人而使之尽通文言，能乎不能乎？往昔私塾学生，自六七岁入塾，至十五二十之间，所诵者尽文言也。其成绩如何？即谓私塾教授，不得其法，亦决无枉费工夫，至如此其多之理。盖文言自为某种人所需用；性质不近，所治之学问，所操之事业，而与此无干者；即强之，亦不能通也。而今之偏主文言者，偏谓学国文非通文言不可，甚至强谓文言并不难通，而置向者科举时代，学童读书十年，下笔不能成一字之事实于不顾；甚矣，其蔽也。

凡文之所以成为文者三：(1) 读音，(2) 词类，(3) 文法也。读音为另一问题，今姑勿论。以言乎词类，则今日极纯粹之白话中，其所有者，实不足于用。事理稍精深繁复，即须取资于文言。然此尚不成问题，因文言中之词类，固无不可出之于口也。至于语法，则在纸上者，决不能操之口中。以白话代文言，其最大之理由，即在乎此。然今日白话之语法，固有不完善，不能不借文言以改良之者。今日白话之语法，其大病，在“累赘”与“游移”。试以同一意思，撰成文言之句，又撰成白话之句；两者相较，文言句必简短，而意反确定；白话句冗长，而意反游移。向之官府告示等，其一部分，求人易晓者，原未尝不用白话，其大部分则卒不能，其理由亦在于此。然则居今日而言国文，除一部分天分甚低，及所治之学问，实与国文关系甚浅者外，虽可用白话发表，必须能阅读文言。何者？白话中之词类，既须取之文言，不通文言，则未能彻其根原；虽了解必不真实。而能多读文言，则其所作白话，多少有几分文言化，可稍谨严也。而其性质本近文言，或其所治之学问，与文言关系极密者，更无论矣。而今之偏主白话者，又谓文言绝不足学，日以报章小说及无聊之新诗授人，枉费功夫，难期进益，甚矣，其蔽也。

要而言之，则但习白话，或兼肄文言，当视其人之性质，及其所习之学科，所择之职业而异，不能作一概之论也。

二、讲俗陋文法之蔽

因有文字，乃加标题乎？抑因有题目，乃作文字耶？此不论何人，皆能答曰：因有文字，乃加标题也。然向之应科举者则不然。彼以应科举故而作文字，则其文真为题而作者也。然使其所命之题目，大方正派，犹不至堕入恶道也。乃科举时代之试官，每好以难题试士，——此因便于校阅故。昔时之科举，实类今文官考试，官额有定，则科举之额，不能无定；科举之额有定，而应举者甚多，其程度又皆相仿佛，则去取无以为凭，乃不得不为此无理之举。唐人帖经题，好取孤章绝句；清时八股试题，割裂至不成文义，皆此之由也。——其所谓题者，本无文可作，而以应试之故，不得不强作一文，于是种种无理之法生矣。本以应科举故，不得不作此种文，乃不得不有此种法；其后习非成是，忘其本来，乃以为作文之法，本当如是；于是笑柄百出矣。今之国文教员，科举中人，诚已不多，然此等谬论，行于社会者既数百年，彼其师皆此等人也；彼其所耳濡目染之评本选本，皆此等物也；自非天分绝高，或别有渊源之士，孰能出其范围者乎？今之国文教员，年事稍长，自谓通知旧文学；而社会上亦推许为通知旧文学者；其意见，十之八九，未能尽脱科举时代之陋习也。孟子曰："所恶于智者，为其凿也。"所恶于科举时代之文法者，亦为其凿也。所谓凿者，本为事理之所无，彼乃凿空而强说之也。学文者一入此途，百无是处。欲讲教授国文，须先将此等谬说，一切摧陷而廓清之，——旧时俗陋之选本，及近出之俗陋选本，及近出之俗陋选本，如学生国文成绩等，宜一概屏绝。

三、并旧文学与国文为一谈之蔽

今之自谓通知旧文学者，十之八九，实未脱尽科举时代之陋习，吾既言之矣。至其十之一二，则又贤智之过，而并国文与旧文学为一谈。此辈之所谓旧文学，乃真正之旧文学，非夫名为旧文学，而实系科举时代之陋习者比也。其所讲授，亦诚有法度，足以开示门径，然用之学校之教授国文，则谬矣。文学者，美术之一，以文字表现之。然非凡以文字表现者，皆可成为文学也。文学与国文，虽有关系，决不能并为一谈，——普通文言，乃较高等之国语。普通之文字，人人所能通也。美术之文学，非人人所能通也。即谓可略通知其意，亦断不得施诸中等以下之学生。即今之大学学生，于旧文学，亦只可指示其极浅近者，俾略知门径耳；高深处决说不上。何也？智识之程度及年龄，固如是也。吾为此说，今人决不肯信。文学之美，除有天才者外，普通人在二十以下之年龄，是否能领略？吾亦姑勿置辩。然文字必有其内容，不通知其内容者，于其美的方面，亦必不能真解，此则可无异辞者也。极美之文学，必有极深之内容，其感觉之锐敏，观察之周到，情感之浓厚，所包孕之事实之丰富，恐均非二十以下，读书未多，阅世未深之学生，所能知也。——感觉，观察，情感，以主观言；然客观方面，必有促其感觉，供其观察，动其情感之事物，此等事实，文学家所注意者，往往非常人所知。且不能但于书本上求之，必阅世稍深之人，乃觉其亲切而有味。故高等学问之领悟，自非天才，必待相当之年龄。此而强聒不舍，日诏以古人文字，如何之美，彼知为何语乎？更责以措语必求雅驯，下笔必守义法，则更为隔膜矣。故旧文学除对于一二有天才者外，普通之国文教授，丝毫不可羼混。——必尽破除文学家拘墟门面之习，乃可以言国文教授。

四、误国文为国故之蔽

近时又有一蔽，则并国文与国故为一谈是也。此蔽也，随整理国故之声浪而俱兴。“国故”二字，本为极笼统之名词；实与“洋务”二字相等。今试诏人曰：“汝宜留心洋务。”其人必不知所指。吾不知今之混言整理国故者，将使人何从下手也。彼将曰：“依科学之分类，各就其所能整理者整理之云尔。”此言是矣。然与国文——高等国语——何涉。即谓受教于吾者，其人之性质，确适宜于整理国故，亦岂得与研究国文，同时并进乎？夫作事必有先后之序，欲研究国故者，必先通国文，犹之欲治外国学问者，必先通其国之语言文字也。谓通外国语言，与治外国学问，即为一事，可乎？谓初肄外国文者，即能同时并进，以治外国学问，有是理乎？乃以吾所见，则今日中等以下之学校，竟有将经子史汉……，列为课程者矣。以此诸书作国文课本，犹有可说。乃彼其意，则非以之作国文读，而侈言整理国故也。经书文义，初未通晓，已评论“汉宋”之短长，争讼今古文之真伪矣。诸子读未终篇，已满口“周秦”学术流别；

朝代且不省记，已纵谈史书体裁得失矣。教者信口开河，学徒之谨愿者，初不知为何事；其浮动者，则摭拾牙慧，如涂涂附。人人侈言整理国故，而不能自读一卷古书。王荆公曰：“本欲变学究为秀才，不图变秀才为学究。”今也，以学究之学，欲率童稚之子；超乘躐等，以幸致于秀才，岂不哀哉？

五、偏讲理论之蔽

凡事必先明于事实，而后可下评论，此不易之理也。今也不然。于事实概乎未有闻知，而顾以评论此事实之语，强聒不舍，此则万语千言，悉成“戏论”而已矣。科学可以理智求，文学必由直觉得。李白之诗，杜甫之诗，其句之长短，字之平仄，无以异也。韩愈之文，与柳宗元之文，其所用之文法，亦无以异也。所异者，大家之文，各有其面貌性情，彼此不能相假。此则非自己直观，不能认识，教者无从口说以喻学者矣。文学作品之区别，固亦有形式上指得出者。然其真正之区别，决不在此。但知此等粗浅之处，犹之不知也。欲知称精微之区别，则非自己读书稍多，用功稍深不可。至于偏观诸大家，而各得其个性，因以知其彼此之异同，由是通观古今，而知各时代之风会焉，而知其变迁之所自，及其得失焉。自己受文学之熏陶既深，因以知文学之性质，及其功用焉；此则非读害学，亦宜俟读书稍多之后授之。

六、不重自习之蔽

然以上所论，实皆支节之谈。根本上之弊病，则在重讲授，重讨论，……而不重实际之阅读。凡事必先立基础，基础稳实，其余一切，皆可不烦言而解。否则无论有何妙法，终属空中楼阁。夫文字所以代表语言，故习文之法，与习语同。今试问：入耳中听话甚少，口中亦不常说，而日日告以语法如何则合，如何则不合；与之讨论说话如何则动听，如何则不动听，有益乎？无益乎？读书犹之听话也，作文犹之说话也，必先多听然后能说，故读书尤要于作文。——昔人分读与看为两项。所谓读者，朗诵或熟诵之谓。所谓看者，则默诵之谓也。此所谓读，当彼之看；彼所谓读，吾谓可缓。凡文字必须朗诵或熟诵者，其故有二：（一）小孩非此不能上口；（二）专门文学家，非此不能精熟也。若已能阅看，又非专治文学之人，则但阅看已足。阅看时固无不默诵者，但求音调之和谐，而不棘于口，即此亦已足矣。今之学生，读过之书，实属太少。故有何种意思，当以何种语言达之，彼竟茫然未之知者。夫何种意思，当以何种语言达之，既知之矣，而操之不熟，犹不能无扞格，况乎其竟未之知邪？生疏之至，逐至惮于读书，而作文无论矣。夫文法如何则合，如何则不合；说话如何则动听，如何则不动听；苟能多读，即不语之，自亦能知。迎机语之，尤极容易。若其从未读过，抑或所读太少，则虽耳提面命，亦属茫然。故今日谆谆之讲授，及无谓之讨论，十分之九，皆可省去也。

自读之法，姑以吾所经历者言之。吾小时读《四子书》，日十行，行十七字，凡百七十字，高声朗诵，一分钟可一遍。今日中等学校之学生，程度当高于吾读《四子书》时；默诵较朗诵，时间亦可节省，今姑勿论。一分钟读百七十字，一小时亦可得万二百字。再减少之，以一小时读一万字计，日读书二小时，一年亦得七百二十万字矣。读书愈多则愈熟，愈熟则愈速。半年一年后，所读必不止此数，今亦勿论。读三年，亦得二千一百万言也。功贵勿忘勿助，一日二小时之读书，苟能持之以恒，三年后必有成绩可见。较之今日，浮光掠影之听讲，肤浅无实之讨论，其功效必不可以道里计矣。

七、自行读书之法　吾所希望之两种书

然则当读何书乎？曰：此无一定。“吾所最好读之书，即吾所最宜读之书”，此予之格言也。大抵人之性质，各有所近。就其所近者而求之，则相说以解，毫不费力。就其所远者而强为焉，则事倍功半，甚至终无悟入处也。夫文学之种类亦多矣。以与口语之远近言之，则有文言白话之分；以其主于应用或不主应用言之，则有纯文学杂文学之别。凡此种种，悉数难终，而要之性质相近者，自能一见如故，结为好友也。大抵人之读书，须经过杂读乱读之一时期，而后趋向乃定，此其一关系年龄之长幼，一关系学问之浅深，至趋向略定时，本已无庸教得。所贵迎机指导，略与辅助者，则正在其杂读及乱读之时代耳。然此时代，最宜听其自由——其实干涉亦无效，——除必不可读之书外，宜一切勿加禁断也。

已过杂读乱读而入于趋向略定之时代，——大约在中学末年，或其毕业后，——则其读书，宜略带硬性。此时非欲肄国文者，已可移其精力于别一方面，——经过前此之杂读乱读，必已能通畅之白话，清浅之文言矣。——若欲更求深造，则非于古书上用力一番不可。何也？古书为后世文字之根源也。古书之所以为后世文字之根源者，何也？曰：（一）文法多习惯相沿，习惯皆导源于古。（二）文学之美，在其神气，神气恒互相摹仿，后人亦多本之前人故也。凡事必有其根源，通乎其根源，则其支流皆不烦言而解矣。

纵论及此，则吾觉有甚需要而极缺乏之两种书。

（一）凡必读之古书，如群经四史及周秦诸子……，必有简明之注释，详晰之符号，或并附适当之考证及评论，以引起其兴味，且使之易读。此等书不妨极浅，然不可流于陋。

（二）为讲明训诂之书，读书必先识字，人人能言之。今人亦好讲小学。然其所谓小学者，非高谈文字，即专讲《说文》。夫《说文》为治小学之一书，初不足概小学之全；专治此书，又非初学所有事。

（略）

（原载《新教育》第10卷第3期，1925年）

10. 怎样方能改进现在的中学国文教学

阮　真

一　绪论

现在中学毕业生国文程度的每况愈下，已是不可讳言的事实。这是现任的中学国文教师，会考阅卷员和大学入学考试的阅卷员，都能知道的。读者如欲知道真凭实据，可看出拙著《中学作文教学研究》附录一（该书民智出版）。作者本篇的题旨，并不重在学生程度，不愿多说题前的空话。至于现行教学的评论，一下笔就可以写出几万言，说的人太多了，我也不愿再说。

平心而论，现在的中学国文教师，没有人不想谋学生程度的提高，教材方法的改进的。自民元以来，国内学者和教师，讨论中学国文教学的文章，不下百数十篇。作者笔录提要，已盈十六万言（提要不过原文十分之一）。教材和教法，不能说没有改变，但是永远改而不进，中学生的国文程度依然日益低落，不可挽救。这是什么原因呢？我们要谋中学国文教学的改进，必须先来找出它的原因。

欲谋现在中学国文教学的改进，作者认为无论教材教法以及教学基本问题，必须用科学方法为彻底的研究，不能再来发空议论，做空文章。但是，所谓科学的研究，必须有严密的方法步骤，作成严密的研究计划。工作甚为繁重。每一个问题的解决，有待于数年或十数年。全部问题的初步解决，不知当在何时。这是远水救不得近火的。作者拟另著专书，名为《中学国文教学之问题及研究法》。这里姑且不谈。因为倘使说得太简略了，反易引起读者的怀疑，而不能使他们了解的。

其次，欲谋现在中学国文教学的改进，作者认为须用革命的手段，彻底改革现在的中学教学制度与教学环境。但这种改革有关于整个教育制度与教育行政及教育经费，在国难重重的现在，似乎无暇及此，也无力及此。作者在本篇不过略示其改革的意见而已。

所谓科学研究与彻底改革，在短时间内，皆难办到，那么只好退一步，在事实的可能范围内来谋现在中学国文教学的改进。这是本篇最注重的一部分了。

作者在本篇所要说的话，除绪论结论外，其重要部分三：

（1）中学国文教学所以改而不进的原因。

（2）怎样彻底改革现在的中学国文教学？

（3）怎样从事实的可能范围内改进现在的中学国文教学？

以下各部分就依这个次序写来。

二　中学国文教学所以改而不进的原因

近十几年来的中学国文教学，发表言论，欲谋改进的人很多。但是改来改去，丝毫没有进步。它的原因，甚为复杂，我现在从各方面来找出它的原因如下：

（一）国文教学的基本问题没有人做彻底的科学研究。对于这条原因我曾做过一篇文章，标题叫做《国文教学的基本问题》，载在二十三年《中华教育界》（忘其卷号），中间所说，有八个基本问题。第一是“学生识字量及用字量的标准问题”；第二是“学生识词量及用词量的标准问题”；第三是“学生解用典故及成语的标准问题”。这三个问题，若不用科学方法去研究解决，则国文的选辑教材，永无科学的根据。任你选些古文今文做教材，都是不经济的材料。岂旦事倍功半，简直事十倍而功不及一呢。今日学生，自小学至高中毕业，学习国文的时间，总计起来，至多不过两年半。用极不经济的教材极不经济的教法，希望在两年半的短时间内学通国文，谈何容易！第四是“错字研究问题”。这个问题，虽然关系较小，但如研究成功，也可于短时期内，增进学生的国文基本能力不少。所以我也认为是国文教学基本问题之一。第五是“误用词语问题”。倘能从学生文卷中摘出误用词语一万条或几千条，把它分类统计，究其应用的正词正语，而推其错误的原因，也可于短时期内，增进学生的国文基本能力不少，至少比劳而无功的改文，效率要大几倍。所以我也认为是教学的基本问题。第六是“文法的困难研究问题”。劳而无功的改文，毕竟也是不经济的办法。我们如果搜集高初中各级学生几万篇作文，摘录文法不通的句子，再按其所犯文法规则，分类统计，一一改正，编列号数，制成改文范本，发给学生去看，可于一旦之间，觉悟其平日作文方法上的错误，老师于改而且在这种分类统计的结果中，我们可以看出某种程度的学生，文法上的困难何在？他们最易犯的是哪一条文法？教学上可以特别注意。这种研究的贡献，对于学生国文基本能力的增进，效率是很大的。所以我也认为是国文教学的基本问题。美国威斯康星大学教授 E. C. Woolley，用数年的工力，作成一本 Hand Book of Composition，很可以供我们研究参考的。第七是“作文量表问题”。无论研究教材教法，所根据的是学生的程度，然而我们对于衡量学生国文的程度，根本没有标准，研究更何所依据？教学效率也无从比较。如果我们从几万篇各级程度的学生文卷中选出几百篇代表文卷，请几十个有研究头脑与研究兴趣的国文教师，为精密的评判，再为分类分目分题，作成各等程度的作文品质量表，那么对于学生作文程度的衡量，有了相当客观的标准。各校各班或各种教法的教学成绩，有了比较，有了相当科学的根据，方才可以切实研究教材教法，不致各人发空议论，作空文章，而中学国文教学永远改而不进。第八是“读文测验问题”。研究学生的国文程度，除了作文还有读文一方面。读文测验就是衡量学生读文程度的方法。这种分类是读文速率及理解力的测验，这种测验的制定其难在于确定各年级的标准程度。必须先定精密的计划。至少测验几十个学校，几千个各级程度的学生，然后可以确定标准测验。这种标准测验的制定，不但对于学生升级降级的程度有了把握，而我们对于教学的研究，也可有了根据。可使我们对于教学的措施，箭不虚发，因以增高教学的效率。以上八个国文教学的基本问题，都要有相当的人才、时间，以及物质上的帮助，才能研究解决的。没有埋头研究的学者，怎能使教学上有所改进！现在官厅的所谓研究，是召集几个教员开几次会议；教者的所谓研究是做些空文章，发些空议论。还有几个外行的名人，高兴起来发些外行的议论，也可使一般教者去盲从，而使教学上流毒无穷。还有世界主义的学者，要把国文教学戴上世界主义的帽子，国家主义的学者，要把国文教学戴上国家主义的帽子；民国十六、七年间，国文教学戴上三民主义的帽子，现在又戴上非常时期的帽子了。这种情形，实在都可以证明我国学者只有情感的冲动，缺乏理智的研究。就是学制的三更四改，部定课程标准的三翻四覆，其病亦复如是。这样哪能使教学上有切实的改进呢？

（二）国文教材虽经几次改编，始终没有人做彻底的科学研究。民元以前的国文教材，虽然有吴增祺编的《中学国文教科书》，然各校大都自选文章的。材料的来源，大概是古文和经义策论。民元以后直至民国八年，虽然为许国英谢无量编的两种国文教科书，然而各校仍然多用选文。材料的来源，古文以外，《东莱博议》最为风行。民八“五四”运动以后，古文几乎完全推倒，各校自选教材，有的专讲新思潮，讨论问题主义，有的专读新文艺，研究白话小说剧本诗歌；各自为政，情形至为紊乱。民十一以后，研究国学整理国故之论大兴，国文教材上，又增加了一条歧路。那时的国文教材，新的新，旧的旧，新的可分几派，旧的又可分几派，真是五花八门，教学失了一致的中心思想，选材没有公共的轨道了。各书局的国文教科书，分成白话文言两种，也有文白并选的。内容有白话论文，小说文艺作品，也有子史古文，诗歌词曲，并且还有东西洋的翻译文学，可谓无所不包。然而仍然不能适应各校的各别需要，于是书局不得不改编活页文选，任凭各校自戕选取。自十八年至二十二年，部定课程标准更改两次，教科书也跟着改编。其时各书局出版的初中国文教科书比较好些，而高中国文教科书，所选教材，为糅杂不堪。这是要结合定标准，选各时代各体各派的代表作品的缘故。而苏教广所编的高中标准国文，选材尤多不适于学生的程度。高中的学生，是否需要知道各时代各体各派的代表作品？他们的能力时间能否了解？能否学习这种代表作品？教学上能发生若何的功效？这是不可不研究的问题。

因为国文教学基本问题的没有研究解决，所以产生不出一部有科学依据的国文教科书，这是没有办法的。但是，退一步讲，编教科书的原则，第一，要适合学生的程度。编初中国文教科书的，先得研究小学国语教科书，知道高小毕业生已经学过些什么东西？还要研究高小毕业生的国文实际程度，知道一般高小毕业生，实际领受得多少？编高中国文教科书，也要从初中教科书，和初中毕业生的程度上去研究。第二，要适合学生的兴趣。编者必要知道青年心理，和学习心理，还要有实际教学的研究经验。第三，要适合学生的需要。这要从职业、社交、道德、文化、民族精神与时代环境各方面的去研究。第四，要求教学上最高的效率，换句话说，便是要费力少而成功多。这是要经多次实验，以实验结果来证明的。要这样来编定一部初高中国文教科书，我想至少要三年，而实验期间，又须六年，共要九年。如果一面编书，一面有工夫实验，至少也要六年。有个朋友，于秋间，辞了中华的委托，就是为此。我自从离开广州中山大学，就永远没有研究的环境和时间。在广西大学教课十二小时，改文三班一百八十卷；在锡师教课十八九小时，改文三班一百二十卷。每日至少十小时半的课内工作，天天头昏脑涨。偶有余闲，还是卖文救穷。现在只有六个月编成的教科书，编者又不是研究者，甚且不是教者。因此国文教学没良好的教科书，永远没有改进的可能。

（三）现行教学制度与教学环境不宜于教学国文。学生的程度、天才、兴趣，各有不同，在国文课中，比较别的学科，更不齐一。而且年级愈高，不齐的差度愈大。因为别的学科，都是从头教起，一步进一步的，而国文没有一定的步程。别的学科都有固定的材料，而国文没有固定材料的。所以同班学习，而国文则大不相宜。因此，现在的班级教学制度，至少对于国文，实有变通的必要。现在补救的办法，只有分团制和能力编组。但两者均有困难。分团制的困难，在于老师学生两面的时间办不到；能力编组的困难，各班必须在同时上课，主持学校的行政的人，对于老师、教室、时间的支配，至为不易。规模较小的学校，尤其没有办法。而留级一年，专补国文？因此，大家明知班级教学制度不宜于教国文，也只好同班上课，国文教学，更何从改进？

至于现在中学教学环境之不宜于教学国文，其关系更为重大。现在初中课程重心，已在英算而不在国文，高中更甚。虽然国文的上课时间，不少于英算；而学生对于英算的自习时间，实数倍于国文。其原因，一则在于国文没有标准，容易个个及格；英算硬碰硬，一不小心，就不及格。二则因为英算落后一步，就追不上；国文落后几步，似乎没有大碍。三则因为学生只有这些精力和自习时间，学了这样，不得不放松那样。现在初高中的每周各科上课总时间，部定大概在三十四至三十六小时，已是太多。而各校还有随时增加。增加的高度，在高中和师范为更甚，其原因，一则因为部定课程标准太繁重，按照定时，强灌不了。二则因为军训和实习，各科须提前补授。所以竟有增加每周总时间在四十小时以上至四十五小时的。上课时间越多，自习时间越少。大约初中自习，每周至多二十四小时，高中自习，每周只有十八小时至二十二小时，平均不过二十小时，三十五六小时内，所授的功课，是否能在二十四小时内，从容自习？四十几小时内所授的功课，是否能在二十小时内从容自习？我希望教育家从青年学生的心身能力上去研究一下！更希望把每周各科上课时间和自习时间分别支配一下。国文一科，究竟应当有几小时的自习，还须研究。欲求国文教学的有效，而使学生有进步，国文一科，每周至少须有几小时的自习？如果每周只有三四小时或五六小时的上课，而绝对没有自习时间，则国文一科，不如取消。或者把国文上课时间，大部分改成自习，教学生自己看书，比徒有上课而无自习，还易得益。照我的理想，初中国文每周上课六小时，至少须有自习及课外阅读八小时。高中国文每周上课四小时或五小时，至少须有自习及课外阅读六小时或七小时。这样方才可使教学有效而得到进步。现在照各科分派自习时间，国文的自习，在初中至多不过每周三四小时，在高中或师范至多不过每周一二小时，或竟完全没有。教而不学，其效甚微。试问教学更何从改进？若教学生课外读书，也须有课外的时间，才能办到。然而教部课程标准，已把课内教不了或排不下时间的教材，推之课外，学校又有课外服务，课外练习，课外研究，课外运动，课外游艺，课外演讲。要得尽善尽美的名誉，似乎课外的花样越多越好。这是重重剥夺学生仅有而极少的自习时间的矛盾教育。国文教师还可闭了眼睛说课外阅读吗？在这种教学环境之下，怎能希望国文教学有所改进？

（四）国文的师资训练与国文教师的工作待遇没有适当的解决。关于国文的师资训练；作者曾著《中学国文科的师资训练》一文，载在二十四年六月的《教育杂志》。读者可以去参考。最初中学的国文教师，完全是科举出身，没有经过师资训练的。民国以后，大学或高师毕业与科举出身的并列。便是既非学校毕业，又非科举出身，只要会做文章或会写小说的人，个个都可做中学国文教师。因此，中学国文师资最为复杂。几乎全是旧式文人或新式文人，很少受过专业训练的教师。一般人的见解，以为教国文不是专业，国文教学并不需要专家，只要通文的人，哪个不会做中学国文教师？就是有些外行的名人，喜欢对国文教学发些外行的议论，他们的头脑中，也不免还有这种见解。不知道通文是一个条件，教育知识与教育眼光也是一个条件，科学方法与科学头脑的训练，也是做国文教师必要的条件。一般国文教师最缺乏后面的两种训练，怎样能研究教学而使改进呢？现在中学校对于国文教师工作待遇的不均，足以使他们不能尽职。这也是一个国文教学不能改进的原因。国文教师课后的工作，有改文，阅考，批改课内外笔记，发文指示，上课预备，课外辅导等等须四十二小时。再加课外工作。总计当在四十八小时以上。教高中国文一班，每周上课五小时的教师，其全部课内工作，连上课计，也得三十八小时。再加课外工作常在四十四小时以上。（参看拙作《对于中学师范国文课程标准之意见》，载二十四年五月《中华教育界》）但如只教国文一班，省立初中月薪三十六元，高中四十元（私立县立学校，当然更少）。即使教两班，已经使他不能尽职。而初中月薪七十二元，高中月薪八十元，仍不能与别科教师待遇平衡。必须教三班以上或教两班外再兼其他教课或职务，方可平衡。所以国文老师的责任，只能尽到上课改文为止。其工作之繁重，已远过于别科教师。哪有工夫批改课内外笔记，指导课外阅读？又哪有工夫再为教学的研究以谋改进？现在所谓改进。不过听了名人片言只语，如：教文重学术思想，而不重形式方法；高中国文须选各时代各体各派代表作品；中学生应多读古书；作文不必多做多改等等。不知现在中学生的程度需要，现在中学生的教学环境，能否如此，应否如此？大家一味盲从。所以永远改而不进。

三　怎样彻底改革现在的中学国文教学

（一）从教材及教学基本问题上谋彻底的研究　是项研究，当由教部设立各科教学研究所，聘请专家，分门研究。还须有研究助手，及庶务、书记、统计等助理人员。研究所须与各省市教育官厅与省市立几十个重要学校联络。最好各省市指定一个师范，一个高中，两个初中，为供给研究材料。并担负研究实验的学校。指定几校的首席教员，委为通讯研究员。俾负一校研究实验指导的责任。如此，则研究所与教育官厅及省市领袖学校联络，研究专家与各指定学校的首席教员联络，而首席教员又可与一校教员联络。研究方可进行而无阻。广州中山大学的教育研究所，因为无此组织计划，且经费甚少，全无助理人员，故研究进行，至为困难，而没有甚大的成绩贡献。

对于各种问题的研究详细计划及方法步骤，非数万言不能尽述。作者拟另著专书。本篇中，在上面已大略提示，不再详说。

（二）从教学制度上谋彻底的改善　整个教学制度的改革，不是轻而易举的事，现在专就国文一科而言，我认为应有改革的必要。为迁就现行的班级教学制度，使各方面不发生窒碍而容易实行起见，那么变通的办法，学校须每天划出二小时，专供国文上课自习之用(初中作文两小时在外)。如是，则各班教师，可按一班中学生的程度，把他分为三组。经过严密的分组考试测验后，把程度在七十五分以上的编入甲组；在六十五分以上的编入乙组；六十五分以下的，编入丙组，三组各用程度不同的教材教法。作文除题目程度不同外，仍可同时上课。一个教师，规定一班四十人左右的学生。初中每周上课自习，合共十四小时，高中每周上课自习，合共十二小时。甲组程度好的学生，少上课而多课外阅读。丙组程度差的学生，多上课而少课外阅读，乙组中等程度，上课与课外阅读大约平均。高初中每班三组上课时间的分配及各组上课自习课外阅读时间的分配，如下表。

（1）初中各级国文科三组上课时间分配表

星期	1	2	3	4	5	6
第一时	甲	乙	甲	乙	甲	乙
第二时	丙	丙	丙	丙	乙	丙
下午第一二时						作文三组合

此表规定甲组每周读文上课三小时，乙组四小时，丙组五小时。作文每周一次，三组合上。文法作文法，指定自习。在读文课内，随时指示。各组非上课时间，即自学时间。

（2）高中各级国文科三组上课时间分配表

<table>
<tr><td>星期</td><td>1</td><td>2</td><td>3</td><td>4</td><td>5</td><td>6</td></tr>
<tr><td>第一时</td><td>甲</td><td>乙</td><td>甲</td><td>乙</td><td>乙</td><td rowspan="2">作文三组合</td></tr>
<tr><td>第二时</td><td>丙</td><td>丙</td><td>丙</td><td>丙</td><td>甲组选科</td></tr>
</table>

此表规定甲组每周读文上课二小时，乙组三小时，丙组四小时。甲组另加选修课一小时，为升大学文科之预备，如文字源流、文字学、文学概论等。作文仍三组合上、作文间周一次，不作文之一周可读应用文作法、修词学等。

（3）初中各组国文上课自习及课外阅读时间分配表

<table>
<tr><th>组别</th><th>星期
时间</th><th>1</th><th>2</th><th>3</th><th>4</th><th>5</th><th>6</th><th>6</th></tr>
<tr><td rowspan="2">甲组</td><td>第一时</td><td>上课</td><td>自习</td><td>上课</td><td>自习</td><td>上课</td><td>自习</td><td rowspan="6">作文在下午一至三时三组合时间可排</td></tr>
<tr><td>第二时</td><td>自习</td><td>课外阅读</td><td>课外阅读</td><td>课外阅读</td><td>课外阅读</td><td>课外阅读</td></tr>
<tr><td rowspan="2">乙组</td><td>第一时</td><td>自习</td><td>上课</td><td>自习</td><td>上课</td><td>自习</td><td>上课</td></tr>
<tr><td>第二时</td><td>课外阅读</td><td>课外阅读</td><td>课外阅读</td><td>自习</td><td>上课</td><td>自习</td></tr>
<tr><td rowspan="2">丙组</td><td>第一时</td><td>自习</td><td>自习</td><td>自习</td><td>自习</td><td>自习</td><td>上课</td></tr>
<tr><td>第二时</td><td>上课</td><td>上课</td><td>上课</td><td>上课</td><td>上课</td><td>课外阅读</td></tr>
</table>

（4）高中各组国文上课自习及课外阅读时间分配表

<table>
<tr><th>组别</th><th>星期
时间</th><th>1</th><th>2</th><th>3</th><th>4</th><th>5</th><th>6</th></tr>
<tr><td rowspan="2">甲组</td><td>第一时</td><td>上课</td><td>自习</td><td>上课</td><td>自习</td><td>自习</td><td rowspan="6">作文三组合</td></tr>
<tr><td>第二时</td><td>自习</td><td>课外阅读</td><td>课外阅读</td><td>课外阅读</td><td>上课</td></tr>
<tr><td rowspan="2">乙组</td><td>第一时</td><td>自习</td><td>上课</td><td>自习</td><td>上课</td><td>上课</td></tr>
<tr><td>第二时</td><td>课外阅读</td><td>课外阅读</td><td>课外阅读</td><td>自习</td><td>自习</td></tr>
<tr><td rowspan="2">丙组</td><td>第一时</td><td>自习</td><td>自习</td><td>自习</td><td>自习</td><td>自习</td></tr>
<tr><td>第二时</td><td>上课</td><td>上课</td><td>上课</td><td>上课</td><td>课外阅读</td></tr>
</table>

照上表分配，则学生的自习时间与阅读时间有了相当解决，国文科注重自习及课外阅读的办法，也可实施。而各级中程度不同的困难，有了相当的解决。丙组上课时间多，可从退一年的程度教起，乙组可从该年级标准程度教起，甲组上课时间少可从进一年的程度

教起，等到毕业，课内程度的规定标准，仍然相同。所不同者，课外阅读的多少而已。如是则对于甲组，可以培养天才及程度优越的学生；对于丙组可使无不及格的学生。如是，则一切理想的教学方法可以实施，低能生也有了救济办法，方可提高中学生的国文程度。但编教材须有伸缩性。作者主张用阶级编制法。把三年毕业的教材分成三十个阶段，大约一年级丙组自第一阶段教起，每学期教五阶段；乙组自第七阶段教起，每学期教四阶段；甲组自第十三阶段教起，每学期教三阶段。何段教起，可按实际程度而定，不必照此限定，但到毕业，都须教到第三十阶段。甲乙组学生自某阶段教起者，以前各阶段，可为课外阅读材料之一部，令自阅读。课内毕业标准，仍有一定限度，而甲乙组学生的课外阅读，可令自由发展。

（三）从教学环境上谋彻底的改善　现在的中学校中，初中有十五科，高中有十七科，师范更多。因此每周上课总时间过多，自习时间过少。欲酌量各科的难易轻重，分配各科适当的自习时间，决不可能。照上面办法，虽然国文一科的自习时间，已有适当的解决，而各科的自习时间，仍无相当解决。如果侧重国文的自习，而使学生放松别科的自习，不是正当的办法；而且又何能限制学生在国文的自习时间内，不习别的功课呢？欲谋彻底的解决，非酌量减少各科上课时间，增加自习时间不可。理想的办法，最好每周上课三十小时，自习三十小时。如果不能，至少也须把上课减至三十二小时，自习增至二十八小时。因为有些功课，自习时间须与上课时间相当；有些功课，自习时间可少于上课时间；而有些功课，自习时间必须多于上课时间（如国文英算等科）。减少各科上课时间的办法，初中可以略减理化劳作图画，或减少英语。高中可以略减公民生物理化图画（参看拙著《对于中学师范国文课程标准之意见》，载二十四年五月《中华教育界》）。如此的办法，则初中课程重心移于国文；高中课程重心，至少英、国、算并重学。学生自习时间既有适当解决，教员乃可实施一切理想教法，严厉督促。而后国文教学方有改进可言。

（四）从国文师资训练和国文教师的工作待遇上谋适当的解决

对于解决国文师资训练的办法，读者可以参看拙著《中学国文科的师资训练》一文，载在二十四年六月《教育杂志》。此处不详说了。至于解决国文教师工作待遇问题，应当以实际工作时间为标准，不当仅以上课时间为标准。如果彻底实行专任制，各科教师的工作时间，都须配定每日实际工作八小时左右。待遇的起点和终点，应该一律平衡。其间的高下，应以研究贡献和服务年功为标准。在专任制下仍以上课时间计薪，极非正当的办法。对国文老师以上课时间计薪，尤属不妥。

照上面的分组教学办法，教初中国文一班，每周上课十四小时，改文十五小时，上课预备及计划九小时，课外阅读指导计划三小时，批阅课内外笔记九小时，临时考试出题阅卷平均每周一小时半，总计每周工作五十一小时半。教高中国文一班，每周上课十二小时，改文八小时（文两周一次），上课预备及计划九小时，课外阅读指导计划三小时，批阅课内外笔记十小时，临时考试出题阅卷平均每周一小时半，总计四十三小时半。至于校务襄助与教学研究，均不计算在内。所以一个教师，无论高中或初中，只能教国文一班，每日已有八小时左右的课内实际工作。国文教师的实际工作时间有了适当的支配，使他能完全尽职，并有余力为教学研究，而后国文教学方有改进可言。倘照现状不改变，国文教师要教三班国文，尽力上课预备改文，已是难能，还能看课内外笔记，指导课外阅读吗？现在对于学生的自习时间与教师的工作时间，两方面都没有详细研究，不谋适当解决，无论什么理论什么理想办法或理想教法，都是徒托空言，不能实行的。

四　怎样从事实的可能范围内改进现在的中学国文教学？

上节所述彻底改革中学国文教学的办法，如第一国文教学基本问题和教材的彻底研究，即使立即着手，非期之十年，不能有相当的成绩。第二国文教学制度的改善，如不打破现行的班级教学制度，要划出时间，单从国文一科来行组教学，也有种种困难。最困难的是一个国文教师只教一班国文。师资必须增加两倍，一时不能解决。第三改善教学环境，必须减少每周各科上课总时间增加自习总时间。各科自习时间，必须按各科的难易轻重，分配平均。这是教学有无功效的问题，无论如何，国内教育家和教育官厅，必须研究解决的。这个问题不解决，不但国文教学没有好成绩，其他各科教学的成绩，也决不会好。第四师资训练问题的解决，也有待于相当的时期。而教师工作待遇时间的支配平衡，也与师资训练问题有关。初中国文师资的增加，尚易解决，而高中国文师资的增加，最为困难。所以作者为适应现时的环境计，在本节中，要从事实的可能范围内，来谋改进中学国文教学的办法。

（一）初高中国文上课及自习时间的适当支配

1. 初中国文上课时间支配表

<table>
<tr><td rowspan="5">一
年
级</td><td>读文</td><td>3</td></tr>
<tr><td>课外阅读指导</td><td>1</td></tr>
<tr><td>语法及语体文作法</td><td>1</td></tr>
<tr><td>作文及语法练习</td><td>2</td></tr>
<tr><td>共计</td><td>7</td></tr>
</table>

续表

二年级	读文	3
	课外阅读指导	1
	文法	1
	作文及文法练习	2
	共计	7
三年级	读文	3
	课外阅读指导	1
	文言文作法	1
	作文及文法练习	2
	共计	7

2. 初中国文自习时间支配表

一年级	读文	4
	课外阅读	3
	语法及语体文作法	1
	共计	8
二年级	读文	4
	课外阅读	3
	文法	1
	共计	8
三年级	读文	4
	课外阅读	3
	文言文作法	1
	共计	8

说明：

① 国文自习时间，必须多于上课时间，而后教学方有办法。

② 课内读文必熟读背诵，至少每周读一篇。实为国文必要的根基。故读文上课三小时，自习须四小时。

③ 课外阅读规定每周三小时，在上课一小时内，为十分钟指导，四十分钟的查考督责，而后方可切实见效。

④ 初中不必习修词学，但语法及语体文作法，须在一年级教了。如上课时间不能增加，则须归纳于课外阅读内。

⑤ 初中二三年级已逐渐增授文言文，故二年级增授文言文法，三年级须增授文言文作法。如上课时间不能增加，亦须归纳于课外阅读内。

⑥ 初中作文每四周三次，文法及片段作法练习一次。

⑦ 书法过劣者，应在假期练习。不必增加练习时间。

⑧ 如果学生自习时间支配不下，则必难减少每周上课总时间至三十二小时，增加自习总时间至二十八小时，减少各科上课时间的办法，最好酌减英语二小时，使初中课程重心移于国文。其次酌减图画、劳作、音乐或理化时间。作者认为初中英语用处还少，可否酌减，应请专家研究。

3. 高中各级国文上课自习时间支配表

<table>
<tr><td rowspan="4">上课时间</td><td>读文</td><td>3</td></tr>
<tr><td>课外阅读指导</td><td>1</td></tr>
<tr><td>作文</td><td>1</td></tr>
<tr><td>共计</td><td>5</td></tr>
<tr><td rowspan="3">自习时间</td><td>读文</td><td>4</td></tr>
<tr><td>课外阅读</td><td>3</td></tr>
<tr><td>共计</td><td>7</td></tr>
</table>

说明：

① 课内读文，仍须每周至少熟读一篇，故读文自习时间，必须多于上课时间。

② 三小时的课外阅读，仍需有一小时的指导考查督责。

③ 作文间周一次，不作文的一周，即为课外阅读指导时间。各间周二小时，即每周各一小时。

④ 高中须授应用文作法，演说辩论学及修词学，都须归在课外阅读内。绝对不能割裂读文上课时间，添授这类国文辅助学程。

⑤ 如果学生自习时间支配不下，则必须减少每周上课总时间至三十一小时，增加自习总时间至二十九小时。减少各科上课时间的办法，可酌减公民生物理化时间。一年级的卫生科可以取消。

（二）初高中国文教师实际工作间的适当支配

学生的上课自习时间，虽有适当解决，而国文教师的实际工作时间，若没有适当解决，教学仍然不能切实进行而有效的。兹规定初高中教一班国文的教师实际工作时间如下表：

教文一班的教师工作时间支配表

（初中以每班学生四十五人为度）	1. 上课	7
	2. 上课预备计划	5
	3. 改文及批改练习	15
	4. 课外阅读指导计划	1
	5. 督自习及发文指示	4
	6. 批改课内外笔记	9
	7. 考试出题阅卷	1
	每周统计	42
（高中以每班学生四十八人为度）	1. 上课	5
	2. 上课预备计划	3
	3. 改文（每次40卷16时）	8
	4. 课外阅读指导计划	2
	5. 督自习及发文指示	2
	6. 批改课内外笔记	10
	7. 考试出题阅卷	1
	每周统计	31

教文一班的国文教师实际工作时间，如要切实尽职，照上表规

定的时间数目，已是减至无可再减。如是，则初中国文教师每人教国文一班，尚可兼教史地四小时。其工作时间约为每周五十四小时，除星期日外，平均每日九小时，如不兼一班的级任，其工作时间约相当。但绝对不能教国文两个班。高中国文教师，如不得已而必须教国文两个班，则两个班须同年级同教材，减少其上课预备及课外阅读指导预备五小时。如是则其工作时间为每周五十七小时。除星期日外，平均每日九小时半。如两班教材不同，只好免阅课外笔记，减少工作十小时。则其工作为每周五十二小时。除星期日外，平均每日约九小时。如只教一班国文则尚可兼国文选科或史地等科七小时，或兼一班级任再兼他科三小时，其每周工作时间，亦约为五十二小时。国文教师的工作时间如有适当的支配，则方能谈到国文教法的切实改进。

（三）国文教学的切实改进

中学国文教法的如何改进，作者在拙著《中学读文教学研究》（广西教育厅出版，存书毁于兵燹，拟改著）《中学作文教学研究》（民智出版中），已为系统的详细述说。本篇再来详述。现在仅从一般人未曾道及而为事实上易行者，贡献几条意见如下：

（1）初中读文教法，当酌用中级英语教法。现在初级英语教法，如读音、拼字、默句、造句、简单文法分析，在教国文上，已属于小学的事。中级英语教法，有朗诵、默写、问题、标点、分段、提要，复述大意，文法分析，板上练习，还有选字联句等小小试验（little test）。我以为教初中读文，于每次上课起头的十五分钟也可实行。即旧法的背诵还讲，也可实行。每课都有考查督促，学生自然必须预习，不敢放松。现在学生的放松国文，一半由于自习时间分配不够，一半由于国文老师不尽考查督促的责任。故作者认为教初中读文当酌用中级英语教法。而讲解的时候，在在当留意发问，以启发学生的思想，每篇讲完之后，还须提示下篇的预习指导，使学生先去预习。这都是一般教师最不注意而最大的缺点，所以特别提及。

(2) 教高中读文，可酌用高级英语教学法。每次上课必须有考查督促，预习指导。而讲授之时，须重问答讨论，不宜完全注重讲解，而诗歌文章的朗诵，亦为必要，上课笔记的预习项中，必须提出疑问，附带练习，摘录文章要点，在后还有文章批评，读文心得。抄录黑板，虽然也是笔记的一部分，决不是笔记的全部分。

(3) 初高中课外阅读，必须有规定时间的指导考查督促。课外阅读虽考查笔记，然而笔记可以互相抄袭，多不可靠。我听说现在许多学生没有工夫课外阅读，往往只看了书籍的序言，抄下一些，就算笔记。所以必须在上课时，为预习指导，指定章节，指示要点，引起阅读兴趣。或者提出研究问题，作文题目，使学生为有目的的阅读。如是读法，更有功效。而上课的大部分时间，须用于考查督促。如口问内容，令学生复述大意。讲解难句，都可施行。课后再行考查各人笔记。如是课外阅读，方可切实见效。

(4) 初高中作文教学应特别注意下列各点：第一，作文练习，应从多方面变换方式，不必固定方式，篇篇做完整的文章。初中作文，尤要特别注意这点。第二，教作文必须与读文联络，使学生读文成为作文的预备，作文为读文的应用。第三，改文的眉批比总批更有用，教者宜多用眉批而少用总批。这三点都是最要紧的话，其余请看拙著《中学作文教学研究》。

(5) 假期阅读比课外阅读更重要。因为校中碍于各科学习，课外阅读的时间，究属太少。要使学生国文的进步，还须用相当程度或有注解的书籍讲义，指导学生假期在家阅读，到校后再考查其笔记及自由习作。假期阅读苟能指导督促得法，对于学生国文的进步，效率最大。

五　结论

现今中学国文教学的所以不能改进，作者认为不在没有好的方法，而在有好的方法而不能实行。此其原因何在？作者找出其原因有六点：第一，因为国文教学的基本问题没有解决，对于学生的程度，教材的标准、教学功效的比较，没有科学依据。第二，教材的没有科学的实验研究，教学没有良好的利器。关于这两项，作者主张须由教部设立各科教学研究所，聘请专家，从事研究。第三，因为班级教学制度的不良，作者主张为分组教学的试验。第四，因为教学环境的不宜，作者主张减少各科上课总时间，增加自习总时间，以谋各科上课时间与自习时间支配适当。当使初中课程重心移于国文，高中至少英、国、算并重。第五，因为没有适当的师资，作者主张当注意专门以师资训练，以养成优良的国文师资。第六，因为国文教师的工作待遇没有适当的解决，足以使他们不能尽职。作者主张彻底的责任制，支配教师工作，须详计其实际工作时间，不能按上课钟点配课计薪。而详细研究国文教师的实际工作，一个教师只能教国文一班。如果这六个原因不能解决，今日中学国文教学，一切理想办法与理想教法，皆徒托空言，不能实行。教学难望改进！然为应付现时计，作者主张从事实的可能范围内，谋各方面的相当改进，学生的上课自习时间，与教师的工作时间，必须谋最低限度的相当解决，而后可谋教法的切实改进。对于教法的改进，作者仅从最重要切实而易于实行者，贡献五条意见。但如学生的自习时间与教师的工作时间没有适当解决，则此五条意见，亦属废话。

廿五年五月　阮真作于无锡师范学校

（原载《中华教育界》第 24 卷第 4 期，1936 年）

11. 中学国文教学问题

王季思

近来社会人士多慨叹于中学生国文程度的低落，因而引起许多关于中学国文教学问题的讨论。这中间自然有很多值得珍视的见解；但也有不明目前国文教学实际状况，持论不免过高的。而由于他们在国内学术界的较有地位，值此教育部修订课程标准之际，其议论或将影响今后全国中学国文教学的方针，所关非浅。笔者自民国十八年以来，任中学国文教员有年，颇想就实际上观察所及和友朋讨论所得，提出几点意见，和国内关心这一问题的人士，共同商讨。

大体地说，目前中学生的国文程度，确有不及前一辈的地方：如书法的秀丽，阅读古书的能力，不及五四前后的学生们；文言文十九不会写；别字讹音，时常可以发现；如把“急躁”写作“急燥”，“滑稽”读作“猾稽”等。可是他们也正有比十年二十年前的学生们进步的地方：第一，他们的字比前一辈的人写得快，尤其是钢笔字；第二，他们读报章杂志，以及其他现代人的著作，比前一辈的人了解得透彻；第三，他们用语体文表情达意，比前一辈的人来得敏捷清楚。现在一般高中毕业学生在两个钟头以内，写千字左右的文章，并不怎样困难，这是以前旧制中学毕业生所决不能及的。不过现在中学生这方面的进步，大部分应当归功于整个时代社会的推进；如报章杂志及新书的刊行日多，青年们的常识日益丰富，文章的内容自然要较前一辈的来得充实；国语教育的逐渐普及，青年们用国语发表意见的机会日多，只要内容条理清楚，写在纸上，便是文章，用不到再像前一辈的作者，要在心口里经过一番语文翻译的工夫。钢笔自来水笔的普遍为青年们所采用，在抄写上自然要比毛笔字敏捷许多。

现在一部分社会人士所以觉得中学生国文程度的低落，是由于他们常喜拿自己在大中学时代的尺度，来衡量现在的学生们。他们有的在中学时代便读过四书五经及一部分的先秦子书，临过五年十年的帖子，自然要觉得现代学生的书法恶劣，和对于古书的生疏。如果要拿他们的尺度作标准，来提高中学生的国文程度；那只有叫现在的学生们再回复到五四以前的学校生活，每天读古书，临帖子，只要国文程度好，什么英文，数理化，尽可马虎。可是这在时代上是绝对不可能的了。

目前中学校里最可怪的现象，是许多国文程度较好的学生，往往不是担任他们国文课的教师的得意弟子，有时甚至被目为他的叛徒。单就这一点而论，我们已可了然于目前国文教学状况的如何矛盾了。由于小学国语教育推行的普遍，现在许多学生在小学五六年级时，便能用国语发表简单的意见。可是进了中学，国文一课大都仍偏重文言。因为目前多数国文教师仍采用逐句讲解方式来教授；而这在语体文方面是不大适合的。又文言文里有许多生字典故，教师只要多花一番查检的工夫，在黑板上抄一番，讲一番，短短五十分钟便敷衍过去了；语体文的教学则无此便利。所以即使有偶然选授几篇语体文的，也大都选篇幅较长的作品，在课堂上念一遍；再讲点作者生平，全文大意，或是就文艺评价、思想体系上加以发挥。而这样的教材与教法，就学生实际上的进益说是很少的；尤其是他们的写作方面。

说到写作指导，我认为最主要的一点，应该是使学生怎样能应用本国语言文字应付日常事务。如果，一个中学毕业生而不能写一封像样的信，一篇工作报告，一件会议提案，或是在会场上担任记录；即使他能写一篇讽刺的杂文，翻案的史论，在教学上也不能谓为成功。可是在目前，初中的国文教学，往往只是投考高中的准备工作；而高中的国文教学，则只是投考大学的准备。所以他们的写作指导，仍脱不了科举时代的风气。一篇应付日常事务的文字，其主要标准是明白正确；而考试上的竞争，则有时须要出奇制胜。在这样一种错误的目标之下，他们对文章的看法教法，自然也跟着两样了。学生们侥幸而能以此升高中，入大学，那几年的心血还不算白费；可是目前国内大学所能容纳的高中毕业生，充其量还不到十分之一；那其余许多学生，一出校门，便连那社会上应用最广的本国语言文字，也有学非所用之苦，岂不冤枉！笔者前在某校大一国文课上，曾叫考取的新生，各写一信给他们中学里的师长。有的学生在信里大发抗战必胜的议论，有的则深深致慨于时代的不幸。这些无的放矢、无病呻吟的文字，实在都是科举时代八股的流毒。一个现代青年，在文章里发现几个错字，或是文法不合的句子，问题并不严重；而直到今天，仍有无数青年，在文章上挖空心思想花样，则确是现代教育上的一个严重问题。

再如就现在中学所用的国文教本看，这中间包含有历代文学名著及有关学术思想的文章，其程度远较以前旧制中学的国文教本为高深，而范围也更为广泛。表面上看，自然都是依照部颁课程标准编的。可是学生读过之后，便能“深切了解固有文化”吗？便能“用文言文叙事说理表情达意”吗？便能“读解古书，欣赏中国文学名著”吗？便能“创造国语新文学”吗？（上列引号内文句系部定高中国文课程标准第一项目标内文句）这是谁也不敢作肯定的答复的。徒使学生们顾此失彼，莫知所从；而教师则正好各就偏见，以趋避于其间。有的专教文言文，便说部颁课程标准要学生能写文言文的；有的专教诗词歌赋，便说这是中国文学名著，学生是要欣赏的；有的专选学术文，又说是要学生了解固有文化了。好在教本选文的分量，常远超出所能实际教授的篇数，尽可自由选择自己喜欢的东西来教，而不问其对于学者是否实际上有所裨益。若说对于课本里性质不同体制各别的文章，都好好地指导吧，不要说目前一般中学里的国文教师不能胜任，即使勉强能教，而把许多不成系统的东西，混在一门课程里，也决不容易使学生有着多大的心得的。目前中学生国文程度比较好的，十九得力于自己的课外阅读；而思路不清，成语误用，文言语体缠夹不清，则常是教学上贪多务博，食而不化的结果。

笔者认为要提高目前中学生的国文程度，首先对于国文教学的目标应该依照时代的要求，分清主从。中学国文是语文训练的科目，它的主要目标，应该是培养学生运用本国语言文字叙事说理表情达意之能力；而阅读古书、欣赏中国文学名著二项应该列在次要的地位。至于创造国语新文学及了解固有文化二项更根本可以取消。就前者说是标准定得太高，一般中学生无此能力，也无此需要。就后者说，要国民深切了解本国固有文化，当着眼于整个国家的政治设施与社会风气，决非学校教育所能独负其责。而即就学校教育而论，也当由公民史地等科分负。在国文一科，是只能叫学生在选文里完成其部分的责任的。

目标如果这样决定，那课本的编辑最好分作两部分。一部分是写作范本，专选结体完整、条理清楚的现代文章（如名人演辞，新闻报导，时事评论，及各种科学上的讨论和说明等等），和日常事务上的应用文字（如书札，报告，提案，宣言等等），供学生写作上的模仿。一部分是文学读本，按照学生年级及程度，分选历代文学名著，供他们涵泳玩味，使不致在学习上流于偏枯和浅薄。而二者之中，仍应以写作范本为主，教师必须一篇篇认真地切实地教导。

初学写作，每有不知何从下手之感，必须示以模范，才能有所遵循。文章之道，虽变化至繁；但基本方式仍是有限的。而就学者而言，也只有先把一些基本方式运用熟了，才可求进一步的变化。一般中学生最怕写议论文字，作者前在浙东某中学教书，选了五六篇的时事评论，分析给他们看（开端是说明这事件的重要性；中间是就作者对于这事件的意见分作几点说明；末了是以希望这事件今后能如何合理地发展作结）。以后碰到性质相近的题目，他们便也能就他们的意见分作序论、分论、结论这一基本的方式写出来。固然，在古代作品里，并不是没有结体完整、条理清楚的文章可选：如贾谊《策治安》，分可为痛笑者一，可为流涕者二，可为长太息者六，这九点来立论；贾让《奏治河》，分为上中下三策来说明，也未始不可作为议论文的范本。但我们要知道写作范文的选读，重在它的形式，不在它的内容。学生们对于现代文章的内容，大体已能了解；那在形式上稍加指点，他们便可切实领受。但我们若在课内讲一篇治安策，一篇治河策，要在学生们内容清楚以后，再来讨论它的结构，时间上先不经济；而且也决不及现代文章的亲切有味，易于为青年们所领受的。过去中学生的国文学习，从教本里所得的常只是一些杂乱的零碎的知识；而写作方面大都是自己从报纸杂志及现代文艺创作里得到一点门径。在天资稍差的学生，甚至终身不得其门而入。今后不必按照他们的年级、程度，分期示以各体文章的范本。那么天资好的既可以由此更求变化深造；即资质稍差的也可勉强入门，而无暗中摸索之苦。至于应付日常事务的文字，过去在国文教学上，由于比较的枯燥乏味，常被教师所忽略。有些学生在离开校门之后，才感到这方面能力的不够。于是买些《八贤手札》，《秋水轩尺牍》一类的书来看。不知一般应用文字是跟着社会转移的，许多前人书札里的称谓语气，今天早已不适用了。至如会议记录，大会提案，工作报告一类文字，更不容易在一般书本里找到例子的。如果在中学的国文教本里不提示一些实例，加以指导，那他们在投身社会的第一天，便将感到学非所用之苦。

至文学读本，目的在使学生能够阅读古书和欣赏中国文学名著；同时也使他们对中国固有文化能从文学方面加以了解。目前中学生功课繁重，加以近年来学校风气对英语和数理化的重视，学习国文的时间，着实减少，这一文学选本，必须会集专家，审慎研讨。其先秦著作有决非现代中学生所能领受者，即使在学术史上确有重要地位，也当割爱，而代以现代学者关于这方面的阐明文字。我们不能教现代中学生读四书，但像冯友兰先生的《道中庸》，罗庸先生的《我与论语》，是不妨介绍给他们看的。至历代文学作品，也当多选唐宋以下各家之作；而于诗经、楚辞、汉魏六朝五言诗、骈体文，则当尽量从略。目前有些中学国文教本，甚至连屈原《离骚》，《庄子·天下篇》都选进去；不但学生不能读，即教师能教的实在也太少。

谈到教法问题，那教师方面有两种观念必须改除：一种是敷衍时间，一种是自我表现。一部分教师尽是在课内谈空天，抄黑板；而另一部分则尽是发议论，唱高调，甚至把自己在大学里刚读过的文章印发给初中学生读：实在都是这两种观念在作祟；必须尽量改除，才能进一步使学生得到实际的进益。这里，范文方面必须详细分析其结构、作法，更就学生日常生活方面举出类似的题目，让他们仿作。过去命题作文，大都两周一次，每次二小时。其势必使学生们把作文看得非常严重，往往东拉西扯，定要凑足多少字才交卷。就笔者实际经验，认为次数应该加多，而时间不妨缩短。有许多应付日常事务的文字，尽可于半小时一小时以内练习。练习以后，也不必一一批改，单改一二篇给全级传观也就够了。至于内容比较复杂的题目，一学期也不妨练习二三次，于课内连续二小时或课外行之，以培养他们自由发挥意见的能力。

至于文学读本，重在使学生能于此涵泳玩味，以浚发智慧，陶冶性情。教师当于作者的性情品格，及其反映于作品上的风格情调，有所提示阐发，而不仅仅逐句讲解了便算。

不过中学国文教学的改进，有关于整个国家教育制度及社会风气，不单是国文教员所能负责得了的。目前中学教员的待遇，仍旧依任课钟点计算；于是有些国文教员，为了生活问题，有时至担任三班以上的国文课，还得兼一级的导师。时间上既不够分配，教学的效率自然也差了。目前国文教师的薪给标准必须改订，使担任的级数减少，而指导学生写作的次数加多。几年以后，我想中学生文章里的错字，不合文法的句子，自然要逐渐减少的。其次，希望今后的大学入学试验，根本取消了国学常识测验，更不要出一些青年生活经验以外的题目，叫考生挖空心思去想；而使中学的国文教学也间接受其影响，始终停滞在八股时文的阶段里。末了，许多人觉得现在学生的字迹恶劣，是由于他们平时用铅笔钢笔的时候多，自然毛笔字便显得拙劣了。在工具的运用上，无论何人都得承认钢笔铅笔的比毛笔便利。优胜劣败，毛笔字的前途，无疑地将仅成为少数人的玩意儿，同秦汉以后的刀笔一样。我希望今后中学作文，大学入学试验，能允许学生用钢笔书写；而不久的将来，坊间将会有中文的钢笔字帖出现。那么，下一辈青年们的书法，将既秀丽又敏捷，而可以省出许多时间来学习其他更有意义的东西。

（原载《中华教育界》复刊第1卷第3期，1947年）

12. 中学国文教学问题之检讨

龚启昌

（一）

国文一科在中等学校中无疑应为一门最重要的科目，不过这一门科目的问题也特别多，数十年来虽是有多少专家和教师们，不断地把许多问题提出来讨论，但这些问题仍然都没有能解决。本文的目的是想把其中最主要的若干问题，根据教学原理参酌时人意见，作一个检讨，以提起对于这些问题有兴趣的专家和教师的注意。至于这些问题的解决，还等待大家的努力。

本文将就目标、教材与教法三大纲内的主要问题，分别作检讨。

（二）

关于目标问题之检讨，可略述如下：

一种学科的教学必须先确定了它的教学目标，然后教材与教法才有所依据。本来教学的目标也很难定，要以社会的需要为根据，并不是一成不变的。例如在科举时代，需要做八股文去应试，自然是以熟读四子书，练习八股文为唯一目标。并且国文的内容亦极复杂，自来古文即有各种体制，最近又有文言白话两大壁垒，此外诗、词、歌、赋，更不知有多少种体裁，所以所谓国文的学习，决不像历史、地理，或物理、化学等类科目的简单，在各种各色的体制中，中学生究竟最需要的是些什么呢？这也是关目标的问题。

教育界人士很早就感觉到国文教学目标必须确定的重要（注一）。

我国学者中对于国文教学目标先后提出意见的，有胡适、周予同、沈仲九、常乃德诸氏，为中学国文教师中如陈夑勋、穆济波诸氏，均任教前东大附中，对于国文教学目标，亦都会精心擘划过。阮真氏曾就当时二十种私人的意见，加以分析统计，根据此项分析结果，他自己订了一个中学国文教学目标。他综合了各人的意见，列举得相当详细，不过他所注意的仅是学生应达到的实际标准，他并没有能指示教师教学上的理想，这可以说是代表民国二十三年以前的一个阶段（注二）。这是一个重要的时期，因为当时虽然已有新学制课程标准的刊布，但这是民间自定的标准，是由全国教育联合会所主持的，对各学校并无强制性，所以各专家各学校都有众多的意见与建议，可以说是研究空气很为浓厚的一个时期。

民国十二年刊布的新学制课程标准纲要，虽是民间自定的，但在事实上确成了我国国定中小学课程标准之蓝本。教育部于十八年规定《中小学课程暂行标准》，二十二年颁行正式课程标准，于是我国的课程标准由自由研究而变了国定，我们并不反对国定，但自由研究的空气从此消灭，这是一件很可惋惜的事。部颁标准于二十五年曾经一度修正。“七七”抗战开始后，局势已变，二十九年曾经再度修正。胜利复员以后又加修正，不过截止现在，尚未公布。

教部各次所颁布的标准，各专家间有加以批评的，例如对于二十九年修正标准，初高中国文教学目标中之“了解固有文化”一点，叶绍钧氏即曾提出异议（注三），他认为在固有文化记录中一部分运用文学形式的，才须由国文一科训练学生和他们接触，得到了解他们的能力。但必须涵泳得深，体味得切，才会有所得，在中学只凭“提要”与“释义”的方法，是得不到真正了解的。他又主张，高中目标第二目“培养学生读解古书，欣赏中国文学名著之能力”中，“古书”应去掉，广义的“古书”，国文科不必管，“古书”而是文学名著才管。叶氏意见固卑之无甚高论，但我国课程标准中所规定的目标，过于笼统，则是事实。就从“了解固有文化”这一句话来说，《四书》、《五经》当然是我国文化的结晶，不读《四书》、《五经》自然是不能说了解我国固有文化的，但在初中国文科中，是否要选《四书》、《五经》的文字来读，读了若干片段，仍然不能说已了解了固有文化。至于说高中要培养学生读解古书的能力，那就更笼统了。总之一句话，目标的拟订是很不容易的，空泛不如具体，笼统不如列举。我们究竟希望中学生所要达到的是些什么标准，这些标准必须十分确实，教师才能依据它来选择教材，并作为教学时所应怀抱的理想。阮真氏所编订的一个较为具体的目标，未为人所注意，作者应教部之约编过一本《中学国文教学法》的书，中间亦曾拟订了一个较为具体的目标的草案，惜该书为教部搁置迄今，犹未问世。

作者在本节内所要提出的一个主要意见是，目标的具体与详细的拟订，在国文教学上是一件十分重要的事。有了具体与详细的目标，才能统御教材之选择，以及教法之采用。这件工作还得要全国教育界及学术界人士共同来努力。

（三）

关于教材问题之检讨，可分以下五点：

第一先讨论国文教材选择之基本问题。国文教材必须要对于学生的文学兴趣或发表技能有陶冶的价值。例如今天选读归有光的《先妣事略》一文，必定要让学生体验到家庭中任何琐碎事物，都可作为文学上描写的对象，而自己也可以学习这种技能；至若在这样一篇文章中，能够激发读者孝顺父母的心情，那是附学习（concomitant learning）的结果，当然也有价值。选教一篇文章必须有选教一篇文章的目标。最要紧的是这一篇文章的小目标，必须和整个国文教学的大目标相配合，这样才不致纷乱步骤。否则诗、词、歌、赋，随意选教，一如目下情状，不受任何拘束。教师在选材之前，必须先仔细考问一下，这篇材料，对学生有什么用处，是否符合该年级国文教学的目标。

目标固然是符合了，是否能适合该年级学生的理解程度，还得要仔细考虑的。一般教师们共同的缺点，总是把学生看作和自己一样，把自己所喜欢的教学生，自己懂的认为学生也一定可以懂的，这在教学上是一个很大的错误。上文所说的陶冶价值，必须要学生吸取了，而能融化受益的，否则文章虽好，对学生而言，并非是好教材。例如《四书》、《五经》，对中国文化言，对中国文学言，都有无限的价值，但对小学生的国文教材言，则是无价值的，因为小学生吸取了这些教材，并不能融化受益。

教师能顾到教学的全盘目标，又能注意到学生的能否融化与受益，教材的选择实在已是思过半矣。

第二讨论语体文教材问题。由于语体文的历史还短，发展到现在，尚未有定型，所以很难选得到适合于给学生做写作范本的好文章。目下好许多语体文，并不能做学生学习的好榜样。余冠英先生批评目下语体文有两种重要的“文病”（注四）：一是欧化，二是文言化。这两种毛病，前一种的结果，似通非通，使人难懂，后一种本不是为病，但对初中学生，这些不自然的语体文，是不适宜的。余先生还举了许多坊间教本中所选语体文，文字内容、深浅次序的配置、编撰的体例等各方面的许多缺点，这些固然不是由于语体文的本身而来，但在目下要选能作为学生范本的适当的语体文，确是一件不容易的事。古白话文中固有不少可选的材料，如《水浒传》、《红楼梦》、《老残游记》、《儒林外史》等书是最上乘的古白话文，但中间不免有夹杂文言以及当时大众口语之处，选作为学生范本时，还得留意。至若近人的文字中，真是平易而可作为中学生范本的实在并不多。鲁迅的文章，无论内容与形式，显然是不合于作中学生的范本用的。周作人的散文，在形式方面很可作为中学生范本，但在内容方面与青年人的生活是隔膜的，例如《喝茶》《幽默》等类文章，非青年人所能体验得到。况且我国的传统习惯，是文以人存，在抗战时期，他做了不名誉的汉奸，他的文章从此亦将被人轻视。作者认为新文学作家中，叶绍钧、朱自清、朱光潜等人的作品，差堪合于作为中学生诵习范本之用，数量实在是有限得很。

第三讲到文言文的教材问题。文言文教材上下古今有数千年的历史，自然是丰富得多了，但因为过于丰富，所以选择也不很容易。单就散文而论，历来就有多少文体，六朝人的文章和唐宋古文，风格绝然不同，其后阳湖与桐城二派，各立门户，是否每种和每家的文章，都要学生诵习呢？至若韵文，上起诗骚，下至词曲，不知又有多少种体制，中学生是否都得要诵习呢？这在“了解固有文化”方面，自然是一件很要紧的事，但一般中学生是否有此能力，实为问题。一般人希望于中学生的总是太奢，自梁启超胡适之诸先生订定国学最低限度书目起，一直到现在，国学专家自然总是看到国文为最重要，而不知中学的功课有十数种之多，国文不过是其中之一科而已。索太（按即伍俶氏）先生提出“摹体定性”的原则（注五）固然很对，不过他说：“高中之有国文，为要学生们欣赏古文，了解古文，同时能用古文作文，是最大目的。”能用古文作文这一点的希望，未免是过于苛求了一些。作者认为这应该是大学中文系学生所应做到的事，了解和欣赏中国古代文学名著，才是中学国文教学中文言文教学之主要目标，文言文的选材，应以此为准。教材的必须适合学生之理解程度，是基本原则，固无须赘述。至若材料本身的标准，文学教材往往不及科学教材来得客观，见仁见智，全凭教师或教科书编辑先生的抉择。例如索太先生他就认为“文章贵有汉唐气象，太哀讽太小品的不宜选”，“艺术卑俗的如欧阳修《醉翁亭记》，议论荒唐的如韩愈《原道》，陈腐如苏洵《策论》，拘窘如方姚杂文”，都不应选读。《孟尝君传》一文，近年渐渐没有人选，索太先生认为进步，但王了一先生，则又认此为一具有声律之文。(注六)。梁启超认《画记》一文，为韩愈文章中最好的一篇，但也有人批评他是韩愈文中技巧最拙劣的一篇。恒河沙数的古文中，究竟哪一篇是哪一文体最佳之作，哪一篇又是哪一人代表之作，必须由大家认定了。然后选材才有标准，配合学生程度，编入教本。这一基本工作，必须先做。语体文的选材问题是在缺乏可为范本的佳作，文言文的选材问题，则在如何经大家来认定佳作。

第四讲到国定本教科书问题。国定本教科书，政府以法令推行，但为教育界人士所一致抨击，少数编辑先生，固不能胜千万人的智虑，最可怕的，是“一尊既定”，千万人亦就懒得去用智虑来求改良，教科书将从此永无进步。我们只要看到以前各书肆兢新立异，争相编辑教科书的盛事，现在已不可再见。时人中抨击国定本教科书最力的算邓恭三先生，关于国文教科书一部分，他这样说（注七)。初中国文课本中所选的近代和现代的作品，很明显的是以尽量选取国民党中达官贵人的文章为原则的，因此，有很多在现代文坛上极有声誉的作家，其作品全都未被收进，而收进了的却是上自主席院长，以及某部某会的首长，以至于张治中、张发奎、翁照垣诸将军的文札公告和某种纪念节日的讲演词或纪念论文之类。这些人物，固然未必不是上马可以杀贼，下马可以草檄的文武全才，然而他们却大都是一身而兼数要职的人，簿书旁午，政躬少暇，一切文章遂多由幕僚或部属代为捉刀，捉刀的人，“应制”为文，既无真知和灼见，更少热诚和灵感，敷衍成篇，聊以塞责，因而这类的文章只是一些道地的党八股和抗战八股，似乎是“文章病院”中的好主顾。既不能引起读者的美感、灵感和欣赏文艺的兴趣，也无法使其借此学取一些写作的技巧。滥调陈言味同嚼蜡，使一般初中学生终日诵习些这等文字，势将使其思路日益窘涩，观念日益模糊，性灵日益汩没，流弊之大，何堪设想？

这可说是抨击国定本教科书最激烈的一篇文字，六册初中国文教科书中，确是每册都有几篇党国要人们的文章，不是党国要人们的文章不可读，无情感无性灵说教式的党国要人们的八股文，确是令人感觉厌倦。为什么初中国文难选，初中国文中语体文占多数，语体文较文言文尤为难选，已如前文所述。初中六册国文中所选文言文可以疵议的就较语体文为少。不过教科书编辑之应开放，确为当前急务，这固然不仅指国文一科，他科亦然。编辑开放了，一定可以有很大的进步。

好许多国文教师，不愿受教科书的束缚，往往有自己编讲义的。但编辑教材，也不是一件容易的事，并非人人所能胜任。在使用上，模糊不清的讲义，也并不能必比教科书好，作者是主张采用教科书的，不过要采用好的教科书，教师要有选择之权，并且也要有把他活用之能力。

第五讨论到略读教材问题，这就更重要了。我们相信国文程度之进步，要靠学生个人课外自己的阅读，决不是凭薄薄几册教科书上所选的几篇文章，所能得到的。许多知名的学者，如胡适、何仲英等人，都有这样的经验，都作这样的主张（注八）。但是究竟各级中学生在课外应该看些什么书，何者应先看，何者可后看，并如何配合学生的程度与兴趣，事前如何善为指导，事后如何详加考核，迄无定论。部颁课程标准中强调略读教材与精读教材应联络，固为一高明之见，但各种书籍如何分配在各年级，则并无规定。阮真先生的研究，列举了三十六种书，分成十个阶段（注九），有灵活伸缩之便利，不失为一个好办法，但所列的书，殊有问题，还得再事研究。至若坊间所标榜的中学生文库等类书籍，好许多并不是中学生所能读的书。

至若略读指导的方法，叶绍钧朱自清二先生，曾具体的举了《孟子》《史记菁华录》……《胡适文选》《呐喊》《爱的教育》等七书为例（注十），他们是偏重于提示内容，固然值得供教师们的参考，却仍然没有注意到如何真正指导学生学习的问题，倘若大家公认为真是中学生所必须读的书，应该重新整理过，书前必须有阅读方法详细的指导，至少应包括下列数项目：(1）作者的思想及其时代背景，(2）作者写作的背景，(3）该书文学的价值，(4）其他有关的考证，(5）该书读法大要。这样才可以给学生自学的一个指南针。学生读后必须写作报告，并有若干其他作业。这样略读一书，才可真正得到一书的好处。

（四）

关于教法问题的检讨，可分为下列数点：

第一先谈国文教学的基本原则问题。国文的选材，应以文学名著为主体，部颁课程标准中亦是以记叙、说明、抒情三类文为主，这些都是属于文艺类的文章，议论文可说是属于学术类的，有一部分说明文也可以说是属于学术类的，但占很少数。好许多学者都主张，“中学国文应该是语文训练的功课，而不是灌输知识的功课”(注十一)。这种主张是很正确的。纯文艺文的教学，即是文学的教学，文学的教学目标，应该注重提起学生欣赏的情绪，这与知识教学的纯凭理智，是不同的。在欣赏之前，自然必须先要能了解，但了解并非是文学教学的最后目的。至若熟读与背诵，是文学教学的一种手段，亦非为目的。文学教学的真正目的，必须使学生对每篇读过的文章，得到深切的涵泳与体味，对于这作品能发生兴趣，愿意作进一步的研习。简言之，欣赏情绪的激发，才是文学教学的真正目的。读了《水经注》中的《三峡》与《衡山》等篇，对于《水经注》的文学发生了一种爱慕的兴趣；读过了杜甫诸别之作，对于杜甫的诗有无限的向往，这才算是真正达到了选教这两种作品的目的。因为欣赏是一件情感的事，所以教师也只有用情感的方法，来激励学生欣赏的情绪。教师在教《水经注》时，必须描写得出山川如画，历历在目的样子；教师在教杜甫诸别时，必须把诗中情景，描绘得栩栩如生，引起学生同情之感。许多读国文教学的人，都主张让学生自学，教师不必多讲解，在文学欣赏一点上看，作者主张教师是必须用活跃而出神的方法，来为学生讲解的。因为学生所能涵泳体味的，当然没有教师深，教师必须把他自己所涵泳体味到的情感，传导给学生，这是一件很要紧的事。我们自己也能看《水浒》、《红楼梦》与《三国演义》等类书，但是我们为什么喜欢去听说评书的或唱大鼓的评说或歌唱这些书呢？文章本身是一种艺术，文章的教学，也应是一种艺术呀！明乎此，文学教学的方法，已思过半矣。

第二讨论精读教学的程序问题。文学教学既是一种艺术，照例没有什么固定的程序可言，但为便利一般教师的易于遵循起见，阮真、黎锦熙、叶绍钧诸家曾都有教学程序之提出（注十二）。作者根据个人所持见解，综合各家意见，亦曾提出过一个方案，详所著《中学国文教学法》一书，又节要为文在四川教育厅所主编的《中等教育月刊》一卷二期上发表过，在此提出纲领，以供各教师们参考（注十三）：

（A）预习的指导　一、笔记式样的规定；二、工具书之规定；三、参考书之指定；四、课文背景与内容之提示；五、预习方法之指点：1. 通读；2. 复读；3. 标点；4. 检索；5. 试验。

(B) 深究的指导　一、生字生词典故难句以及全篇文义的解释：1. 等译；2. 描述；3. 证引。二、文旨的探索；三、结构之分析；四、作法之研讨；五、风格之鉴赏；六、体制之比较。

(C) 练习的指导　一、熟读：1. 默读；2. 宣读；3. 美读；4. 抄读。二、札记；三、翻译：1. 意译；2. 直译。四、默写；五、习作：1. 缩写；2. 引伸；3. 摹拟；4. 创作。

(D) 博览指导　一、以作者为本位；二、以文体为本位。

第三讨论精读教学与作文教学之联贯问题。读文教学与作文教学，本来是两件不好分开的事情，在教读文时，就应该注意到如何写作的问题。关于这一点也已有好几位先生提出来过，魏泽馨先生提出国文教学上应有种种协调之主张，是很有见地的（注十四）。国文教学上目下一个最矛盾的现象，莫过于读的是古文，写的是白话。作者个人之意，中学教的古文，应仅限于作为欣赏之用，不必教学生摹拟习作。文言白话内容上虽然相同，但在形式确不相同。在短短六年之中，要希望学生同时获得文白两种写作技巧，事实上恐难做到。白话文发展到目前，实在已经没有什么不可表达的事物。说理文为古文中最不好的，白话文可畅达无遗。至若写景、叙事、抒情，白话文更所擅长。准此而论，中学生仅练语体文的写作，已经很够。事实上目下社会中，除了极少数的酬应文字和若干顽固的公文外，其他书籍、报章、杂志几乎已经普遍地应用语体文。古文习作训练尽可让大学中文系去担负这责任。但在中学精读教学中，文言文的选材，与年俱增，既不必训练文言文的写作，这样读文与作文如何谋得联络，确为一严重问题。项因然先生亦曾认此为国文教学上的一个大漏洞（注十五），应该想法补救。在事实上学生也是喜欢写语体文，可以写得十分流畅，而厌恶写文言文，往往词不达意。项先生主张，在高中国文教学中仍然不应忽视好的白话文，选作为补充教材之用，以引导学生向捷径上走到自由发表意见之目的地，作者亦有同感。为了读文与作文的联贯起见，这实在也是必要的。否则将永久是南辕北辙，读的是古文，写的是白话，读文并不能帮助作文。读古文不必定要学生写古文，例如我们人人可以吟咏诗词，但不必一定要学习写作诗词的。不过要分配得当，指导合法，自然是还有若干问题在内。

第四我们就顺便讨论到自由写作指导的问题。正如学生读书能力之进步得力于课外阅读一样，学生作文之进步得力于自由写作者为多。一般人都批评现在学生国文成绩的低落，现在学生做古文的成绩确甚低落，倘把他们课外的写作来看一看，那么就未必见得怎样低落。课内命题的作文，只能当它为一种指导练习，不能视作为学生的真正成绩的。学生真正的写作成绩，应看他能否自由发表思想或抒写情感为断，应以课外的自由写作为准。学生自动写给亲友的书信，自动在壁报上发表的文章，以及他自己的日记，自己想写的文艺小说等类作品，比在堂上所做教师命题的文章是要好得多。为了增进学生的写作能力，教师应该多多设置动境，利用动境，鼓励学生多多作课外的写作。

此种写作，非但为学生所喜欢，亦且是得益最多的。教师的责任是在把握机会，不让他错过，例如为了庆祝校庆，祝词、校史以及邀请校外人士来校参观的种种函件，必须让学生自己撰拟，教师万勿代他们做，因为这是一个真实的动境，真是学生写作的好机会。与亲朋的书信，也是写作的好机会，教师如能予以辅导，他的收效，一定很大。重庆清华中学曾经做过家书辅导的工作，听说成绩很好。他如日记及各种自由写作，对学生都很有益。让学生的写作能有发表的机会，也是一件重要的事。发表可以给学生一种写作的鼓励。凡此种种，都是暗暗地合于发表教学的原则的。

教师在国文教学中最感苦痛的一件事是批改作文，教师虽是很费力的批改，但学生并不怎样的获益。我们每个人都可以回想，谁的作文是受了他人批改而进步的。我们能够写写文章，都是靠自己不断的练习得来的。教师指导学生多多获得练习写作的机会，比了费力的批改，成效要大得多。教师对于学生的自由写作，倘若学生要求批改，如讲演稿、重要函件等，教师可以予以批改，作为一期堂上作文成绩，其他的作品，教师做一检查工作，略阅一二段，签注一日期，就很够了。

第五就书法的教学问题来谈一谈。书法确是我国的一种特殊艺术，鉴于目下一般人书法的拙劣，每使前辈先生们叹息。在学校课程中对于书法练习的没有注意，确是事实。新学校出身的人，书法好的，真有凤毛麟角之感。这种现象，新教育实不能不负其咎。书写固然是一种小技，但是人人所必须要的，不求太好，亦必得挺秀可观，不至如涂鸦一般。

我国部颁课程标准中，规定初中第一学年在略读时间内，应划出半小时，作为书法批评指导之用，各校在实际上并无略读时间，所以连带就并没有书法的指导。认真的学校叫学生在课外写写，不认真的学校，根本就没有这一套。一种技能，不经练习，就是神仙也不会好的。有计划的书法练习，在目下中学国文课程中，实是一件不可忽视的事。书法是一种技能的练习，必须持久为之，临摹的范本，应如何选择？练习的兴趣，应如何鼓舞？练习的方法，应如何指导？这些都是目前中学国文教师所应提出研讨的。倘若六年继续不断地练习，定可获得相当的效果。关于指导书法练习的若干理论，作者另有一文，可供参考，在此不赘（注十六）。

（五）

本文可说已把中学国文教学上各项主要问题，提出了一个轮廓，至于如何解决这些问题，至少要得到四种人的合作：文学专家与教育家共同合作，来订定详实的目标，并选择优良的教材，教育心理学家应与中学教师们合作，共同从事国文教学原则的研究与实际的运用。经过这样四种人的彼此合作，这些问题再经过若干年后，或许能逐渐解决，作者实不胜企予望之，并尽其所应尽之责。

附注：

（注一）有位署名种因的在《现在中学国文教授的批评及建议》一文内犹言我国国文教学无目标之现状及目标之重要，该文载《教育杂志》十二卷五号。

（注二）阮真：《中学国文教学目的之研究》，载《中华教育界》，二十二卷五、六期（二十三年十一、十二月，）胡周诸氏之意见，该文中亦曾详细节引。

（注三）见叶绍钧：《论中学国文课程的改订》，载《国文月刊》第十五期。

（注四）见余冠英：《坊间中学国文教科书》中。《白话文教材之批评》，《国文月刊》，第十七期。

（注五）见索太：《选择高中国文教材的理论》，《教育通讯》，第二卷，第二十二期。

（注六）见王了一：《文言的学习》，《国文月刊》，第十三期。

（注七）见邓恭三：《我对于国定本教科书的控诉》，上海《大公报》三十六年星期论文。

（注八）见《胡适文存》第一集及《中学国文教学论丛》一七一页。

（注九）见阮真：《中学国文校外阅读研究》，民智，十八年。

（注十）参阅叶绍钧、朱自清：《略读指导举隅》，商务三十一年。

（注十一）参阅李广田：《论中学国文教材中的学术文》，《国文月刊》，第三十三期。

（注十二）参阅阮真：《全文法的读文教学》，《教育杂志》，第三十卷十二期。

黎锦熙：《中等学校国文讲读教学改革案》，《中等教育季刊》，一卷一期，中大师院出版。

叶绍钧、朱自清：《精读指导举隅》，商务，三十一年。

（注十三）参阅龚启昌：《中学国文精读教学程序之检讨》，《中等教育季刊》，第一卷二期，四川教育厅出版。

（注十四）见魏泽馨：《中学国文教学应有的协调》，《教育通讯》，第四卷五、六期。

（注十五）见项因然：《研读和写作的矛盾》，《国文月刊》，第二十二期。

（注十六）参阅龚启昌：《书法心理研究概要》，《教育心理研究》，第三卷第一、二期，中央大学教育心理研究所出版。

（原载《教育杂志》第32卷第9号，1948年）

13. 国文教学识小篇

傅庚生

一　前言

十几年来，社会上便常有人说一般学生的国文程度日渐低落了。我就是在这低落声中做了十几年国文教员的，很觉得脸上无光。时时也引咎自责，因为这低落的责任，教学的人应该肩负一大半儿；学生们不过是替咱们露出马脚来罢了。全国担任国文教学的老师自是成千累万的，但这千分万分之一的责任，我到底也推诿不得。现在写这一篇不成形的文字，姑且也算对这低落的病症处了个方剂，用它来塞责。若能因这一纸庸医的诊断书，引起华佗扁鹊诊切的兴趣，而公开了他们的秘方，是我所馨香祈祷的事，也将是国文教学与学习者的福音。一些初习望闻问切的"医士"，若能因见我这不贤而内自省，也许会生出些间接的效果。对在学的青年说，这篇文字聊可当作一夕闲话，谈了些教与学的"卫生常识"。果然能从这里得到一些警惕，珍卫自己，少害几次病患，才是我这"久病成医"的人所希望的。

学生国文程度低落的原因很多，可以因此讨论到国家、社会、教育制度等问题上去；补救的方策也很多，可以因此讨论到教材、学制、教学方法等问题上去。那都是"识其大者"的贤者的事，我没有能力去谈。我读过叶圣陶、朱自清两位先生所著的《国文教学》，那一本书里讨论到教学技术上各方面的问题，已经叹为观止了，便也无须再在那方面多说。读到序文中“讨论教学技术，无论如何精确，若是教师不负责任，不肯干，也是枉然”几句时，我心里很觉得赧愧。往前想想，往后想想，打了一个寒噤。“如果我能够，我要写下我的悔恨和悲哀”，最适当的题材，莫过于写这一篇类似招状的东西了。这里只想写一些偶发的感想，献曝般的经验谈，自己教学失败后的忏悔，絮叨课堂上的剩语……正是“不贤者识其小者”，所以拿来做这篇文稿的题目。

本刊刚由开明书店接办的时候，我便收到叶圣陶先生一封信，嘱我给本书刊写一篇关于国文教学与学习上切实问题的文稿。当时便想写下这十年教学的一得之愚，就正于先进诸师友。还想恳托叶圣陶先生替我介绍夏丏尊先生，特别諟正我这扣盘扪烛的意见。因为功课很忙，未遑执笔。不久就听到夏先生谢世的噩耗，使我为“无常”流了泪。六月初，学校里的课程结束了，我就拟定了题目，动笔来写。到中旬，刚写了几段，就接到国文月刊社为纪念夏先生编刊专号征文的启事，指定要改进中学国文教学意见的文稿。我准备请益于夏先生，落了后；写纪念文字，却占了先。“无常”真是惯会捉弄人的！

夏先生的道德文章，是举世同钦的。为学术花了他一生的岁月，为国家社会耗了他一腔的心血。抗战的几年中，在这令人窒息的孤岛上，受尽了敌人凶焰的淬灼，而颠沛造次不违其仁，不屈其刚。“秉方不忒，临义罔惑”，身居虎口，安如泰山。这是大学问与天地参——真善美浑同——的境界，我们教与学的终极目标就在那里，夏先生在那儿正向我们招着手。

我没有拜会过夏先生，我不认识他的声容笑貌，不熟悉他的生平信守；读过他的几本著作，恐怕也只是他可传的精魂。我对于夏先生几乎是一无所知；但正也因此才能窥及他的“道周性全”。原来我的生活理想只是一个虚白缥缈的影子，现在它已得附丽于夏先生的身上。我写这一篇文字时，仿佛便有他监之在上的一般。这便督饬了我临文时的笃诚，增加了我行文的谨慎。所写出来的意见，自己也嫌它太浅薄而庸陋了，但我的造诣本来差得远，能写出来的只有这么一点点。谨掬这心香一瓣，敬礼于夏先生的在天之灵。

二　分节目

提起医生处方，我便想到沈括《梦溪笔谈》里的一段：“旧说用药有一君、二臣、三佐、五使之说。其意以为药虽众，主病者专在一物，其他则节级相为用，大略相统制，以此为宜，不必尽然也。”姑且依着这条贯来处一个方：

明诚（一君）　融情思　端志向（二臣）

教学一贯　学思并重　新旧兼通（三佐）

咬文嚼字　缘情度理　深入浅出　触类旁通　分析综合（五使）

这未免有削趾适屦的毛病，但似也无妨。我原没有创兴一种教学理论体系的企图，只想拉杂写一些偶然奔凑笔端的话。像是山居的人，感到身上有些不适，便走出门去，在山里胡乱采一些草药，拿回家里去煎水吃。介绍给同病的人，照服一剂，也无大干碍。横竖它虽未必能医疗病症，却也不会就毒死了人的。

三　明诚

我第一次踏上中学的讲坛，是在二十二年的九月里。那时我只有二十四岁，正是年轻好胜的时候。“我是教学的先生了！”这念头时时在脑里回旋着。是先生就要有先生的仪容，所以把脸孔板得急绷绷，走路也几乎摆出八字步。是先生就要有先生的尊严，所以当回身在黑板上写字，听到有学生在低声偶语的时候，便料定他们必是在讥讪我初出茅庐，已经着实侵犯我的尊严了。虽然没有发作，却气冲冲地想："我年纪尽管轻，总是你们的老师；不比你们，有的也二十岁左右了，酒囊饭袋！"当学生提出问题时，便认定他是在故意问难。遇到自己能够解答的问题，就带着一种鄙薄的神气讲给他，意思是说高中学生连这一点常识都没有。遇到自己不十分清楚，本不能马上作答的问题呢，也不肯示弱说"等我去查一查"，就上下古今的胡诌一阵，强不知以为知的搪塞过去。为维护做先生的尊严，错就错到底！

"这一班学生的程度太差！""气质也都不大好！""考试要严格，分数不会多！"这一串儿的"警句"都兜的上心来，自然也不免要带在脸上。学生们投射给我的也都是惊疑的眼光。

若干学校里，师生之间不但没有感情，反而彼此仇视着，病根大半就种在这里。

这样的教书生活，天天疑神疑鬼，时时短兵相接，又气恼，又紧张，我几乎不能再忍耐下去。亏得过去了两三个月，渐渐地平静下来。我不再怀疑学生的发问，倒要设法鼓励他们多提出些问题，而且应该是"问之弗知弗措"的。学生中偶而有一两人在态度上显出松懈，或是交头接耳，我也不遽便认为是含着什么恶意。自己精神贯注地讲述功课时，他们便也聚精会神地不暇他顾了。

这教学态度的改变是有因的，主要的一点是我已不再时时地记起"我是教书的先生"了。已经消除这魔障，我看学生们便并不怎样调皮，学生们看我也并不怎样别扭了。我不自觉地收敛起那"急绷绷"，又自嫌自憎的丢开"八字步"，不再装腔作势，才又行若无事的依然故我。从这里我更亲切地体悟到庄子所说的"忘足，履之适也；忘腰，带之适也"的真受用；曹丕慨叹着"动见瞻观，何时易乎！”正是他的不逮处。

“我是中学生了！”“我是大学生了！”……人们在历践着人生的每一阶段时，这念头是辄必应时涌现的。它有时给我们以鼓励，有时也使我们因不必要的矜持而矫揉造作。造作就是不诚，就是虚伪，就是丑！邯郸学步，就不免要失其故行；东施效颦，就越发显现出她的丑陋；真是何苦来！王猛的扪虱而谈，王羲之的坦腹而卧，本不见得怎样漂亮；但为了他们出之以诚，就是洒落，就是美！

人类和禽兽不同的地方，就在前一代能把经验传授给后一代。教与学是多么伟大、神圣的事：这真善美的大门，只有相接以诚才能敲打得开。你下帷读书，要做到《荀子》所说的“致好”的地步，“目好之五色，耳好之五声，口好之五味，心利之有天下”，不欺人，不自欺，掬出这一点诚心，方能有些成就，不负你十载寒窗的坐守。你设帐为师，要秉持《学记》上载着“待问”的态度，“善待问者如撞钟，叩之以小者则小鸣，叩之以大者则大鸣。待其从容，然后尽其声”，不傲，不噆，本着这一点诚心，尽先知先觉的职责，才能辅成百年树人的大计。

学问是探求宇宙人生一切真理的，学问的本体就是诚，教的人与学的人目标都在此，所以《中庸》上说，“诚者物之终始，不诚无物”。教与学是为探求真理才有的设施，学问的方法也不外一个诚字，所以《大学》上讲“正心诚意”的功夫。本体和方法又是二而一的，所以《中庸》上又说“自诚明，谓之性；自明诚，谓之教。诚则明矣，明则诚矣”。人类用他们的智慧去寻求真理，前一代的至少有筚路蓝缕之功，后一代的按理该奏发扬光大之效。师生之间能够推诚相与，衔接一气，竭尽才智去探计发明，便算各自尽了本分。教的人能够循循善诱，把自己辛勤获到的心得指点给来学的人，片至诚笼罩在他们的身上；所谓“精诚所至，金石为开”，自然再不消慨叹什么师不严，道不尊。学的人能够把自己所致力的学问，穷其原委，好而乐之，一片至诚放在学问上，功夫深，铁杵也磨成针。君子之学是“入乎耳，著乎心，布乎四体，形乎动静”的，自然也不消担心什么学不成，名不就。可见明诚是教与学走上成功之路的不二法门，逡巡顾盼于这明诚门外的，便是所谓门外汉，都应该尽早收其文心，踏进这门限去。

我是在“教然后知困”的当儿才悟到这明诚的道理的，在学校里求学时，没有理会到这许多。为了先时没有明诚去读书，未曾立定稳固的基础，所以后来便有“时过然后学；则动苦而难成”的隐痛。《颜氏家训·勉学篇》中说：“人生小幼，精神专利；长成已后，思虑散逸。固须早教，勿失机也。吾七岁时，诵灵光殿赋，至于今日，十年一理，犹不遗忘。二十之外，所诵经书，一月废置，便至荒芜矣。然人有坎壈失于盛年，犹当晚学，不可自弃。”每逢我读到这一段时，便不禁三复其言，悔恨不已。

我常常向学生们说：“‘天生我材必有用’，我原来也该是松柏之材，可以为栋为梁的。可惜自己把它折损又折损，后来只剩下二三尺长一根枝丫，只好用它做成一柄斧柯。在树林中徘徊眄睐。不时冲着森森乔木的曲枝错节砍去……”为了自己的蹉跎老大，越发凝固了我这教学以诚的信心。为己的时机已经错过，为人的打算不容再疏忽了。这不单是责任感，在感情上也是非如此不宁贴的。一走进教室里去，看见坐在面前一排排的学生：便像置身在森林之中了。一片葱茏的绿海，在严封密集中又别是露现出一番清旷的光景，使人默契了《孟子》所说教育英才的乐处。爱之深便也期之厚，触目又是败叶枯枝，枵空瘿赘，斧柯的挥动是欲罢不能的。

以这样的舌耕到处，一眨眼间便是十几个年头！一切都由诚字出发，所以一向没有隐讳过自己学识的浅薄，也没有姑息过学生的错误。知之为知之，不知为不知，该一就是一，该二就是二。简单省事，倒也坦荡荡的。《中庸》云：“诚者，天之道也；诚之者，人之道也。诚者，不勉而中，不思而得，从容中道，圣人也。诚之者，择善而固执之者也。”我认定“诚”便是教学之“善”；所以十年如一日地固执着它，将来还要一直固执下去。

现在好多人把“固执”看成跟“顽固”是同意的语汇，一般人也缺乏固执的精神。春秋时，晏婴的拒盟于崔杼之坛，季札的挂剑于徐君之冢，曾子的易箦，子路的结缨，都见出他们的固执，也完成了他们的人格。现代的人不要嗤笑他们太看重了一领席子或一顶帽子，那时的礼法如此，执礼之士自然要由衷的信守，死生不移的。孔子说，“君子无终食之间违仁，造次必于是，颠沛必于是”。不违仁便是明诚以守礼，造次颠沛必于是便是择善而固执之。时迁事异，“所”执的有不同，而“所以”执的精神则是不可易的。谁把固执看成傻气，便是不可恕的自私和愚蠢，而且学问事业也都没有他的分儿！

教学以诚的人，偶而也许会招惹一些烦恼。譬如说你不肯自家去表襮，那一般听惯了别个吹擂的学生，也许因此便低估了你，冷淡了你。譬如说你诲人谆谆，有些学生也许听之藐藐；你情诚意切至再至三地开导他，也许他反而厌苦说是老生常谈，或者说不过是几句婆子舌头话。这些都无妨。稍假时日，他们会逐渐了解你的，况且说人不知而不愠的才是君子。我们本不是左手施舍出一些什么，马上又伸右手去讨还一些什么的人。章学诚说：“深识之士，喑默无言，自勒名山之业，将俟知音发之；岂与容悦之流较甘苦哉！”喑默往往是诚的表现。为学也是如此。荀子云：“无冥冥之志者，无昭昭之明；无惛惛之事者，无赫赫之功。”专默精诚是成功的酵母，酝酿的功夫是不可少的。所以归根结底还是一句话：要固执不移地教以诚，学以诚。

四　融情思

诚原是心之本仁，与生俱来的，赤子之心便无不诚。待到为物欲所蔽，这天性便渐渐被汩没了。一般庸俗的人就把虚伪当成涉世的锦囊妙计，突梯脂韦的过了一生，结果毫无所获与所就，食粟而已。一部分人经过了一度或几度人世的沧桑，时时观察与自省，忽然觉悟了。知道对人对事，离开了诚便无是处，才打点着又走回明诚的路：这合于孔子所说的“知者利仁”。还有极少数的人，他们的生性格外醇厚，涅而不缁，磨而不磷，一生乐得为君子：便是“仁者安仁”。安仁跟利仁的，都是不违仁的大人，在学问事业上才能有所成就。轰轰烈烈立德、立功、立言三不朽的盛业，只是茁芽于这方寸间的一点赤诚。所以孟子说：“大人者，不失其赤子之心者也。”

人类凭着愿望与思考去观察宇宙，改善人生。感情是力的源泉，理智是能的武库。最高的智慧便是诚，无上的受用便是乐，诚与乐者起于情知的欣合。孔子说：“知之者不如好之者，好之者不如乐之者。”便是讲为学的光景的。只是理智上的“知”道应该为学，感情并不在此，就不免要“一心以为有鸿鹄将至”；无源的水是流不长远的。所以它不如感情上的“好”喜为学，源泉混混，不舍昼夜。只是感情之好，理智不来辅界它，又容易流于散漫偏陂，不能底于履中蹈和的境地，所以情知翕习的“乐”学之士才是此道中的上乘。诚明有自而情知调远的便是乐，乐此不疲而表里如一的便是诚。诚与乐互为因果，乐是至诚，诚也是至乐。所以能探得教与学的真乐的人，自然便会明诚；能明诚以教以学的人，自然便会感受此中的真乐。孔子说“自行束修以上未尝无诲”，是教者的诚；孟子便又说得天下英才而教育之是君子的一乐。颜子终日不违如愚，是学者的诚；他也便能一箪食，一瓢饮，在陋巷，终于不改其乐。

情知的相融会，当然不是一蹴可就的事，多少人都因为情知的矛盾而无所适从的迷惑着。所以博学、审问、慎思之后，要加上一番明辨的功夫，为学就要明辨为学的层次。《礼记》中的《大学》篇就是论说这层次的："知止而后有定，定而后能静，静而后能安，安而后能虑，虑而后能得。"人知道了自己生活的目的（知止），就有致力的正鹄（有定）了，有了正鹄，虚灵的心得到着落，才能够渐渐地"静"下来，也就是"正心"。这只是理智上的认识要如此，还不十分可靠。待到感情也"安"于如此，才能坚守不移，也就是"诚意"。所以又说，"所谓诚其意者，毋自欺也，如恶恶臭，如好好色，此之谓自谦。故君子必慎其独也"。

教与学的人都应该似这般一步步地走上去。先生的职责是教，学生的本分是学。所教与所学是求真、求善、求美，已经"知止"了。"有定"了没有？能"静"而"安"了没有？能"虑"而"得"了没有？教与学的人可以自己去问自己。晓得了自己的造诣，就该"欲穷千里目，更上一层楼"。

王国维《人间词话》里有一段："古今之成大事业大学问者，必经过三种之境界。'昨夜西风雕碧树，独上高楼，望尽天涯路'。此第一境也。'衣带渐宽终不悔，为伊消得人憔悴'。此第二境也。'众里寻他千百度，蓦然回首，那人却在灯火阑珊处。'此第三境也。"就是金针度人的说法。我试着把它跟"大学"配合起来，补充着讲几句。晏殊《蝶恋花》："昨夜西风雕碧树，独上高楼，望尽天涯路。"是"知止"的境界。晏几道《点绛唇》："长爱荷香，柳色殷桥路。留人住。淡烟微雨，好个双栖处。"是"有定"的境界。欧阳修《浪淘沙》："把酒祝东风，且共从容。垂杨紫陌洛城东，总是当时携手处，游遍芳丛。"是"能静"的境界。在这时，固然已经能够矻矻终日，但还不是我行我素，有时怕要着些子“为人”的心。张先《系裙腰》：“东池始有荷新绿，尚小如钱，问何日藕，几时莲!”不免急切求成就，而那相“怜”之“耦”的来相成就倒是相当辽远的。柳永《凤栖梧》：“衣带渐宽终不悔，为伊消得人憔悴。”才到了“能安”的境界，是“为己”而学，可以终身以之了。但若只是这样不怕憔悴地拼命学下去，岂不是为了性命之学反而自戕了性命？这感情上的偏陂也要用理智来调节它。“故君子之于学也，藏焉修焉，息焉游焉。夫然故‘安’其学而亲其师，‘乐’其友而信其道，是以离师辅而不反。”（《礼记·学记》）藏与修是博闻强识的苦功夫，息与游是优游容与的乐天地。欧阳修《玉楼春》：“离歌且莫翻新阕，一曲能教肠寸结，直须看尽洛阳花，始共东风容易别。”便到了名心尽泯，从容乐道的境界。“云淡风轻近午天，傍花随柳过前川。时人不识余心乐，将谓偷闲学少年。”（程颢《春日偶成》）一首诗须从这里去领会它。这种境界是明诚乐道，情知既已欣合无间，可以左右逢源，抟扶摇而直上了。“虑”便如明镜照形，“得”便如铜盘承露。辛弃疾《青玉案》：“众里寻他千百度，蓦然回首，那人却在灯火阑珊处。”便是虑而终得的境界。“半亩方塘一鉴开，天光云影共徘徊。问渠那得清如许，为有源头活水来。”（朱熹《观书有感》）一首诗，须从这里去领会它。

我们不寻思一番情知的欣合，便无由理会明诚的着紧处，不见识一番为学的境界，就不会心仪乐道的卓绝处。一讲起道理，就更仆未可终；实践起来是不知觉间便有进益的。读到这里的青年，不要望洋兴叹，畏难缩手，说明诚难，乐学不易。时机正在你们的眼前！你们溺于物欲还不深，你们的赤子之心也还通灵未昧，及时努力，是可以事半功倍的。孔子说：“生而知之者也，上也；学而知之者，次也；困而学之，又其次也；困而不学，民斯为下矣。”我们不敢想望自己是“生而知之”者，也未必甘心“困而不学”。你们正是在学的青年，顺理成章的便有“学而知之”的分儿；在我已是“困而学之”。所以我已将是“不足畏也已”的无闻的人，而你们正是“后生可畏”。

“可畏”在你们年富力强，若能负重致远，将来的成就是不可限量的。倘若不能把握时机，蹉跎过去，待到“五十之年，忽焉已至”，往时的骄傲便成了这时悔恨的种子。功夫没有枉费的，学问也不是能巧取的。“蓦然回首”是“众里寻他千百度”以后的成就，知他尾随着宝马雕车跑了多少冤枉路，为那“花模样”耗去了多少“玉精神”，然后才谢天谢地“眸而见之”。都道是“踏破铁鞋无觅处，得来全不费工夫”；然而你不踏破了铁鞋，也不会有那么便宜的“得”。有的人便犯了乖巧的毛病，他们众里也不去寻，铁鞋也不上脚，却盼望着有一天交了好运，不费工夫的来一个蓦然回首。这是守株待兔的行径。杜甫自己讲作诗的经验说，“读书破万卷，下笔如有神”。种了读万卷书的因，才得下笔有神的果，因果关系是“其为物不贰”之诚。天心人事的消息，也只有透过“诚”字方窥测得。

五　端志向

定静安虑的功夫，都是从“知止”生出来的，可见人要成功一番事业或学问，立志是第一着棋。今日在学的青年，“述志”一类的题目，眼睛里早已看烦了；“有志者事竟成”一类的话语，耳朵里早已听腻了。自从“立志”二字公式化了以后，许多青年就和它绝了缘。“人是混水鱼，混到哪里是哪里”是他们的人生观。在学的时候如此，毕业之后便也听天摆布，听人摆布的鬼混着，盲人骑瞎马，在社会间熙来攘往，最后躺进棺材便是他们的“止”！

我常向学生们说：“孔子十有五而志于学，到了七十岁才从心所欲，不逾矩。孔子之学是‘兴于诗，立于礼，成于乐’的，从心所欲不逾矩，才算学道的大成。我个人几乎到年三十才志于学，比孔子志学的年龄加了一倍，成就的日子该在一百四十岁时。我会有那么长的寿命吗?”怕也须待盖棺然后论“定”了。

朱熹《失题》诗云：“少年易学志难成，一寸光阴不可轻。未觉池塘春草梦，阶前桐叶已秋声。”人不能够长生不死，便永远是时间的奴隶。人与人之间的竞争也只是争取这时间上一寸一分的先后。所以在求学期间首要的事便是发掘自己的天才，尽早的立志。

高中的三年里，受普通的教育，一切学科具备。应该有两层意义：一因这些都是基本知识，缺一不可；二要学生各就性之所近，选择专习的学科，作大学选系的准备。在高中肄业的学生，除了每科成绩都应该及格以外，至少须有一二门课程是自己更感到有研究的兴趣的。就这兴趣，发掘出自己天才的倾向，然后立了志愿，力行去求实现它，自然便会走向成功之路。

这里所说的“兴趣”，是要自反自诚，不容掺杂纤毫外在条件的。譬如说，看到银行界的人们生活较裕，便感到自己仿佛是原有研究经济的兴趣。或者由于自己的懒惰，数理一类的课程没有按部就班地学下来，便感到自己仿佛是原有研究文学的兴趣。这都是自欺，这类的兴趣也不足做立志的参考。

就文学一科来说。感情是文学的主要因素。有真挚的情感，浓郁的同情心，豁达时便脱屣千乘，认真时便情移花鸟……你自揆着有似此的情性时，才可以打叠着走上文学的路。只是课余读上几本小说，拿起笔来春之神，夏之梦地写上几名新诗，似乎自己便已爱好文学了，其实是不甚可靠的。

我们从事国文教学的人，也应该做到两件事：一是帮助所有的学生都能用语文表达自己的情思，便是“辞达”；二是帮助可能走上文学的路的青年发见他们自己的天才，便是“辨志”。学生希望做到辞达，已经需要对于国文发生些学习的兴趣，才能追求行文的技巧；做到辨志，兴趣便更加要浓许多，性之所近当然要声应气求的。教学的人必须设法引起大多数学生学习上的一般兴趣与少数的特殊兴趣，才算“循循善诱”。只照顾到平均发展而忽略了特殊的天才，不免是“记问”之师；只注意几个成绩较好的学生而不理会全班的进度的，又不合“有教无类”之义。

提到兴趣问题，又触及我错误的往事的创瘢。在我读书的时候，学校里流行着一句话，说什么“国文为百科之母”；待到我教书的时候，国文却沦为百科之仆了。一般学校里都姑备一格似的开这一门功课，学生们也无边无碍似的学习它。那时我想，读书本来是苦的行业，你要读书便该嚼得菜根香。所以上课便是章句训诂，什么“说文”“尔雅”的一大堆——这个便是学问！学生中有偷看小说或用笔乱涂，不专心听讲的，便严加管束，以为“木受绳则直，金就砺则利”。这样过了一年，看学生的成绩，觉得他们毫无进步。学生们“目送归鸿，手挥五弦，俯仰自得，游心太玄”只是难得放在书本儿上。

我便又想，这是时运使然，学生的耳朵是被偏见的棉花堵塞住了的，还是设法提起学生学习国文的兴趣吧。以后我的教学态度便渐渐地改变了。在讲授时，偶而加入些轻松幽默的说白，撩拨得哄堂大笑；偶而讲些滑稽诗文跟文人轶事之类，使学生听得兴味盎然……这么一来，学生们上国文课时，便常是笑逐颜开，不像过去那样愁眉苦脸的了。有一二年我维持着这样的教法，欣幸着自己教学的成功。

后来又渐渐觉察到，学生所需要的并不是常开笑口，而且这样唤起的快感与学问上的兴趣是如风马牛之不相及的。检讨我的过去，有意的矜庄时，除了“诗云”，便是“书云”，学生吞咽不下，不免要“渐行渐远渐无书”；有意的诙谐时，眼前“讲义”，口头“演义”，学生捧腹不迭，究竟又“乐事回头一笑空！”总而言之，学生是得不到益处的。症结便在我的教学方法，因袭与杜撰，两无是处。不过有时褒衣大袑，用圣经圣贤传来装幌子；有时青衣小帽，借插科打诨去讨生活罢了。从那时起，我便自憎须眉，唾弃着自己的过去，勉励自己走上务本明诚的路。

人固然不该有意的为恶，也不可有意的求好。有意便多少带些造作，着些子为人的心，便是不诚。《世说新语》上载着“赵母嫁女，女临去，敕之曰：慎勿为好。”便是此意。是好便好，诚于中形于外，有意的去“为”，结果一定不会好。

有子说：“君子务本，本立而道生。”教学与求学，“学”便是本，一切教学与求学的方法（道）都从学的根本中来。所以孔子说：“学而时习之，不亦说乎？”又说：“温故而知新，可以为师矣。”方法是要贴切着学来运用的，所以孔子说：“吾党之小子狂简，斐然成章，不知所以裁之。”“樊迟请学稼，子曰：吾不如老农。请学为圃，曰：吾不如老圃。”教学方法像是海洋里的灯塔，不是商店前的霓虹灯。

文学的教材，本然的便可以唤起人们的情趣，和专专诉诸理智的自然科学等不同。若能情知相辅，由了解进抵欣赏的境地，教与学在这上面的乐本是无涯涘的。不怕是寻常的教材，教学的人果然能够深浚它到八九分，自家凿破此片田地，不拾他人涕唾，讲述出来的自然会别有一番光景；学生也可心各随其分的领略到二三分或五六分。这样的教与学，自然便乐在其中，学生向学的兴趣也会渐渐培养成功了。

兴趣要萌动于自己的心上，学问之道，贵能自得。俗语说的

“师傅领进门，修行在个人”，是颇有道理的。教学注重启发性的辅导，也是这个意思。孟子说：“君子深造之以道，欲其自得之也。自得之，则居之安；居之安，则资之深；资之深，则取之左右逢其原。故君子欲其自得之也。”“自得”是学问的滥觞，也是学问的尾闾，学问是终始于自得的。“居之安”是情知的欣合，立志由于它；以后每逢有新的认识而进造一境时，也由于它；到最高的成就，像孔子从心所欲不逾矩的光景时，仍然是由于它。它不断的新生、进步、发展，一直到真善美的极致，是最高的学问，也是无上的自在。

我懊悔我的“好为人师”，十数年来，不知耽误了多少青年，没有发掘出他自己文学的天才，而委屈地从事于其他违性的学问。我希望这一类的青年能够于自修时在暗中摸索出一条门路，稍稍补偿这缺失。尽管有良师指导，许多处还需要你们有自我的觉醒，自发的精神，然后才能居之安。你们能从勉强走向自然，在苦中寻出乐来，立定了志向，便会有灿烂的前程。

六　教学一贯

“子曰：‘吾道一以贯之。’曾子曰：‘唯。’子出，门人问曰：‘何谓也？’曾子曰：‘夫子之道，忠恕而已矣。’”（《论语·里仁》）孔子说的是一贯，为什么曾子标出忠恕两个字来呢？原来忠恕只当得一个仁字。“夫仁者，己欲立而立人，己欲达而达人。”（《论语·雍也》）己立己达便是忠，立人达人便是恕。忠恕的本体是仁，行仁的方法是诚，所以吾道一以贯之。这一贯的道理可以应用到教学上。教与学的宗旨是仁——真善美的极致，教与学的方法是诚——良知良能的自觉与发挥，己立己达便是学，立人达人便是教。教与学是一件事的两方面，应该是一以贯之的。

近来中学校里各科教学都多少有些脱节跟驾空的现象，国文一科更甚。恐怕便是忽略了这教学一贯性的缘故。

多数的教师不能明诚以教，学生不能明诚以学。初中的学生成绩达不到预期的标准，胡乱升入高中去；高中的学生成绩达不到预期的标准，胡乱升入大学去。学生时时在躐等，时时在跻高致蹶，当然发生脱节的现象。教育当局看到脱节，就想弥缝。所以初高中的课程与教学往往有叠床架屋的地方，大学的一部分时间，又要复习高中的课程。学生的课业像是已经煮得“夹生”了的饭粘，任凭你再加上去几道火力，它永远要停滞在那内生外熟的线上。结果是弥缝不起，反而把所脱的节拉得长了。

多数的教师不问学生的志趣与程度如何，只是选一些艰深的教材，填鸭子似的塞进学生的肚皮去。学生不理会立志，也不知道自己所需要的是什么，能领略的教材反嫌它粗浅，不能理解的反充强胃口，生吞活咽下去。不能消化与吸收，当然发生驾空的现象。教育当局制定的教材，更是宁失之深勿失之浅的，反而把所驾的空抬得高了。

学生像是患了肠胃病的孩子，照料他的人偏又不分清昼夜的给他不易消化的东西吃。渐渐这孩子看见食物就头痛。你把食物塞进他的嘴时，看他像是在咀嚼着；你一转身，他却偷偷地“吐哺”了。因此，中学生里面重视国文一科的寥若晨星。大学一年级的学生把国文看成无用而丑陋的尾巴。连一些大学中文系学生真能志在学习文学的都是凤毛麟角，有的想着横竖各系都一样，有的是姑且“住”一年再说，有的是不得已而为之。这是脱节与驾空必然的结果，人哪里会对他所不能了解的东西发生兴趣呢？

教学本是一件艰难的事，不是容易便做到好处的。《学记》上说：“今之教者，呻其占毕，多其讯；言及于数，进而不顾其安；使人不由其诚，教人不尽其材。其施之也悖，其求之也佛。夫然，故隐其学而疾其师，苦其难而不知其益也。虽终其业，其去之必速。教之不刑，其此之由乎！”所说教学失败的情形，跟现在也相仿佛，可见是“古已有之”的了。但这是说一些教书混饭吃的常师，授业解惑的能力都欠缺的。传道之师便不同了。孔子之于七十子，不待说。汉以来儒者重视家法，绍述专门之学，都能一脉相承，薪传不息。郑玄质疑马融，问毕辞归，马融便说，“吾道东矣！”杨时受学于程颐，学成归去，程颐便说，“吾道南矣！”这里都见出他们师生对于道术传授间的重视与默契，也说明了教学的人把平生的心得一古脑儿传授给下一代，尽了教学一贯的责任。

《文史通义·师说》云：“经师授受，章句训诂，史学渊源，笔削义例，皆为道体所该。古人书不尽言，言不尽意，竹帛之外，别有心传。口耳转受，必明所自，不啻宗支谱系，不可乱也。此则必从其人而后受，苟非其人，即已无所受也。是不可易之师也。学问专家，文章经世，其中疾徐甘苦，可以意喻，不可言传。此亦至道所寓，必从其人而后受；不从其人，即已无所受也。是不可易之师也。……至于讲习经传，旨无取于别裁；斧正文辞，义未见其独立。人所共知共能，彼偶得而教我。从甲不终，不妨去而求乙；甲不我告，乙亦可询。此则不究于道，即可易之师也。”把师分为可易的与不可易的两种。在过去负笈从师时的情形，原是有如此的分判的。

现在已是学校林立，教师按时授课，学生同堂听讲，从哪儿再去分辨这可易与不可易呢？仍然是有的。有些大学里教授，在课堂上教他们的人数众多的“官学生”，课堂下却分别指导着三五个“亲学生”。官学生是纳费入学，凭证听讲的；亲学生是堂上听讲，堂下请益的。这些教授对官学生只负授业解惑的责任，对于亲学生有时才因人施教的传一半点儿的道——专门学识的研究门径、参考范围、自己治学的系统与心得等——给他们。我们可以说这此教授是官学生的可易之师。亲学生看他们便该是不可易之师了。

中学里有一些教师也如此。某一科的老师对于性质接近某一科的学生是常常在课外个别指导，着意勖励的。几乎是课堂上的工作在一般探讨兴趣的养成，课堂外做的是特殊研究兴趣的启发；学生们发现自己的天才，决定自己的志向，往往便在这课余之暇请益的当儿。

这种授受，还在有意无意地保持着过去师承家法的遗风。见解固然有些小家子气，但却借着这力量把师生牵合到一起，收了教学一贯的实效。只是能够如此做的终竟占少数，而且这风气又逐年地衰替下来。尤其是在抗战以后，教书的人有的看到政治社会上一切不良现象，甚至于对教育的力量也怀疑，振作不起精神来；有的为维持数口之家的生活，不得不在各处兼授课业，师生间的相与只剩了每一节课五十分钟的时间，便什么也谈不上了。

我以为我们做教师的人现在对于家法师承有再认识的必要。现在不惮辞费的说几句。清代以前教经义八股的先生，只是传授那一套特种文体的技巧和准备的知识，学生志不在此，只是利用它为干禄之资，所以是可易之师。义理考据词章上的先生所指导的学问，在学生是认为道之所在，志之所安的，所以是不可易之师。那时一般的思想是隆古蔑今，制度是家天下，所以学问重因袭，授受讲家法。民国成立以后，人们已经认识了人文是日新月异的进步着的，视野又已由家扩展到社会，在今日学校的制度中，应该重视创造，不以因袭为既足，同时也不该再讲什么家法了。大学是造就专门人材的地方。教授不该各立门户，让某些学生的学与思不得超越自己的圈子；学生也不该故步自封，将某一位教授看成“本师”，在片面的小天地里回旋。教授应该一视同仁地施教，学生也该在课下普遍的向本系地各教授请益，因为所教所学都是研究这门学术的基本知识，不容偏重或畸轻。教授阐述他们各自所知的学术，学生兼收并蓄做为学的基础，然后加上自己的才智与功力，走上新的路途，便不是一味因袭，而能创造了。“官学生”与“亲学生”的看法是不该的，“亲”应该公开的、分沾的交织于本系所有师生之间，便不是家法，而是社会化了。

中学校里，最好是正课注重一般功课的平行进展，而在课外成立各科的学会，限定学生各就性之所近加入一个学会里去，由各科的先生分任导师，培育学生对某一科的特殊兴趣，学会里的同学也可以互相得到切磋之益。因为中学教育的目标，固然注重训练具备普通知识的公民，也要做将来研究专门学识的准备。只靠课堂上的一般讲习是不够的。

这办法未必便合适。不过因为我看到一些国文教师，能够在课余负责指导的，不免有些讲家法师承割据教学的味道。不沾染这儒巾气的，又往往认为下了课便都是自己的时间。我们若能共同有大公无私分科辅导的义务感，总该比学生私有或是师生秦越要好得多。

国文一科，这几年来可以说是走了厄运。大学生多半去学经济、学工了，中文系的学生数目少得可怜。中学生大部分精力时间都用在数理跟英语上面，不但课余自修的手眼放不到国文上，连上国文正课时都“心不在焉”的了。

国文教师中弹老调子的，抱着一种“孺子不可教也”的态度，在课堂上瞟也懒得瞟学生一眼，书像是讲给自己听的一般。有些倒是诲人不倦的，又不大讲求方法，上课时讲得舌干唇焦，学生却视若无睹，听若罔闻，书又像是讲给墙壁听的一般。不负责任的恐怕要占大多数，他们认为不必在给这些病入膏肓之孩子们苦药吃了，反正是不济事的；有的随缘随喜地讲授几篇烂熟的古文，有的节外生枝地敷衍一阵闲话，便算了事。少数要负起责任来的，又感到一暴十寒，费力不讨好。譬如要学生课前预习，课后复习。学生的课余时间已经尽量用在数理等学科上，时间不敷分配；凭你这国文课也要这样煞有介事的起来，这官司打到教务处去，怕也要国文教师碰上几个软钉子败诉的。不能预习，课堂上便无由讨论起。学生是一向用惯了耳朵听讲的，没有用脑用口的习惯；而且本来是在受着脱节驾空的教育，无言之学是藏拙的上策。教师鼓励他们讨论发问，碰到几个闷雷之后，便也心灰意懒，“委蛇委蛇”了。

总括起来说，一般国文教师因为丧失了教学的兴趣，也泯灭了责任心和义务感。生活的鞭策又使他们拖着过重的车子，拿身子当田种，一寸光阴一寸铜。学生们若当真勤学起来，教师的时间又不敷分配了。最好是各不相扰，道一声“彼此彼此”，省事波罗蜜!

因此便教者自教，学者自学，同床各梦，分道扬镳。这样便造成了近十年来国文教学每况愈下的局面。

其余的枝节问题还很多。我很少看见有哪一个中学三个年级分配着规定的教材，往往是人自为政，各不相谋。近年来的中学教师又多半跟学生一样的喜欢跳学校，学生得到的知识，因此便是东一块，西一脔的，寻不出个端倪来。现在的文坛上又是新旧交替，五风十雨。上一期的老师骂语体文是引车卖浆之徒所操之语，这一期的老师又说线装书该放进垃圾箱里去。学生有的就东一头西一头地跟着冲撞，有的以不变应万变，一概闻雷掩耳。……这样写下去，将是一本没收煞的流水簿。只好在这里“带住”，一言以蔽之，曰：教无方。

治病的消极方法，是针对致病的原因，反其道以行；积极的方法，是讲求摄生之道，恢复患者的健康。现在国文教学太散漫了，反其道以行，便是该求教学的一贯。大家太看轻了国文的课程，学的人不用说，教的人也因为不重视它，才这么敷敷衍衍；所以恢复健康的维他命，只有一个明诚。

譬如我在前面提到的那要负起责任而终于心灰意懒的教师，便是不能择善而固执，也便是没有教学一贯的真认识，明诚以教的真精神；所以碰鼻头便转弯了。“我不下地狱，谁下地狱？”舌耕的人，实现了自己的认识，便是收获。

七　学思并重

要达到教学一贯的目的，就必须讲求教学方法。“我以为要谈教学方法的改进，必须先废除现在通行的逐句讲解的辨法。这是私塾时代的遗传；大家以为现在教国文和从前私塾里教书是一回事儿，就承袭了成规。这办法的最大毛病，在乎学生太少运用心力的机会。一篇文字，一本书，学生本来不甚了解的，坐在教室里听教师逐句讲解之后，就大概了解了（听了一回两回的讲解，实际上决不会彻底了解，只能说‘大概’）；这其间需要运用心力的，只有跟着教师的语言来记忆，来理会，此外没有别的。天天如此，年年如此，很够养成习惯了，可惜那习惯是要不得的。凡是文字书本，必须待教师讲解之后才大概了解，即使能够一辈子跟着教师过活，也还有脱不了依傍的弊病；何况学生决不能够一辈子跟着教师过活！”“要使一般中学生能够了解普通的古文和古书，以及白话文学作品，现在的国文训练，特别是中学时代的，实在嫌不充分。多讲闲话少讲课文的教师，固然不称职；就是孜孜兀兀地预备课文，详详细细地演释课文的，也还不算好教师。中学生需要充分的练习。练习包括预习、讨论、复习三步。每一步还有许多节目，这里不必列举。这些细目在各种国文教学法书中，都曾或多或少地加以讨论。但我们现在所需要的，是切实的、有恒的施行；理论无论如何好，不施行总还是个白费！练习的主旨无非是让学生自己发现困难，寻求解决；

到了解决不了时，自然便知道需要教师。这时候教师的帮忙，效用定会比一味演释大得多。这是让学生用理解力。解决的过程和结果，还得让学生常有复习的机会，才不至于全然忘却。这是让学生用记忆力。”（见《国文教学》）“工欲善其事，必先利其器”，教学方法便是教师的利器。只惜一些教学的人循俗的惰性不容易便扳转来，他们迷执着“君子不器”！

教师不讲方法，吃亏的是学生。学生不预习，便没有翻检字典辞书的习惯；不讨论，便没有怀疑发问的兴会；不复习，便没有了解欣赏的因缘。听讲时是学而不思，作文时是思而不学。进步迟缓，跟不上学校所要求的进度，便渐渐感到国文课是不可捉摸的鬼东西，学习它是无聊的勾当，索性既不思，又不学了。

很多学生对文字的形、音、义，词汇的组成跟正确的涵义，都弄不清楚；有些甚至于连字典、辞书的部首都不晓得是怎么回事的。他们的作品里别字连篇，词汇舛错，都与不和工具书打交道有直接的关系。他们感到发问质疑比考试时受别人的考问还要困难许多。只理会得用耳朵听，听，听，不会用脑子想一想；天大的问题放在眼前都不会引起他们的怀疑。他们的手眼放在国文课本或讲义上，只有教室里“随喜观佛殿”跟考试前“临时抱佛脚”极短的时间。听过一篇文章，只在心上留下一个模糊的印象，像是李密《陈情表》是请求送他祖母的终，王守仁《瘗旅文》是埋葬了三个“路倒”之类；另外便无所知了。学，还要学什么？思，让我往那儿去想呢？

过去我也在逐句地讲授的时候，看学生不大进步，知道他们不喜欢发问是一个原因，便讲些“问学”“审问”的道理，鼓励他们常提出问题。学生中依然有死也不肯开口的；有些倒是发问了，又使我失望。他们提出的问题，就是课文里没有听清楚的地方，很少能超越听讲的范围想出有关涉的问题的。我丝毫也找不到他们曾经自己运用一番心思不能解决，然后才提出问题的迹象。考试时我常常在题目后面附加上“并申己意”一类的话，我以为至少为分数的关系他们也该发掘心中之宝藏了。待到看他们的试卷却只能记诵，解答，尊重师说，写到自己的意见时笔墨就窘涩了。我常常怀疑着，也暗恨着这些学生不理会用自己的脑子思想。后来我用自己的脑子想一想，才觉察了原来是我在禁锢着他们，他们不得已的才亦步亦趋地跟在我的后面走。

每逢我讲授一篇文章，总以为自己所讲到的已是尽美尽善。高兴时也许由一个普通问题讲上专门之学去，忘记了它并不是学生所能理解的；不高兴时——有时是疏忽了——也许把该讲的话没有提起，事后也不想再去找补了。遇到学生发问，问到那十万八千里外的“专门之学”，一定还眉飞色舞地重述给他听；问到那些疏漏了的，便认为这类问题无关宏旨，而且学生早就该知道它，讲释时就不免露出不耐烦的神色。渐渐的学生只好“满脸跑眉毛”，捡我讲过的发问了。

考试的题目上，明写着让学生申明己意，不是奖励着他们学而思吗？可是看到学生当真在试卷上申己意时，便感觉他们所写的太空泛，毫无心得；不如老老实实地照着我讲授过的意旨作答，终竟要顺溜些。渐渐的学生为多得分数，便在答题时表示“再没有比先生的见解更圣明的了，小子不敢赞一辞”；学生是有这样的机灵的。

是我给学生以“金人缄口”的暗示，转过来又嗔他们喑默无言，这是一种矛盾的现象，我不能不承认我的过失。不让学生预习，学生不曾经过“学然后知不足”的阶段，便无由接触到问题；不准备讨论，自然又无取乎去寻求问题。出耳朵听讲，就是他们的一切了。教师不设法修筑堰堤，导引水源，而妄冀着学生们自己有悟入处，水到渠成。未免把学生期许得过高，而自己也太不负责任了。教师不实际去指挥讨论，只是昨天准备功课今天教，不曾经过“教然后知困”的阶段，就不会清楚学生的程度如何，他们需要的是什么，自己所欠缺的是什么；谈不上“教学相长”。讲明白了文章，就是教师的一切了。先生讲，学生听，学生不发问是必然的，他们的课业不进步也是必然的。

我们一定要鼓励学生一面能注意学习，一面能用心思想，学与思应该得到平行发展的机会。像我们这样注入式的教学，学生多半容易学而不思；少数厌苦这种口耳之学的，又会激成他们的思而不学。我们不必责备学生的偏惊与偏废，只消我们能采用适当的教学法，这偏颇是有矫正的可能的。

《日知录》论南北学者之病说：“‘饱食终日，无所用心，难矣哉！’今日北方之学者是也；‘群居终日，言不及义，好行小慧，难矣哉！’今日南方之学者是也。”无所用心的是学而不思，好行小慧的是思而不学。过去交通不便，长江大河，限绝南北，环境影响人的生活，学分南北是讲得通的。现代梯航大通，五方杂处，就不可一概而量了。我们可以说，不拘生长在南方或北方，生性聪敏些的容易犯思而不学的毛病，质实些的容易犯学而不思的毛病。“学而不思则罔，思而不学则殆”，同样不会有成就。指导学生时，似乎该各就他们的个性而因势利导。

教与学只靠在教室里每周几小时的时光，当然不会有多大成效。我们讲教学方法，讲学生学思并重，经济合理地去支配教学时间，都不外要使学生尽可能地多得到一些。“子谓子贡曰：‘女与回也孰愈？’对曰：‘赐也何敢望回？回也闻一以知十，赐也闻一以知二。’”（《论语・公冶长》）学问之道，原该是“告诸往而知来者”的。所以孔子说：“不愤不启，不悱不发；举一而不以三隅反，则不复也。”（《述而》）现在的学生，好的是闻一知一，等而下之的闻一知半，或竟闻十百才知其一。不是他们的才智太差，要怪我们这些做教师的画地为牢，把学生的智慧给局限住了。他们的教学方式，是要求学生一切思想活动都待我们的耳提面命，不准稍自主张。我们偏要摆一张扇面式的桌子在学生面前，告诉他们说这一隅是方的，那一隅也许是圆的。经我们把学生捉弄得迷惑了，再忍心地斥责他们不能隅反吗！

八　新旧兼通

提起把学生捉弄得迷惑，我想到在过去我有一个阶段，真像在跟学生捉迷藏的一般。我和学生一同站在个小圈子里，自己睁着眼，却把学生的两只眼睛用手帕蒙起。我向东拍手走向西边，向西拍手走向东边。急得学生东扑空，西扑空，真是“瞻之在前，忽焉在后，如有所立卓尔，虽欲从之，末由也已”的光景。后来他索性不管我拍手的方向，在暗中摸索，步步紧逼过来。我这时却有些手忙脚乱了，顾不得拍手，沉重的脚步声又泄露了自己的“所诣”，终于被学生捉个正着！扯下手帕，相视一笑。这时的学生已由大学毕了业，也有资格去蒙起别个的眼睛，自己拍手跳踉了。

从文学革命以来，除了极少数抱残守阙的老教师外，大家已经一致认识文言是快死去的形式了。可是国文教学却什九采有文言的教材，“语体的你们自己看一看就够了，”他们说。这不是“向东拍手走向西边”吗？

学生在教室里听文言的课文，他们多半只是懂得了经教师翻译过来的白话。这白话与文言原句的关涉，他们没有能力亲切地牵合到一起。所以大多数学生对国文不感兴趣，他们认为学校里有这么一门功课，只是逼迫着我们呆坐在那里听一听古人的语言而已。——他们以为清代以前的人就是那么之乎者也出口成章的。少数因为偶然的机会，在课外读一些文学作品的，渐渐对文学发生一点兴趣，也只是读白话的作品，教室里的文言课仍然是不相干。要他们去读古书，他们也不耐烦。教师所指导的，他们不想去接受；只有课外的涉猎给他们一些助益。这不是“不管拍手的方向，暗中摸索”吗？

教室里的“如对古人”是劳而无功，课外的“暗中摸索”是事倍功半。所以一般中学毕业生文言弄不通，白话文也写不到好处。但他们却自以为了解与表现的能力早已“够了”。

现在的中学国文教材，是文言语体混合编列的。由初中一年级到高中三年级，文言教材递增，最后增到百分之九十；语体教材递减，最后减到十分之一。这编制已经使学生发生一种错觉，以为语体是初步的东西，文言才够深奥。教师又多半讲文言，以为语体不值得一讲，更加把学生导入歧途。他们以为文言是不可跻之天，学不通，就放弃了它；语体文自己看一看就成，自然很容易便“够了”。

浦江清先生《论中学国文》一文中说：“大家的意见是语体文浅近，初中学生已全能了解，到了高中应全读古文了。其实论文字是古文深奥，语体文浅近，论内容就不见得。学术和文艺，从古到现代都是从单纯到复杂的。现代人的感情和思想，实在比古人复杂，所以中国现代的语体文中所表达的内容，有许多是超出于初中学生的智力和体会力的。学生如不读那些东西，语体文教育就不会完成。而且他们的习作也只停留在幼稚的阶段里。所以高中课本里不再选有语体文，当然是一个缺憾。”（原载《国文月刊》第3期，亦见《国文教学》附录）学生的年级一年年地“高升”，程度却始终“停留”在似通不通的线上。——“低落”的病象就在这里露现出来了。

就这一般中学生说，不管将来要学什么，语体文非学通写通不可。是中国人就要中国的语言文字为情思的媒介——了解别人的与表达自己的；是现代人就要用现代文为工具：都是毫无问题的。至于文言的呢？朱自清先生说："文言的教材，目的不外两个：一是给学生做写作的榜样或范本，二是使学生了解本国固有文化。这后一种也可以叫做古典的训练。我主张现在中等学校里已经无须教学生练习文言的习作，但古典的训练却是必要的。""我主张中学生应该诵读相当分量的文言文，特别是所谓古文，乃至古书，这是古典的训练，文化的教育。一个受教育的中国人，至少必得经过这种古典的训练，才成其为一个受教育的中国人。"浦江清先生说："我的意见作文可以注重语体文，但文言文功课也须有习作。……不废文言习作的一点，或者有人反对，所以特为补说一点理由。第一，教育的目的要顾到社会上的应用。……第二，普通中学的毕业生有一部分要进大学的文法科。第三，裴根说'写作使人正确'，我们说'眼到必须手到'。无论读那一种文字，都要做造句，翻译，作文练习，否则所记得的，知道的，不会正确。"

我的意思是一般中学生"古典的训练"是应该接受的，文言的习作似乎不必；勉强着他们，终于也写不通。为社会上应用计，"若有些人向这方面努力，试造种种应用程序，让大家试用，逐渐修正，白话不久便可整个儿取文言而代之，文言便真死了，文言的死亡，和白话的普遍应用，是事所必至，是计日可待的。"（朱先生语）我们实不必再给社会上将死的形式去注射葡萄糖，延续它的生命了。这是就一般中学生说。志趣在文学上的学生，就"眼到必须手到"。因此我希望中学生能尽早"辨志"。在清末民初，五六岁才识字的孩子，到十岁左右，资质不太差的，就可以写文言短篇，大致通顺，文言文的文法、气势格调、体裁，是有轨路可循的，得其门而入，并不是骇人的难事。志趣在学文学的高中学生，写通顺的文言，本不该是“难于上青天”的。志趣在此，便该眼到、口到、心到、手到。

不过试作时要记着这是为了帮助了解的缘故，并不是生在现代还需要袭取前人的调子。“现在有许多学者还用文言著书”，多半因为是整理本国的文化，征引古书里的材料太多，也用文言组织起来，较为方便一些，而且这类书籍是写给要了解我国文化的人们去研读的，编著者所用的文言不会比所征引的古书更艰深，所以不妨用文言写。其他方面的著述，便没有用文言的必要了。我也试想，尽管是整理国故的文章，也可以用白话行文，再把征引的东西也翻译成语体，标明它的出处可以覆按就是了。总之，大家应该向前找生路，不该回头走死路。现在还有些人，试作古文与诗词，便想把今日的文风挽回到唐宋的时代去。傻气些的还自诩着自己的作品有什么“唐味”、“宋精神”；诡谲些的也许借着知能并重的口号，还希冀着在枯骨上生出新鲜的血肉来，主张“旧瓶装新酒”，迷恋着昔日的残骸。为预防这思古病的病菌侵入一般学生的血液里去，这学文的分际是该交代清楚的。

在今新旧交替的过渡时间，便不免有些趦趄不前，忘记了去处的人；又有些捷足先登，忘记了来路的人。前者泥古非今，是沉淀的渣滓；后者识今昧古，是漂浮的泡沫。严格地说，都是不足为人师的。我们要求于一般中学生的，还要他们渐渐做到新旧兼通；做教师的起码条件，当然是需要并具指导新旧文学的能力。再说文学革命已经有近三十年的历史了，现在四十岁以内的人所受的教育已是新旧参半；四十岁以上的人多半也跟着时代走，很少有落伍的。年纪较轻的人也并不是没有受过旧的文学的陶冶。所以希望当代国文教师新旧兼通，并不是苛刻的要求。浦先生说：“我有一个意见，主张把中国文从混合的课程变成分析的课程；把现代语教育和古文学教育分开来，成为两种课程，由两类教师分头担任。”我认为分成两种课程是一个好办法；由两类教师分头担任，流弊怕要很多。第一是新旧两方面更容易明整旗鼓地树起壁垒来，文言白话之争又要重演一回，而且纠缠下去；青年学生无所适从，大家耳根也不清静。第二是古董得了护身符，就要平添一批古色古香的新古董；新出品得了专卖权，就要招惹一批鱼目混珠的冒牌货。我这比拟也许有些不伦，总之我的意思是课程可以折中，师资不好将就；糠秕沙砾，只有簸扬淘汰了它们。

文化的进展是后浪推前浪的起伏着的，又像是螺旋形上升着的。每个时代都有正有反，都要蜕旧生新。指导的人跟学习的人，也只有这时代的左脚迈向前一步，那时代的右脚迈向前一步的前进着，永远也不该跨踔而行。我们要知道，左脚迈向前时，右脚便做了支点：现在的白话文便是左脚，文言就是右脚。教师已经训练好了自己，才能做成这种姿势指导学生跨出这一步去。两个教师，一个用左脚跳，一个用右脚跳，学生哪里能学会走路呢？

《文史通义》上说：“天下有可为其半，而不可为其全者；偏枯之药，可以治偏枯，倍其偏枯之药，不可以起死人也。天下有可为其全，而不可为其半者；樵夫担薪两钧，捷步以趋，去其半而不能行：非力不足，势不便也。风尚所趋，必有其弊。君子立言以救弊，归之中正而已矣。惧其不足夺时趋也，而矫之或过，则是倍用偏枯之药，而思起死人也。仅取救弊，而不推明斯道之全量，则是担薪去半，而欲恤樵夫之力也。”我以为一般中学生，志趣并不在学文的，应该注重语体，文言能够读得通，看得懂，对我国固有文化直接间接的见识一番也就罢了。习作可以完全用语体，不必试作文言；一定要兼顾，文言既写不通，把练习语体的时间又占去了，语体也难有进步。这是“可为其半而不可为其全”的。志愿在学文学的学生，就要“为其全而不可为其半”。现在国文教师中，已经多半各有所偏；或者随俗浮沉，没有准稿子。大学里中文系的学生，有的只尝试新的创作，忽视旧文学的研究；有的还在作诗填词，不理会新文学的发展。前者想抽刀断水，后者又食古不化，同样的是“担薪去半”，吃力的，踉跄地走着。将来的成就，恐怕都很渺茫。谈到补救的方法，就要对症下药。把学生的志趣先要分辨清楚，然后再斟酌损益。总是这般不辨淄渑的一例看待，是不稳妥的。因为新旧兼施，加给一般中学生身上的便未免是“倍其偏枯之药”；若是专重语体或文言，有志于学文的学生渐渐又会感到“去其半而不能行”的苦楚。教师若能设法导引着学生尽早发见他们自己的天才，再分别按照学生的志趣，供给他们以适当的教材，自然便可以“着手成春”了。

九　咬文嚼字

陶渊明作《五柳先生传》以自况，文中说：“好读书，不求甚解；每有会意，便欣然忘食。”现在的学生大多数便持不求甚解的态度去读书。我常看到学生在书的封面上写着：“×年×月×日购于××”，书的底页又会发见：“×月×日读毕。”购书跟读毕的日子多半只隔三两天，很少有超过一个星期的。这么“目十行下”的读过之后，就束之高阁。这不但是不求甚解，简直是甚不求解了。陶渊明他明明说“好”读书，“每有会意”便是了解，“欣然忘食”便是欣赏；既能了解，又能欣赏，他才“好”这营生的。他的《移居》诗中有句云，“奇文共欣赏，疑义相与析”，真是个乐学的人。我们草三潦四地读书，说是学渊明的不求甚解，那是连《五柳先生传》也不甚解了。

学生不求甚解的病症是怎样染成的呢？积极的原因是从初识字

起，就没有受过切实明确的训练；消极的原因是由于教师指导过求甚解，所激起的反动力。前者不待解说，后者可以略为一谈。现在一般中学校里国文课程多半选教文言的教材，教学的方式多半是把文言释成白话。口授之外，要写笔记。笔记便是文章体制，作者传略，声韵训诂，校勘考证，“五雅”、“九通”都一起搬进教室去。写得愈多、愈杂，显得教师愈渊、愈博。学生录在手头，吞进肚里，却是愈生愈硬，愈涩愈苦。这些才是“甚解”，渊明所“不求”的，却落在现今学生的头上了。这些并不是不该讲，而是不该像现在这样过量地灌输。太多了便撑得学生的肚皮发胀，消化不了。他们“一朝被蛇咬，三年见个绳头儿也怕”，除非你“右手刀剑，左手可兰经”，他们再也不甘心去下水磨工夫的。

“青年们不看重讲读，还有一个缘故。他们解得讲读总不免咬文嚼字费工夫，而实际的阅读只消了解大意就够；他们课外阅读，只求了解大意，快当得多。他们觉得只有这种广泛的阅读才能促进写作能力的发展；讲读在一年里只寥寥三四十篇，好像简直没有益处似的。但是没有受过相当的咬文嚼字的训练或是没有下过相当的咬文嚼字的工夫的人，是不能了解大意的，至少了解不够正确。学生们课外阅读，能够了解大意，还是靠多年的讲读教育——虽然这种讲读教育没有很大的效率——或是自修的工夫。不过阅读有时候不止于要了解大意，还要领会那话中的话，字里行间的话——也便是言外之意。这就不能太快，得仔细吟味；这就更需要咬文嚼字的工夫。再说课外阅读可以帮助增进写作的能力，固然是事实，但一目数行地囫囵吞枣地读下去，至多只能增进一些知识和经验，并不能领会写作的技术。要在写作上得益处，非慢慢咬嚼不可。一般人的阅读大概都是只观大意，并且往往随读随忘；虽然快得惊人，却是毫无用处。随读随忘，不但不能帮助写作，恐怕连增进知识和经验的效果也不会有。所以课外阅读绝不能无条件地重视，而讲读还是基本。不过讲读不该逐句讲解，更不该信口开河，得切实计划，细心启发，让学生们多讨论，多练习，才能有合乎课程标准的效率。”（《国文教学》序）现在的国文教学，偏多逐句讲解；但又不见得做到了“相当的”咬文嚼字。只是“×者×也”的写上一黑板，仅仅算“说文解字”，够不上说是“咬文嚼字”。而且烦琐得使学生们感到头痛，几乎要窒息；待到他们自己在课外阅读时，自然便以囫囵吞枣为快意了。既已习与性成，再劝他们慢慢咬嚼，他们一定不耐，何况也不常遇到能指导他们细嚼烂咽的人。他们没有下过这番咬文嚼字的基本工夫，了解自然不会怎样深刻，写作也不能怎样成熟。一切都从他们的眼前、口头、心上、手下滑了过去，随带着他们的时光！

在这里，我想举几个咬文嚼字的例子，也只能约略地说一说。还希望青年读者耐心地看一看，细心地想一想。倘若觉得有点儿意思，那么以后不拘读到什么文章时，就不要把那些由作者心血炼成的一字一句，轻轻放过。渐渐的你们会有眼泪流下双颊，或是浮现出愉快的笑靥，和那些苦心的作者心印神交。

文章里描写的词句，都需要作者能设身处地，“入乎其内，故能写之”（王国维《人间词话》）。读者也需要能体贴入微，声应气求，才有所悟。《史记·刺客传》：

> ……荆轲既至燕，爱燕之狗屠及善击筑者高渐离。荆轲嗜酒，日与狗屠及高渐离饮于燕市。酒酣以往，高渐离击筑，荆轲和而歌于市中，相乐也；已而相泣，旁若无人者。

写几个不为世所知的豪侠之士的行径，“旁若无人者”，何等气魄！鲁迅《孤独者》：

> ……大殓便在这惊异不满的空气里面完毕。大家怏怏的，似乎

> 想走散，但连殳却还坐在草荐上沉思。忽然，他流下了泪来了，接着就失声，立刻又变成长嚎。像一匹受伤的狼，当深夜在旷野中嚎叫，惨伤里夹杂着愤怒和悲哀。这模样，是老例上所没有的，先前也未曾预防到，大家都手足无措了。迟疑了一会，就有几个人上前去劝止他，愈去愈多，终于挤成一大堆。但他却只是兀坐着号啕，铁塔似的动也不动。……

写一个不为世所容的独行之士的行径，“铁塔似的动也不动”，何等坚毅！再读《刺客传》：

> ……高渐离变名姓，为人庸保，匿作于宋子。久之，作苦。闻其家堂上客击筑，彷徨不能去。……

写一个爱好艺术的人的赏音与技痒的样子，“彷徨不能去”，何等依恋，多么肫挚！陆游《宴西楼诗》：“万里因循成久客，一年容易又秋风”；“因循”、“容易”所含蓄的意境，和这里的“彷徨”相仿佛，都需要我们低徊要眇地去吟味它。再读鲁迅《伤逝》：

> ……深夜中独自躺在床上，就如我未曾和子君同居以前一般。过去一年中的时光，全被消灭，全未有过。我并没有曾经从这破屋子搬出，在吉兆胡同创立了满怀希望的小小家庭。……

写一个醉心于理想而失败了的人的迷离与憧憬的臆念，“小小的家庭”多么令人悠然神往？李商隐“无题”诗：“重帏深下莫愁堂，卧后清宵细细长”；“细细”和这里的“小小”韵味相当，不过一个表现惝恍之思，一个却是表现欣羡之情的。你在读到这些字句时，若不能掩卷以思，就不会亲切地领略到那滋味。一盏名贵的茶，要你慢慢地去品它；一口气儿的灌下去，你反而会觉得它并不怎样解渴的。

文章里摹写人的动作，要适合当时的情境；句法的繁简，能和动态相合，富于暗示性，就更好。《刺客传》：

> ……田光曰："敬诺。"既起趋出。太子送至门，戒曰："丹所报先生所言者，国之大事也，愿先生勿泄也。"田光俛而笑曰："诺。"

《淮阴侯传》：

> ……陈豨拜为巨鹿守，辞于淮阴侯。淮阴侯挈其手，辟左右，与之步于庭。仰天叹曰："子可与言乎？欲与子有言也。"……

前段里的"俯而笑"三字，把壮士暮年的田光见疑于人时的情景活画出来。后段里的"仰天叹"三字，把居常鞅鞅的韩信失势受屈时的心境也写得活现。鲁迅《肥皂》：

> ……"我刚在练八卦拳……。"他立既转身向了四铭，笔挺地站着，看着他，意思是问他什么事。……

> ……招儿带翻了饭碗了，菜汤流得小半桌。四铭尽量的睁大了细眼睛瞪着看得她要哭，这才收回眼光，伸筷自去夹那早先看中了的一个菜心去……

这些把过去旧家庭里亲子之间的怪象也全盘托出了。再看《刺客传》：

> ……秦王谓轲曰："起，取舞阳所持地图。"轲既取图，奉之。秦王发图，图穷而匕首见。因左手把秦王之袖，而右手持匕首揕之。未至身，秦王惊，自引而起；袖绝。拔剑，剑长，操其室。时惶急；剑坚，故不可立拔。荆轲逐秦王，秦王环柱而走。……左右乃曰："王负剑！负剑，"遂拔以击荆轲，断其左股。荆轲废，乃引其匕首以擿秦王，不中；中铜柱。秦王复击轲，轲被八创。轲自知事不就，倚柱而笑，箕踞以骂曰："事所以不成者，以欲生劫之，必得契约以报太子也。"……

专用确实、简短的句子，记叙惊险匆遽的事变，是很得体的。我们读到这一段时，不自禁的呼吸和脉搏都要迫促起来。《肥皂》里“只见四铭就在她面前耸肩曲背的狠命掏着布马褂底下的袍子里的大襟后面的口袋”，一句，用极其冗累的句子，写装模作样，心口不如一的伪君子的做作，也是很得体的。我们读到这一句时，“观人于其微”，就可以觇及四铭的虚伪，连一个小行动都讨人厌。——这正是作者所要表现的。

文章里的虚字是表达语气的，语气是传达情感的。所以以前学文的人，很注重“求神气而得之音节，求音节而得之字句”（刘大櫆《论文偶记》中语）的读诵揣摩的功夫。现在也有些识者渐渐注意到这里，主张新文艺也该提倡朗读。近年来大多数人只用眼睛看书，不用口去读书，所以领悟得不够亲切，自己写作时，气势不能连贯，辞句又是板直的，冷漠的，不但写不出惊心动魄的文字，连引人入胜都不能够。我们来读《孟子》三宿出昼的一段：

> ……予三宿而出昼，于予心犹以为速。王庶几改诸。王如改之，则必反予；夫出昼，而王不予追也，予然后浩有归志。予虽然岂舍王哉？王由足用为善，王如用予，则岂徒齐民安，天下之民举安；王庶几改之，予日望之。予岂若是小丈夫然哉：谏于其君而不受，则怒；去则穷日之力而后宿哉！……

他的慕君爱民的感情，都辗转往复地由一些虚字中表现出来了。《刺客传》：

> ……荆轲虽游于酒人乎，然其为人沈深好书。其所游诸侯，尽与其贤豪长者相结。其之燕，燕之处士田光先生，亦善待之，知其非庸人也。……

一个“乎”字，便表达出司马迁对荆轲一种钦迟之情；而且也有感慨愤激的因素，才慨当以慷地写出这样的叹词，不是随便写上去的。

《肥皂》里的一段：

> ……“这真叫作不成样子”，过了一会，四铭又慷慨地说，“现在的学生是。其实，在光绪年间，我就是最提倡开学堂的，可万料不到学堂的流弊竟至于如此之大：什么解放咧，自由咧，没有实学，只会胡闹。学程呢，为他花了的钱也不少了，都白花。好容易给他进了中西折中的学堂，英文又专是‘口耳并重’的，你以为应该好了罢，哼！可是读了一年，连‘恶毒妇’也不懂，大约仍然是念死书。呵，什么学堂，造就了些什么？我简直说，应该统统关掉！”……

这段里的词气，表现四铭的有所为而发的牢骚，不待细说。

> ……“我么？——没有。一两个钱，是不好意思拿出去的。她不是平常的讨饭，总得……。”
>
> “嗡。”她不等说完话，便慢慢地站起来，直到厨下去。黄昏只显得浓密，已经是晚饭时候了。……

一个“了”字，也写出四铭太太心中的无限怅惘和说不出的倦意。然而晚饭总得去做，肥皂的泡沫也总得高高地堆在两个耳朵后，这便又引起作者无限的怅惘；可见那“了”字也不是随便写上去的。

这些说法，只要你肯细心咀嚼，便俯拾即是，要写也写它不尽的。而且各人所体悟到的不必尽同，随顺着自己的意思，把它尽量写出，想去规范陷锢别人的想像，就要堕入金喟批才子书的魔道。章学诚说：“文字之佳胜，正贵读者之自得。如饭食甘旨，衣服轻暖，衣且食者之领受，各自知之，而难以告人。如欲告人衣食之道，常指脍炙而令其自尝，可得旨甘；指狐貉而令其自被，可得轻暖：则有是道矣。必吐己之所尝而哺人，以授之甘；搂人之身而置怀，以授之暖：则无是理也。”话虽然说得稍偏一点儿，终竟是有道理的。可是现在一般学生，在国文学习上未曾受过妥当的训练，像是因为衣食不节，已经害了流行性感冒。尽管狐貉被体，他们也不感觉轻暖；脍炙在前，他们也嗅不到，尝不出那旨而甘。所以“举隅反三，称情比类”，还是需要的。

十　缘情度理

学生如果能做充分的预习，咬文嚼字的习惯，很快就可以养成了。过了这“细”的阶段，就要进到“透”的尝试。由了解进而为欣赏——欣赏也可以说是透彻的了解。

许多作品，都由作者悲天悯人伟大的同情心凝聚而成。杜甫因此便有“朱门酒肉臭，路有冻死骨”一类写民间疾苦的诗歌，鲁迅因此便有“他大约只是觉得苦，却又形容不出”一类替哑子“呐喊”的创作。表现人生，是作者的愿望；批评人生，是作者的理想。作者以理来的，读者要以知往；以感授的，要以情接。情知相辅的去缘情度理，才会有所得。不然，便只能接触到所描述的故事的外形，受不到情趣的感召，思想的陶镕，读了也等于没有读。

所以读一篇文章，要把那写在平面上的文字，看成立体的东西：有高低，有远近，有隐显，有明暗。要抓到一篇中的警策，或是故事开展的最高峰；要从情景融会的字句中，找出它们的联系；要知人论世，辨明不得已而用的曲笔；要体味字里行间的话，听出弦外之音。然后才算把这篇文字读“透”了。

李密的《陈情表》，是修辞立诚的文字。尤其足以表现他的诚款的，是下面的一段：

> ……臣无祖母，无以至今日；祖母无臣，无以终余年。祖孙二人，更相为命，是以区区不能废远。臣密今年四十有四，祖母刘今年九十有六：是臣尽节于陛下之日长，报养刘之日短也。乌鸟私情，愿乞终养。……

这便是一篇中的警策，真情流露，血泪斑斑。前文许多申述的话，都成了这几句的注脚了。“臣无祖母，无以至今日；祖母无臣，无以终余年”，词重意复——也惟有这重复，才更显现出情诚志切。“四十有四，九十有六”多么鲜明的对比！他平素“一则以喜，一则以惧”的孝思，我们也可以就而觇知了。鲁迅《明天》里的一段：

> ……她现在知道她的宝儿确乎死了；不愿意见这屋子，吹熄了灯，躺着。她一面哭，一面想：想那时候，自己纺着棉纱，宝儿坐在身边吃茴香豆，瞪着一双小黑眼睛想了一刻，便说“妈，爹卖馄饨，我大了也卖馄饨。卖许多许多钱，——我都给你”那时候，真是连纺出的棉纱，也仿佛寸寸都有意思，寸寸都活着。……

是这篇故事的最高峰，写到母爱的深挚处。宝儿活着时，话说得有意思，“连纺出的棉纱，也寸寸都有意思，寸寸都活着”。现在“她的宝儿确乎死了”，自然一切也都跟着死去。所以“苦苦的呼吸通过了静和大和空虚，自己听得明白”。

陶渊明《归去来兮辞》里的“云无心以出岫，鸟倦飞而知还”是说眼前的云和鸟，同时也在象征着自己的心事：过去的“聊欲弦歌为三径之资”是无心而出；今日的“不为五斗米折腰”是倦飞而还。鲁迅《故乡》里的“我们的船向前走，两岸的青山，在黄昏中都装成了深黛颜色，连着退向船后梢去”，是写眼前的景物，同时也含蕴着人生的感慨；“我只觉得我四面有看不见的高墙，将我隔成孤身，使我非常气闷；那西瓜地上的银项圈的小英雄的影象，我本十分清楚，现在忽地模糊了，又使我非常的悲哀”。创作的人，不是经意的要写云、写鸟、写青山，再来暗示我们追悟他们的衷隐：原来他们在见云、见鸟、见青山时，已经发生了移情作用，他们的想像就是这么开展着的，便忠实地写出。这种情景相识的境界，我们若不能透过外在景色，体会到他们内在情感发展的痕迹，就不会觑得和作者相同的意象，一切便都索然了。

作者也有时不得已而用曲笔。鲁迅已经自己说过了："既然是呐喊，则当然须听将令的了，所以我往往不恤用了曲笔，在《药》的瑜儿的坟上平空添了一个花环，在《明天》里也不叙单四嫂子竟没有做到看见儿子的梦，因为那时的主将是不主张消极的。"《陈情表》里的"舅夺母志"，怕也是子为母隐的曲笔。我们只能说这是李密孝子之心的淳至处，不该当真就慨叹"亦有兄弟，不可以据"。

为了作者有不能自已之情，所写出来的文字往往也意在言外。《史记·项羽本纪赞》：

> 吾闻之周生曰：舜目盖重瞳子，又闻项羽亦重瞳子；羽岂其苗裔邪？何兴之暴也！……自矜功伐，奋其私智，而不师古。谓霸王之业，欲以力征，经营天下，五年卒亡其国，身死东城。尚不觉悟，而不自责；过矣。乃引天亡我，非用兵之罪也；岂不谬哉？

口口声声是责难之辞，字里行间却埋蕴着惋惜不平的意气。《淮阴侯传赞》：

> ……假令韩信学道谦让，不伐己功，不矜其能，则庶几哉于汉家勋，可以比周、召、太公之徒，后世血食矣。不务出此，而天下已集，乃谋畔逆；夷灭宗族，不亦宜乎！

天下"已"集，"乃"谋畔逆；当日蒯生劝你"三分天下，鼎足而居"的时会，你干什么来！

为的要引起读者的注意力，或者要写得含蓄些，作者也有时故意不说得太明显，或是借他事来做衬托的。鲁迅《一件小事》：

> ……我这时突然感到异样的感觉，觉得他满身灰尘的后影，

> 霎时高大了，而且愈走愈大，须仰视才见。而且他对于我，渐渐的又几乎变成一种威压，甚而要榨出皮袍下面藏着的“小”来。……

这是说，车夫的满身灰尘，不妨害其为伟大；自己身上穿着的绅士式的皮袍，对于人格的渺小，仍然是没有帮助的。鲁迅《肥皂》：

> ……经过许多时，堂屋里的灯移到卧室里去了。他看见一窗月光，仿佛铺满了无缝的白纱，玉盘似的月亮现在白云间，看不出一点缺。……

这红尘里的伪君子，却遮掩不了言行上的“缝”隙，怕在心灵上也难免有些“缺”陷吧？所以“他很有些悲伤，这一夜睡得非常晚”；小人长戚戚，是咎由自取的。

这些都有弦外之音，需要揣摩一番，才能透入。凡是流传着的作品，都必有它的可传之实。你该一面读，一面想；多读几过，多想几转。透过泥沙，才能淘出真金；透过海水，才能采得珊瑚。浅率的掠取一些，几团泥沙连一块砖都烧不起，几勺海水连一撮盐也煮不成；时间精力，不是都掷于虚牝了吗？

十一　深入浅出

如果能在教室里多多讨论，缘情度理的尝试，随时都可以有所触发。过了“透”的一关，就该往“深”字上打主意了。作者凭依着他造诣高深的学养，运用娴熟的文字，在有意无意之间，所表现于作品中的，总是些深曲高卓的情理，超凡入圣的手法。你不像剥笋子一般一层层的剥到里面去，便不会尝到鲜美地滋味；所接触的不过是作者的弃箨罢了。

先就形式方面——行文的技巧上——举例说一说。白居易《长恨歌》：

……临邛道士鸿都客，能以精诚致魂魄；为感君王辗转思，遂教方士殷勤觅。排空驭气奔如电，升天入地求之遍，上穷碧落下黄泉，两处茫茫皆不见。忽闻海上有仙山，山在虚无缥渺间。楼阁玲珑五云起，其中绰约多仙子：中有一人字太真，雪肤花貌参差是。……

《琵琶行》：

浔阳江头夜送客，枫叶荻花秋瑟瑟。主人下马客在船，举酒欲饮无管弦。醉不成欢惨将别，别时茫茫江浸月。忽闻水上琵琶声，主人忘归客不发。寻声暗问弹者谁？琵琶声停欲语迟。移船相近邀相见，添酒回灯重开宴；千呼万唤始出来，犹抱琵琶半遮面。……

这两段里的两个“忽”字，都用得很恰当。“忽”是表示迅急出乎意外的副词，在“山重水复疑无路，柳暗花明又一村”的突兀转变时，用它才合宜。这两段都是由无希望中，蓦然透出希望来，所以“忽”字下得有力；也可以说为了要在这里下一个“忽”字：才着意地把以前的句子写到尽处、绝处。究竟孰为因，孰为果，不必苦诛求；大家成就一番表现上的完美就是了。假如去掉“上穷碧落下黄泉，两处茫茫皆不见”，“醉不成欢惨将别，别时茫茫江浸月”几句，也未始不可；但转来再读到“忽”字时，就显得疲惫无力，而且夹杂在里面，又像是很不调匀的了。

一篇文章里的每一句每一字，每有前后联贯，左右提挈，彼此呼应，互相帮衬的作用。因为牵涉太广，条件太多，某一种场合，便只有某一个字才是适当的。行文时绮交脉注，每一句一字都选用了那适当的，通篇便显得很和谐；有一句一字不大顺溜，便很觉得刺眼，或是碍口。欧阳修《泷冈阡表》里有“回顾乳者剑汝而立于旁”一句。“本篇各本有异文若干处，这个‘剑’字，一本作‘抱’

字。有人说，作‘剑’字表示‘乳者’把作者挟在胁下，看主人在灯下办公事，情态很生动；若作‘抱’字，就觉得直致了，但这‘剑’字是个僻字，就本篇全体看，使用僻字的就只有这一处，未免见得不调和。并且用‘剑’字就生动，用‘抱’字就直致，也只是从爱好僻字而来的主观看法。所以，作者当时用的如果真是‘剑’字，在全篇用字须求调和这一点上是可议的。”（见叶圣陶、朱自清先生著《精读指导举隅》）便是很好的例证了。

再就内容方面——文章的情思上——举例说一说。再来看《泷冈阡表》：

> ……吾之始归也，汝父免于母丧方逾年。岁时祭祀，则必涕泣，曰：“祭而丰，不如养之薄也！”间御酒食，则又涕泣，曰：“昔常不足而今有余，其何及也！”吾始一二见之，以为新免于丧适然耳；既而其后常然；至其终身，未尝不然。……
>
> ……汝父为吏，常夜烛治官书，屡废而叹。吾问之，则曰：“此死狱也，我求其生不得尔。”吾曰：“生可求乎？”曰：“求其生而不得，则死者与我皆无恨也；矧求而有得邪？——以其有得，则知不求而死者有恨也。夫常求其生，犹失之死；而世常求其死也。”……

欧阳修要表彰他的父亲是仁而孝的人，——还不够，是大仁大孝的人，孝子的心上才得宁贴。这两段叙述，便果然得心应手了。假如略去“至其终身，未尝不然”和“世常求其死”两层意思，崇公便不过是一位老成人而已，算不了什么大仁大孝。“新免于丧适然”的是常人，“既而其后常然”的是孝子；“至其终身，未尝不然”便是“大孝终身慕父母”了。做法官而“常求其死”的是酷吏，“常求其生”的是仁人；自己既能想尽方法去开释无辜，而想到一般法官滥施重典，又能发出由衷的慨叹，“俨有释迦、基督担荷人类罪恶之意”，才够得上说是大仁。大仁大孝，崇公的道德才高不可攀，才“足以表见于后世而庇赖其子孙矣”。

欧阳修并不是为了要表彰自己的父亲，便尽拣好的说，极力夸耀着写他父亲的大仁大孝；他原是“修辞立其诚”的。他父亲在他四岁上就故去了，那时他还是个不懂事的小孩子。若是生在平常的人家，长大起来，他对死去的父亲也许毫无印象。但欧母是画荻教子的贤母，她能把崇公的善念善行做为慈训，常常灌输给她的爱子。父亲的德业，在儿子的心目中早已是完美无缺的典型了。秉着这孺慕之私，才能千诚百恳地写出这一篇墓表，没有半点含糊，没有丝毫欺世盗名的意思，惟至诚能感人，所以这一篇文章也叨光而永垂不朽。社会上一些“谀墓”的文字，没有真情感，只是拣好听的说，所以没有什么价值。

情真作品也便真，真情流露的作品自能感人。不但主观的作品如此；客观的描写，为其能“入乎其内”，也同样的是出于真情。《长恨歌》写唐明皇的别恨，不就是很亲切的吗？这要作者设身处地地体会所要描写的人物的生活，才能表现到好处。偶一疏忽，就要失败的。《岁寒堂诗话》里说：“‘夕殿萤飞思悄然，孤灯挑尽未成眠’，南内虽凄凉，何至挑孤灯耶？”这里确是用寒士的经验，去写天子的生活了；不能不说是《长恨歌》里的小疵儿。

求深入的了解，要提防三件事：一不要走向孤峭之路，二不要强人就我，三不要深文罗织。能在教室里做充分讨论，便不会犯这些毛病了。再借剥笋子为例说，学生能自己剥一层的，教师最好帮助他剥到第二层，然后再教他试着去剥第三层……做结论时，教师才说出自己的最后意见。学生渐渐深入，教师却永远在“一层”的前面导引着，对于学生说，这样才叫做“浅出”。“三尺之岸，而虚车不能登也；百仞之山，任负车登焉。何则，陵迟故也。”（《荀

子 · 宥坐篇》）由渐而入，学习的人才会感到从容些。现在的国文教学，几乎是“断岸千尺”，教师“覆巉岩，攀栖鹘之危巢”，学生是“不能从焉”的。

十二 触类旁通

凿得“深”以后，又要拓得“广”。学问之道，本是着重在能“引而伸之，触类而长之”的。我们读过《泷冈阡表》，认识了它是情真之作。有没有别的文章可以跟它相比的呢？我们也许就想到归有光的《先妣事略》：

> ……正德八年五月二十三日，孺人卒。诸儿见家人泣，则随之泣；然犹以为母寝也。伤哉！……有光七岁，与从兄有嘉入学。每阴风细雨，从兄辄留；有光意恋恋，不得留也。孺人中夜觉寝，促有光暗诵孝经；即熟读，无一字龃龉，乃喜。……孺人死十一年，大姊归王三接，孺人所许聘者也。十二年，有光补学官弟子。十六年，而有妇，孺人所许聘者也。期而抱女，抚爱之，益念孺人，中夜与其妇泣。追唯一二，仿佛如昨，余则茫然矣。世乃有无母之人，天乎，痛哉！

“……‘世乃有无母之人，天乎痛哉！’要与上面的话联带体会，才知是表达孺慕之情的至性语。上面说母亲死后十二年，他补了学官弟子；这是一件重要事儿，必须告知母亲的。母亲当年责他勤学，教他背书，无非盼望他能得上进；然而母亲没有了，怎么能告知她呢？又说母亲死后十六年，他结了婚，妻子是母亲所聘定的，过一年生了个女儿；这又是一件重要事儿，必须告知母亲的。母亲当年给他聘定妻子，就只盼望他们夫妇和好，生男育女；然而母亲没有了，怎么能告知她呢？因为要告知而无从告知，加深了对于母亲的怀念。可是怀念的结果，对于母亲的生平，只有一二成‘仿佛如昨’，还记得起，其余的却茫然了；这似乎连记忆之中的母亲也差不多要没有了。于是说‘世乃有无母之人，天乎痛哉!’好像世间不应当有‘无母之人’似的。由于怀念得深，哀痛得切，故而这样痴绝的话，不同平常的话，正是流露真性情的话。……”（见《国文教学》）为了“真”，他才能写出“诸儿见家人泣，则随之泣，然犹以为母寝”的真情景。这真情中，藏蓄着人生的至痛，所以跟着写出“伤哉”二字。为了“真”，他才能写出“每阴风细雨，从兄辄留，有光意恋恋”，他不想自诩，说自己是个勤学的学生。为了“真”，他才能写出“追唯一二，仿佛如昨，余则茫然”，他不隐讳母亲的生平在他记忆中的模糊，他不想借“罄竹难书”一类的辞令，轻轻掩饰自己印象的浅弱。他对母亲的孺慕之私，是逐年在增长着的：母亲刚死时，不过是随家人泣；补了学官弟子，才想到过去风雨入学，夜诵孝经，自己的成就由于母氏的功劳；结婚后生了个女儿，“养儿方知父母恩”，才“益念孺人，中夜与其妇泣”。儿时不晓事，母亲的生平行事，印在自己心版上的太少；待到体会得《蓼莪》的诗意时，母亲的墓木已拱。母亲至少也该多活二十年，亲眼看到这些儿婚女嫁，又得含饴弄孙；天心人事才算对得起她的忧勤。何竟在“儿女大者攀衣，小者乳抱”时，彼苍就遽夺其年。儿女还都在“以为母寝”，慈母的牵肠挂肚不言可知……“世乃有无母之人，天乎痛哉!”写到这里，一定要涕泪滂沱，一个字也写不下去了。

欧阳修是在父亲“足以表见”的际会，才动手写墓表。已经“显荣褒大”，孝思虽说无已，总算已经“待”出一些头脑儿来了。归有光是在念母之情有增无已的时候，来写这一篇事略。虽然孺人所许所聘的都已有了着落，“然而母亲没有了，怎么能告知她呢?”这种“昊天罔极”的哀痛，又没有“赐爵受封”可借以暂时欺骗自己，便只剩有这一篇文字，用来发泄自己的感情。辞出以诚，是必然的。所以《泷冈阡表》跟《先妣事略》比较起来说，两文都是情真之作，而心境又不同。前者“于是小子修泣而言曰”，是有得说；后者“世乃有无母之人；天乎痛哉！”只是人穷而呼天，没得说。

我们能不能再找到相反的例子——情感不够真挚的——来比较参看呢？也许就想到袁枚的《陇上作》：

> 忆昔童孩小，曾蒙大母怜。胜衣先取抱，弱冠尚同眠。……“玉陛胪传夕，金风榜发天，望儿终有日”，道“我见无年”。渺渺言犹在，悠悠岁几迁，果然宫锦服，来拜墓门烟。反哺心虽急，含饴梦已捐。恩难酬白骨，泪可到黄泉。……

欧阳修在《泷冈阡表》里叙列自己很多的官职，他相信这是祖考的功德，泽及子孙的，丝毫也没有自夸的痕迹，我们读着时，也觉得他应该那么写。袁枚的诗中“宫锦”两个字，便把“夸官”的心迹暴露无遗；“白骨”两个字，便自己尽了凉薄不孝的招状了。这边是祖母的一摊“白骨”，对面是孙儿的满身“宫锦”；若是一幅画，我们会看出它在寓有一种讽刺。

这种“广”的尝试——比较的研究，在预习、讨论、复习时，都有尽可能使其扩展的必要，原则是有线索可寻，不想入非非就是了。学生书读得少，未必每一篇每一句每一字都有连类并及的能力，教师该酌量提示一些，让学生自己去隅反，这叫做“能博喻，然后能为师”。也要因人施教。在学生眼前一两步远的，最好教学生自己走向前去，教师在三四步上接引着；一步自然又迈不了八丈远，也不该教学生时时的企而立，跨而行。

十三　分析综合

“细”“透”“深”“广”的尝试，都是分析的工作，最后还要根据这些尝试所得，做一番综合工夫。读一篇议论文，要捉到它的要领；读一篇说明文，要清晰它的统系；读一篇记叙文，就要如亲历其境；读一篇抒情文，就要能沁人心脾。不能分析，而想综合，就不免“白骨疑象，碔砆类玉，似之而非”；只知分析，不能综合，便如同“七宝楼毫，拆碎下来，不成片段”。现在一般国文教学，多半还采用逐句讲授的方式，在分析上也许多少有些效果；综合的训练，恐怕是最欠缺的。因此，学生所接受的，完全是零星的，不相联属的，甚至是互相矛盾的知识；自己写作，也多年没有系统，理路不清，只是许多字句堆垛起来，不成一篇完整的文章。

比如说，你已经读过了《泷冈阡表》，除了已经明了“皇考”“卜吉”“熙宁”“食邑”等词汇的意义，知道崇公“岁时祭祠”“夜治官书”，太夫人的“守节自誓”“言笑自若”等生活的记叙，跟欧阳修的许多官衔以外，你可曾在这篇文章的通幅上措意了没有？想到全篇，你是不是只能说：这是一篇墓表，是碑志类的文字，是欧阳修表彰他父亲的，一类常识的说法，或是写得文辞匀称，感情真挚，一类抽象的批评呢？

这是不够的。“这篇文字，通体只有一条线索，就是一个‘待’字。为什么直到父亲葬了六十年，才给他作墓表呢？因为有所等待。为什么要等待？因为作者的母亲说过‘有待于汝’的话。母亲的‘有待于汝’不是漫无凭依的空希望，她根据着父亲的孝行与仁心，知道这样的人该会有好儿子，能够具有同样的孝行与仁心，并且能够显荣他的父母祖先——就是所谓‘有后’。在父亲下葬的那年，作者才只有五岁，当然不能作墓表。后来长大起来，而且‘食禄’了，‘列官于朝’了，他还是不作，因为母亲所等待的还没有确切的着落；直到‘天子推恩褒其三世’，三代都受了皇帝的封赠，作著觉得‘是足以表见于后世而庇赖其子孙矣’，换一句说，母亲所等待的有了确切的着落了，他才动手作墓表。他以为‘天子推恩褒其三世’是自己‘幸全大节’的凭证，而自己所以能够‘幸全大节’由于不负母亲的等待，也就是不背父亲的遗训，总之是所谓‘不辱其先’，真成了个好儿子。这并不是夸张自己，只是见得父亲具有孝行与仁心而果真‘有后’，果真有好儿子，乃是‘为善无不报’的‘理之常’，要表扬父亲，还要比这个更值得叙述的吗？所以必须等待到这时候才来作墓表。——作者的意念是依着这样一条线索发展的。”（见《精读指导举隅》）你能似这般地把一篇文字的无形线索细绎出来，知道作者意念发展的路线，凭依着它，你才可以跟作者的心曲交通；在你自己写作时，就理会怎样去先拟定一个纲领，再组织篇章了。

再比如说，你已经读过鲁迅的《伤逝》，你知道这篇小说是涓生的忏悔录，写着他和子君同居前后的一段故事。除开这些，你也同情于子君的遭遇吗？为什么同情呢？你可曾觉察到作者在怜悯那些盲目相爱的青年男女吗？你也曾领会到作者写这篇小说，有消极的和积极的两个愿望：消极的是希望人们在没有弄清楚一件什么道理之前，不要贸然地做时代陷阱的牺牲者；积极地希望人们能更伟大些，挺起胸膛，担当起自己的过失，不要害别人做刍狗吗？你读到“待到孤身枯坐，回忆从前，这才觉得大半年来，只为了爱——盲目的爱——而将别人的人生的要义全盘疏忽了。第一便是生活。人必生活着，爱才有所附丽”“我没有负着虚伪的重担的勇气，却将真实的重担卸给她了。她爱我之后，就要负了这重担，在严威和冷眼中走着所谓人生的路”这两段时，你可曾假定这便是作者透露出来的主旨吗？鲁迅写这一篇“伤逝”，为什么借着“涓生的手记”用第一人称去写呢？假如改为客观的描写，会不会同样的成功？……

你能似这样的总括全文，寻求它的大旨；揣摩题材的主客隐显是怎样配备着的，怎样照应着的；怎样一种内容跟怎样一种形式合拍……然后你对于作者情思的卓绝，形式的完美，才会有亲切的领会。自己写作时，也有下手处。各体的文章你能多读一些，都审慎地做过一番分析综合的探讨，渐渐的你会体悟出行文的矩矱，伸楮落墨时，便可以左右逢源了。

写一篇文章要“外文绮交，内义脉注”，读一篇文章要品藻玄黄，观其会通；都不外是分析与综合。能在学校学文时养成这习惯，一生受用无穷。读书求速是现代青年的通病。我所处的这“细透深广合”的药方，“各包”却是“一剂”，要文火煎，温服，切忌生冷。

十四　结语

葫芦一经揭开，里面的药就显得很寻常了。写完这一篇文稿，自己又翻阅一过，觉得文章既写得颇有“齐气”，意见也毫无足取。但一向认作是“枕中鸿宝”的，写出来也只有这么多。除了自己更求进益以外，没有别的方法好想。

文中提到自己教学失败的经过，是“有案可稽”的。而实现自己在教学上的认识，有时又未免像阿 Q 的画圆圈，“刚刚一抖一抖地几乎要合缝，却又向外一耸，画成瓜子模样了”。但却也“立志要画得圆”的。“修合无人见，存心有天知”，一写出来做药疟门面的招牌，那丸散的成分，恐怕便真的只有“天晓得”了。

我是个庸医。《汤头歌诀》是读熟了的，《金匮要略》、《伤寒诀》还没读通；《素问》《难经》就更谈不到了。临症倒是很久，处方这还是第一次。川连似乎是下得多一点儿，药虽苦却不一定能利于病；只由于我的偏见，以为既叫做药就该带一些苦头的。

我的药照服一剂后，还是去请教名医吧，青年的顾主们！“讳疾忌医”是只有加深你们的病患的。罗常培先生说：“语言文字是一个民族文化的结晶，这个民族过去的文化靠着它来流传，未来的文化也仗着它来推进。凡属一国的国民对于他本国固有的语言文字必须有最低限度的修养，否则就不配作这一国的国民。”（见罗先生著：《中国人与中国文》）在学的青年应该抽出你们一天工作中十分之一的时间，看在“中国人”的份上，钻研一些“中国文”，该不算是把时间浪费了。有一年我初到某校教国文，和学生商量，要求他们预习复习。他们说别的功课太忙，课余委实再也分不出时间来。可是后来我看到有些男学生在宿舍里玩“桥”牌，有些女学生天天手不释“针”的织毛线作物。我便趁此旧话重提，并且指责他们。虽不免有些伤了他们的颜面；但是忍在肚子里，又怕太伤了自己的心：这些时光抛弃得有多可惜！现在想起，按捺不住，又要说；便写在这里当尾巴。——恕我的唠叨！

（原载《国文月刊》第48期，1946年）

14. 中学语文教学泛论

杨同芳

一　由教学法的本质谈语文教学

要了解语文教学的意义，就得先知道教学的意义。说得简单点，教学是一种刺激和指导学生的学习的活动。学习完全是学生对于动境继续反应的结果，所以学习完全是学生自己的活动。在教学上，教师的任务仅在于刺激和指导；至于学生能否获得学习的效果，那就要看他们作怎样的反应。没有教师的刺激和指导，学生亦可学习。学生在生活中刻刻受环境的刺激，而发为种种反应。又因为反应的结果，学习各种事物。不过要完全脱离教师的刺激和指导，让学生自己去探索，不但易使学生走错路径，浪费时间，而且也不能达到预期的学习目标。因此，教师供给适当的刺激，指导学生学习，使能达到预期的结果，便成为必要的事了。

教学的第一个问题就是根据学生的自动倾向，引起适宜的动机，以使学生发生反应。等到学生发生反应之后，教师施以适当的指导。他要使学生正当的反应产生满足，不正当的反应产生烦恼。这是教学上效果律的运用。换句话说，使学生因练习而发生继续的反应，然后教学才算有效。这是教学上练习律的运用。至此，我们知道教学是教师和学生双方的活动。教师的任务是激起学生的反应而施以指导。教师的责任，不在传授知识，而是要供给适当的刺激，以引起学生的学习动机。教师不是替学生学习，也不是强迫学生学习，而是指导和帮助学生学习。

教师要希望实现预期的教学结果，要注意指导学生的学习活动，对学生的学习活动必须有缜密的计划。这里一定要注意两个原则：(一) 学习活动宜多多变化。(二) 学习活动要适合学生的能力，不可太难或太易。

这里我们可以看出教学方法的重要了。方法是什么？方法是一种有目的有组织的确定的历程。我们做事要希望增进工作的效率，循一定的程序，这便是方法。做事没有方法，就得不到好结果。方法虽有，而不是适宜，也不会有良好的结果。世界上任何事物，一定要经过人们亲自体验才能领会到其中奥妙。人类好动的天性与生俱来，所以时时要观察，要研讨，要学习；根据各自试验的结果，把有用的习惯和经验保留，把不适用的淘汰；于是不断地观察研讨和学习，也即是不断地改良方法。而方法又可回到经验上指导经验，支配经验，使以后的方法更加正确。所以方法是继续不断地在改进的。譬如初学钢琴的人，起初不知如何按法，手忙脚乱，发生许多无谓的动作，等试验若干次之后，始知某种动作是有效的，某种动作是无效的，于是再三选择，得到一种有系统的动作，借以满足其需要，从此得心应手，按琴的方法全入其支配之下了。动作的学习如此，其他习惯技能的学习亦如此。

二　教学方法与其他各方面的关系——语文教学应注意的各点

教学方法和学生有密切的关系。教师所采用的教学方法一定要顾到学生本性的需要。就中学国文教学说，教师可尽量利用下面五种本性。这些本性都是心理学家所共认的。兹分述如下：

（一）心理活动　注意、观察、思想等活动，为人类所共具。国文教学可以满足这种心理活动。欣赏文艺，发表思想，在在都不能离开这些心理活动的。

（二）搜集　搜集的兴趣人人都有。教师可以利用这种自然倾向，使学生搜集各种参考的材料，以供写作之需。

（三）社会冲动　喜欢群居，为人类与生俱来之天性。此外又喜与人竞争，受人赞美，这些天性统称为社会冲动。教师可利用这种天性发展学生口语和文字的表达能力。人类为适应人与人之间的关系，都需要沟通的思想，发抒感情。欲达到这个目的，语文教学尤有其必要。

（四）冒险　人类都有冒险的兴趣，即使不愿实地冒险，也都喜听冒险的故事。这是由于人人具好奇心，教师可利用学生对于冒险故事、小说、戏剧的欣赏，进而培养学生描写自然与社会事象的能力。写作如何能动人，能富于情趣，都不得不带有充分的想像。有许多冒险故事，所以能引人入胜，全是因为有这种不平凡的想像力的缘故。文学作品而不带想象成分的穿插，是难得感动读者的。

（五）表现　任何人都喜对外表现，不问口语的抑文字的。尤其是青春期的中学生最喜把自己的思想表现出来，让别人知道，或是发抒他一己的观感，以引起共鸣。人类又爱将自己的一切炫耀于人前，好显示自己的长处。这种倾向原不是坏的，只要善为利导，都可以得到良好的结果。教师如能将它利用之于写作，一定可以增进学生口语和文字的表达能力。

照现代心理学家的研究，人类有许多自然倾向（本性），自儿童期即已开始。上面所举的五种本性对于中学生的欣赏文艺发表思想，都可利用得到。国文教师要把这些倾向使之向正常的途径去发展，把它们用为学习国文的动机，以增高其学习兴趣。教师教学生要以学生为对象，而不以呆讲课文为能事。他要不时地留意教学的效果，看对于学生的思想和写作技术的训练究竟发生了什么影响，有没有改变，教学前和教学后语文程度上有无显著的差别，不能进步的原因在哪里，可能补救的方法有哪些，能如此才可算是真正的国文教学。兹将国文科中所应注意寻求的教学结果分三大类述之如下：

（一）习惯和技能　习惯是刺激和反应间的一种机械的结合，与得自遗传的反射相类似，所不同者，反射为先天的倾向，而习惯则为学习的效果。所以一切学习活动都有习惯的因子搀入。默读时的认字，眼的移动，朗读时的发音，写字时的种种动作，做文章时的思考，都可算是习惯。至于技能和习惯的主要区别，仅在于前者较复杂，而后者较简单，二者原无可区别。技能实在是由数种特殊习惯互相调和适应而成。驾驶飞机、速记、打字等动作是技能，写文章和演说也都是技能。小学校教学的语文科被称为技能的科目（skill subject），意思是很对的。

语文学习何以需要借助于习惯呢？原来语文方面所着重的思考、判断和文字表达，都要靠良好的习惯。叶圣陶在他的《文章例话》序文中说："阅读和写作都是人生的一种行为。凡是行为必须养成了习惯才行。譬如坐得正，立得正，从生理学的见地看起来是有益于健康的。但是决不能每当要坐要立的时候，再来想坐立的姿势应该怎样，必须养成了坐得正立得正的习惯，连生理学什么绝不想起，这才可以终身受用。阅读和写作也是这样。临时搬出一些知识来阅读，应该怎样写作，应该怎样，岂不要把整段的兴致分裂得支离破碎？所以阅读和写作的知识必须使它化为习惯，必须在不知不觉之间受用着，它才可以得到真正的受用，读者不要忘记这一句——养成习惯。"学习语文必须养成习惯，经过这一番解释，想来再也不会有疑问了。

（二）知识　习惯和技能固为重要的行为方法，但它对于动境的适应较固定而少变化，因此动境稍有更变，习惯与技能便失掉它的效用，而知识则不然。一个概念、事实和原则，往往可应用到许多不同的动境上去。有许多事物的学习，可能化为机械的习惯或技能。概念、事实和原则——知识——在教育上所占的地位仍极重要。语文教学需要的知识可以说是多方面的，略读指导的目的就在扩充学生的知识。学生学习语文固然需要各种语文的知识，帮助阅读与写作的技能的增进，同时也需要扩展思路，增加见闻。课外书报的浏览，就是为要储备各种知识的。

有人说语文教学不应该过于着重知识，其实一切的学习也都不应该太注重知识。我认为教学的错误，倒不至于注重知识，而在于偏重知识的机械的记忆，以致不能活用知识，吸收知识，反成了知识的奴隶。教学知识尤其是语文知识，在于深切的了解与灵活的应用，把知识应用于各种不同的动境。机械的记忆，要竭力避免才好。美国教育家巴格莱（Bagley）说："在旧式的学校中唯一的学习方法就是记忆，实际上这就是把一切事物的学习都成为机械的记忆。这种方法在技能的科目中仍极重要，但对内容的科目就不十分重要了。"原来偏重记忆的学习虽适宜于技能与习惯的养成，却不适宜于知识的获得。所以用教学习惯与技能的方法来教学概念，事实或原则是根本的错误，特别是语文知识，不能仅以知道概念、事实或原则为满足。要求实际的应用，懂得语法文法的规则是一件事，自己写作时能顾到语法文法的规则又是一件事。至于为了扩充见闻而吸受各方面的知识作写作的资料，也得把那些知识加以组合、抽绎及概括使能活用。

（三）欣赏　新近教育学家多一致承认情感的反应在教学上的价值。情感的反应，意义极不易确定，如态度、理想、偏嗜、情操、信仰、欣赏等。我们为便于研究起见，姑以“欣赏”一辞以代替种种情感的反应。欣赏的意义，即对于某事物感觉到一种价值，并承受其价值，这中间伴着浓厚的情感的特征。情感的反应支配个人的力量很大，吾人对于环境的适应大部分受到情感的驱使，而受理智驱使的反不多。

欣赏是情感的反应，它在教学上的功效极大。约言之，可分欣赏为三种：第一种是美的欣赏（aesthetic appreciation）。爱美为人类之天性，美的人生占人生的重要部分。凡从感官刺激中得到享乐的都属美的欣赏。教育原使人生各方面得到圆满的结果，故除增进学生知能、养成学生习惯外，还须注意美的欣赏，以启发丰富的心灵生活。幼童对于某种声音、色彩、形状或动作已感快乐，由此种自然倾向中渐渐养成欣赏音乐、美术、建筑、雕刻等等能力，以充实个人的生活。中学国文教学可以利用口语发表（讲演辩论）与文艺作品的朗诵，以发展此种美的欣赏。第二种是知的欣赏（intellectual appreciation）。凡对于人类智慧的结果所发生的欣赏皆属知的欣赏。此种欣赏以人类特具的心理活动倾向为基础。人类强烈的求知欲望，即是由此种欣赏发展而成的。中学国文教学可利用以增进文学的研究兴趣。文学结构和描写的精美微妙，都是知的欣赏。第三种是社会的欣赏（social appreciation）。这类欣赏范围很广，各种理想、信仰、态度和情操皆属之。勃立格斯（Briggs）所谓情化的度（emotionalized attitude），即指此而言。中学国文教学在培养学生正确思想与高尚的理想上，应充分发展社会的欣赏。文学是表现人生的，改善人生的，它含有积极指导社会的作用。国文教学不能忽略这种社会的欣赏是无庸多说了。

上面已将学生需要获得的行为方法分别说过。这些方法都是国文教师应该尽量利用的。教师在日常教学中，必须先决定所希望达到的直接教学的结果，每一种教学结果，都有它适宜的教学方法。教师最要注意的是所用的教学方法须和所希望达到的教学结果相适合。否则，隔靴抓痒，必无效果。在中学国文教学上应用何种方法养成学生对于语文的习惯和技能，应用何种方法启发活的语文知识和各种普通的知识，以为学生写作的资料，应用何种方法培养学生对于文艺欣赏力以及高尚的理想、正确的态度、纯良的情操……这些问题都是教师要仔细考虑的。

教学方法和教材的关系也不容漠视。教师不仅要知道学生的天性和所希望达到的教学结果，同时还须具备充分的教材知识始可对学生的学习作有效的刺激和指导。教材是实现教学目的的工具。前面说过，教学方法是一种确定的计划，用以刺激并指导学生的学习，以达到预期的结果的。所谓预期的结果，就是教学目的。教师怎样运用教材以实现教学目的，就是教学方法的问题，所以教材和教学方法的关系至为密切。

中学国文教材是不固定的，里面包括着各式各样不同性质的教材。这些教材都是随教学目的而变更的，而教学方法自然也不是一成不变的，应视教材的性质而不同。教一篇文艺作品，目的在使学生对于“真”“善”“美”的欣赏，和教一篇议论文目的在使表达一种主张不同。其中所用的教学方法，就大相径庭了。前者要激起学生丰富的情感和想象，后者则在应用推理的方式探究文章中的“逻辑”组织。有时同样的教材因教学目的的不同，所用的教学方法也迥异。地理教科书所写的北平和国文教材上的关于北平的描写，显然是不同的，虽然都同样的以北平为教材，因为教材的性质和所希望达到的教学目的不同，而所用的教学方法自然就不一样了。

教师所用的教学方法如果不适当，即不能达到预期的教学效果。教师要学生欣赏一篇文艺作品，要是不能充分激起学生的情感和想象，则文艺作品的价值必无由发见。教师对于充满着悲哀情调的文章所用的教学方法，决不能与教充满着快乐情调的文章所用的教学方法一样；至少自己教学时的神情和态度也得不同。归有光的《先妣事略》，琐屑地叙述了一些关于他母亲的事情，末了有这样两句：“世乃有无母之人，天乎痛哉！”普通学生一定看不出这两句的深意，甚至还要说是多余。在这种地方，教师必须告诉学生说这是感情极端激动时所表示的感喟，若就母子的关系说，世界上谁没有母亲？母亲死了，当然不会再有母亲了。“世乃有无母之人”说它做什么呢？惟其在感情极端激动时，才会有这种绝望的痴想，写出来才能表现出哀极呼天的情感，才能表现出思念母亲的情感的诚挚。再看他的《项脊轩志》，在叙述了他妻子和“项脊轩”的关系，末了说“庭有枇杷树，吾妻死之年所手植也，今已亭亭如盖矣”。骤然看来，好像完全是记叙庭中的那颗枇杷树，而实则却有人亡物在之感，怅惘着死者的渺远。正因为那颗树是他妻子死的那一年所手植的，所以表面上像无甚关系的“今已亭亭如盖”这一句，才成为有用的材料，才有写入文中的必要。不然，“亭亭如盖”和“项脊轩”有何关系？这种抒情的方式必须仔细地玩味才可以领略到。教师遇着这样的教材，应该一一为学生说明，不能仅照字面讲解。

有好的教材而不能善用教法，固不能达到预期的教学结果；反过来说，有良好的教法而无适当的教材，也不会收效。譬如教师用不适合学生程度的教材教学生，无论教学方法怎样好，学生也决不会明了教材的内容的。教材不但要因人而异，还要切合学生的生活需要。教材一定要和学生的生活经验发生关系，才有意义。教材如以教师的程度为标准，而与学生的生活隔离，则学生学习时决不会领悟，更说不到兴趣。由这样得来的经验必难以持久。理想的教师，要设法使教材与学生的生活经验联成一气，使它们发生密切的关系。

现在中学国文教材大多不能适合学生的程度，尤其是高中的国文教材，十九都与学生的生活经验隔离得很远，学生感不到学习的需要。在编制上，多采历史式，由远及近，由难至易，更不适合教学进程标准。中学国文教材的选择和编配问题，一般国文教师亦每多忽视，不肯虚心地研究；他们没有明了教材和教学方法的关系。所以一个成功的教师，一方面要研究教学方法使教学方法与教材相适应，一方面还要留心教材的是否适当。国文教师对于国文教材的研究，应用分析的方法，分析教材的价值，同时又须应用综合的方法，把教材和国文教学目的取得联络，使教材不复是抽象的原则，而是具体的生活表现。——学生为什么要欣赏文艺作品？为的要启发心灵的生活，完成一个完美的人生。学生为什么要从国文教材中学习表现思想的能力？为的要适应实际的社会生活。

最后说到教学方法和环境的关系。假定教师已经确定了所预期的教学结果，并将所需要的教材准备妥当，其次的问题即在根据学生的需要，设施适宜的教学环境，以激起学生的活动，而使学生由自我的活动中学习各种事物。不论何种事物及意义，凡足以唤起人类的反应或影响其动作的都可称为环境。环境在教学上的功用，在能刺激学生的反应。环境又含有指导作用，环境对于学生反应的结果常加以赞美或非难；如果学生反应的结果是良好的，环境中的人们都会一致予以赞美，反是则环境里的人们就要予以非难。学生所以愿意练习良好的反应而不愿练习结果不良的反应，就是这一个缘故。环境对于学生反应的指导作用即在此。因为环境有刺激和指导两种作用，所以教师在教学时必须充分利用环境。

环境既有刺激和指导人的反应两种作用，则学习没有教师亦可以从环境中受到教育。可是人在普通社会环境中所受的教育，全是偶然的，在此文化进展剧速的时代，人事浩繁，偶然的无意的教育

(incidental education) 自不易使学生得到完美的教育效果。因此社会特置一种教育环境，使学生在里面受着有意的教育 (intentional education)。此种教育环境即是学校。例如学生的学习国文，原不一定要在特置的教育环境中学习，随便拿什么应用的文件去看看，也可学会表达思想的方法。报纸、传单、告示、宣传品等何一不是国文教材？在街头偶尔听一次通俗讲演，或在公共场所听了人家一次报告，不也是学习口语发表的机会？不过这些都是偶然的、不确定的、没有系统的，不若学校国文教学之有一定的教学目的、适当的进程标准、有系统的教材与教法来得切实而有效。固然现在的国文教学，尤其是中学这个阶段，需要改进的地方很多，但却不能不承认学校的环境是比较适宜于学习的。

中学国文科教学应该利用怎样的教学环境呢？我觉得语文教学一定要满布学习语文的浓厚空气。这就是说，国文教学要利用学校的特殊环境。“学校即社会”，杜威早说过了。学生生活在学校这种优良的团体中，为了要把自己的思想发表出来给大家知道，就该练习演说和作文，获得完善的口语与文字的表达能力。教师可以教学生组织读书会、笔会一类的集团，鼓励学生的阅读和写作，培养学生编辑刊物的兴趣。学校的壁报以及其他定期刊物，都可以登载学生的作品。学校中的各种活动以及各种偶发事件，差不多全是写作的题材，学校中有图书馆、阅报室，足以供给学生学习语文必需的参考资料。演说辩论会给予学生练习口语发表的机会。游艺会的戏剧表演，给予学生欣赏文学作品的机会。师生间相互的刺激，彼此情感的联系，更足以鼓起学生写作的动机。学校的生活是热与爱溶合在一起的，学生随处可以找到要发抒的题材。一切的语文知识，有有系统的教材供给他。文艺作品的欣赏和写作，有有经验的教师指导他。因此学生在学校中学习国文，如果自己再肯努力，一定能达到满意的结果。不过成问题的是有些教师只知讲课本，而不知利用这良好的环境，提高学生的语文能力，不知以学校各种动境做学生学习语文的动机，不能使学生感得学习语文的需要。教师所出的作文题目常超出于学生的经验范围以外，不知利用学校的环境刺激学生以引起学习语文的反应，这确是需要加以改进的。

特别设置的教育环境固然应该利用，但教学如与社会生活隔绝，也是有流弊的。即就中学国文教学言，有许多教材都是写的社会生活，练习写作有时亦须观察社会的各种现象，学校环境虽供给不少的写作题材，但社会上各种不同的事象可供学生写作的题材者尤多。试问不明了社会生活的情形，甚至五谷不分，一点常识都没有，如何去理解国文教材，如何去写文章呢？新进的国文教师，要训练学生了解和适应社会生活的能力，教学生养成观察自然界和社会的现象，扩展应用的知识，不但可以使学生的经验加深，增进对于国文教材的理解能力，同时又可以使学生发生新的问题，以训练正确的思考力和判断力，这是练习写作所不可缺少的。

三　中学国文教学所应依据的重要原则

在前面已经说过教学和教学方法的本质，以及教学方法和各方面的关系，又将语文教学的原理阐述过，现在进而讨论中学国文教学法所应依据的重要原则。因为教学方法完全以学生的学习方法为根据，所以这里所要讨论的原则，都是从教育心理学上引出来的。

（甲）自动原则　　前面已经说过，学生的学习完全是学生对于动境继续反应的结果，所以学习完全是学生的活动，教师的任务不过从旁刺激和指导而已。学生的学习要由“做”中学习（learing by doing），教师只可帮助鼓励或指导。教师做，同时学生也要跟着做。教学时真能应用自动原则，使“教”与“学”打成一片，则学生可以得着自动学习的机会，教学的目的便达到了。

有人误解自动的意义，以为自动仅指身体上的动作而言，其实自动的意义并不如此狭窄。所谓自动，乃是以学生的活动为主体的，举凡学习的心理反应，如思想感情等亦都可称为自动。自动在现在已成为新教育学上的口号。前世纪福罗培尔（Froebel）以自动的原理、观察的原理，倡自动学说（The doctrine of selfactive），重视儿童的自动。福氏之前，裴斯泰洛齐（Pestalozzi）亦主张教育宜指导儿童自动运用心志。更溯而上，卢骚（Rousseau）倡自然教学法，谓教学应利用儿童的本能和兴趣，亦暗示自发活动之意。廓美纽斯（Comenius）亦谓教法尚自然，亦隐含自动原则。自杜威倡“教育即生活”之说，对自动的意义阐发尤多。克伯屈（Kilpatrick）辈倡设计法，主张用以自然之设计为活动的目标。自动原则至此应用日广，教学法因此得了一种显著的进步。但是人们对于自动原则的误解也日甚。杜威说从做中学，有人就以为这“做”仅限于身体的动作；后来“教学做合一”的口号被人提出，有人就以为这仅指直接经验的学习。这种观念都是错误的。“从做中学”的“做”，通常是指反复的练习；“教学做合一”的“做”，通常包括直接与间接经验的学习。仅仅是直接经验的学习，则许多宝贵的种族经验便不能传递给后代，而现代的文化不久也要衰退了。人所以能被称为高等动物，就在能接受他人的经验，一切的学习都要靠直接经验去获得，则人类的学习应该是何等不经济。

的确，人类的学习不仅靠直接的经验，固然有许多事我们是用属于直接经验的活动去学习，但我们又能从他人的经验中得来学习。即如语文，就可利用间接的经验去学习。即能省去了许多麻烦，又可免除许多错误。关于语文学习，用“从做中学”“教学做合一”的原则，有它特殊的意义。“从做中学”和“教学做合一”就是说学生学习语文的表达方法，要注重实际的练习，仅仅明了写作的方法和语法文法的规则而不靠自己的练习，仍然不会达到写作通顺的目的。像现在的中学国文教材，大部分不能和作文取得联络，于是“教学做”三者分离，教学是何等的不经济。由此我们更可以知道国文教学的自动原则是怎样的重要。教师讲，学生听；教师写，学生抄；教师活动，学生静坐；这样的学习国文将永远不会有成效的。

“自动教学”的方法，对于中学国文教学颇关重要。现在中学国文教学似乎太缺少自动教学的精神了。教师只知照课文讲一遍，读一遍，很少顾到学生的活动。教师只要把一册一册的教本讲完就算完事，是不是都能使学生了解教材，是不是都能使学生把教材加以消化利用，是不是能够帮助学生获得思想的表达方法，都不去管它。这样的教学难怪发生“有教无学”之讥。国文教学是研讨语文形式和内容的学科，学习时是需要相当的思考的。如果不让学生有对教材发生反应的机会，则教学等于白费心力。还有，教学时仅有少数的优等生参加讨论，而成绩较差的学生好像没有参加教学活动，也是亟应矫正的。我所说的自动是全体性的自动、普遍性的自动，是个个学生都动员了所有职司思维的神经细胞的自动。

这里还要讨论两个重要的自动原则：（一）直接教学原则。（二）尝试错误原则。

（一）直接教学原则　自动原则既指出学生的学习要完全由于自己的反应，学生所学习的原是各种不同的反应。直接教学原则本来就是由自动原则演绎而来，意思就是说要学生学习什么反应，就直接教他练习什么反应，也就是由做而学习的意思。

直接教学原则对于中学国文教学有很大的贡献。中学国文教学，希望学生达到何种目的，就教他们依照着直接的目的去做。要学生练习口语发表，就教他们直接学说话，学讲演。要学生阅读书报，就直接教他们练习阅读书报，养成阅读书报的习惯。要学生学习写作，就直接教他们练习写作，这都是直接教学原则的应用。和直接教学相反的是什么呢？就是教学生学习讲演的原则与方法，以学习讲演；教学生学习关于读阅方法一类的书籍，以学习阅读书报；教学生学习语法文法作法的构造和规则，以学习写作。这都是采取间接的学习方法。

照新近心理学家研究，学习语文，即使不能完全丢开间接的方法，也该特别注意直接教学原则的应用。间接学习有许多不经济，而且有妨碍于纯粹的学习。他们说有许多中国学生学了多年的英语，仍不能说纯粹的英国话，就是由于学习的方法不是采取直接的方法，中国学生对于英文法的知识了解得不比英国学生为少，然而文法的知识尽管充足，因为没有直接练习过说英国话，没有直接由英语中学得种种口语表达的习惯，所以还是学不会英国话。我们说中国话并没有在说话以前先思量一下文法的构造，因为我们的说话早养成习惯，不必再去问文法的构造了。若有英国人或美国人向中国学生问话，中国学生常常先在心中想一想文法的构造，然后再说话。语言的应答贵在流利迅速，如果先要在心中想一想文法的构造，此种习惯对于社交何等不便，所以一定要破除这种习惯才好。与其将来要破除这种习惯，何不在未养成习惯以前，先加注意，使不致养成这种习惯。破除一种习惯，正如养成一种习惯同样困难。让学生养成了将来要破除的习惯，不是影响教学的经验原则吗？心理学家盖滋（Gates）说“学习一项事物可以有几种不同的方法，最好的方法是依照将来要用的形式去学习”。直接教学的根本要义，即在完全依照将来要用到的形式去学习，这原则不仅在外国语的教学上应用得到，即任何科目的学习亦都可适用。要学生骑自行车，就直接教学生骑自行车，不必间接做书本的工夫；要学生写字，就直接教学生写字，不必预先教写字的方法。什么点撇应该怎样，横直应该怎样，教了一大套，未必就会把字写好。学习任何事物，教师应力求经济，教师要开始就使学生直接练习所要用到的反应。

过去中学国文教学似乎太忽略了读和作，——学生将来要用到的反应——与直接教学原则相径庭。读是指反复的诵读，直到读到熟极如流的地步，学生可以学得范作中的语调，到自己写作时，就会把那些表达的形式自然地移用过来。作是指时常练习写作，以求技巧的进步，学习文字发表，应如学习口语发表一样，要直接去练习。但有一层我们是要认识清楚，中学国文教学和教学外国语到底有些不同，就是我们也不能完全因了直接教学原则而忽略了理论知识及方法学（methodology）的启发。我觉得中学国文教学和小学国语教学不同，中学生学习国文固然应多从阅读和练习作文上采取直接教学的精神，同时适当的理论知识如果能和读文教材联络，能够活用到将来要用到的反应上，未始不是直接的教学的辅助。所以语文文法作法以及讲演辩论术的知识，如果能适合学生的程度和能力，顾到实际应用的条件下给学生指示一点，仍然是需要的。有系统的理论知识，如文法规则，演说原理，能善于教学，可以给学生指示学习语文的正确途径，只是教学方法应特别研究罢了。

（二）尝试错误原则　这原则在教育心理学上都有详细的叙说。所谓尝试错误，就是说人们学习任何学科，不要怕错误，发现错误以后的学习，就可以多一次成功的机会。一般教师因缺乏忍耐，惟恐学生的学习发生错误。因为教师的厌恶学生的错误，常提示最完善的方式教学生去模仿，而学生终于因怕犯错误不敢发一言半语，因此失却自动的机会，这是由于教师没有明了尝试错误原则。要知道练习任何学科时，错误总是免不了的。在学习过程中，不能因怕犯错误而不学习；要避免错误，反而要不断地尝试。尝试时虽不免错误，然而那倒是无妨的。多一次尝试的错误，反可减少一次重大的错误。有了错误，固然应立即矫正以免再犯，但较小的错误和缺点，学生会由经验的结果自然而然地逐渐地淘汰的。与其怕错误而不做，还不如做了而犯错误。学习时的错误原是很平常的，教师何必去顾虑呢？

就谈中学国文教师，要学生练习造句作文，要他们起始就没有错误，简直是不可能的事。语文学习最适合尝试错误原则，因为语文的学习除了一部分是属于知识的范围，还有一部分几乎完全是技术的锻炼、知识的锻炼，着重习惯的养成。而习惯的养成，又非一朝一夕之功，其间不知要经过多少的错误，才能达到熟练而正确的地步。无疑的，长期的练习是少不了的。在练习的过程中，要想完全不犯错误是不可能的。有许多中学生，语文文法作法的书籍研究得头头是道，能够详细地剖析各种句法，说明文章结构，“知”的方面似乎是没有什么问题了（当然不能算是真知，因为真知一定能把所知的活用出来）。但你要教他写一篇简短的文章，会感到不知从何下笔，写出的文字不合文法作法的地方很多。你说是他们不知文法作法的规则吗？不，他们是知道的。但他们不能照知道的去做，这是由于平时缺少练习的缘故。现在中学校的国文教学，似乎全是“教”的方面的工作，“学”的方面太忽视了。一学期下来，读文到有四五十篇，而练习作文的次数寥寥；至于在规定时间的作文课以外，更很少有练习的机会。眼高手低，成了中学生的通病。难怪中学毕业生竟连普通的信札都写不通。还有很多学生，不能作简短的有系统的演讲，这也可以说是教师太忽视了口语教学的重要，未能在平日多指导学生练习口语发表的缘故。学生怕讲话，教师就让他去；学生怕做作文，教师就让他去；结果是愈怕愈学不会，愈怕练习而错误也愈多。教学语文科要想使学生获得口语和文字的发表能力，除了应用尝试错误原则以外，教学一完无成效可言。学生的畏难心理差不多是人人都有的，而况学习复杂的语文表达。方法更非一蹴可成，不把怕难的心理打破，学生将永远感不到尝试的价值，将永远没有自动练习的机会。在这方面，学生固然应该努力，而教师的责任也很大。理想的教师要有亲切的指导态度，要能忍耐，见了学生的错误须予以适当的指示，要剀切地鼓励他们不可因错误而失望，要更加努力，继续地练习下去，留心不要再犯过去的错误，这样会慢慢地减少错误而达于成功。

上面已就直接教学原则和尝试错误原则说明了在中学国文教学上应该如何顾到自动的精神。教师要应用这些原则，必须审慎地考虑缜密的计划，然后可以得到自动的效果。最后，再提出几个应用自动原则的注意点：第一，要善于引起学习的动机。应用自动原则，首先应考虑的问题，是怎样引起学生学习的动机。学生有了动机，才会自动学习。引起动机的方法须视实际情形而定，当然不是固定的。学习而无动机，必非出于内心的需要，难以获得预期的结果是显然的。第二，要善于供给学生适当的情境，以引起学生自动的学习。所谓自动，并非一味放纵的意思，所以仍需要教师从旁给予适当的指导；如果一个学生要想怎样做就怎样做，哪会得到预期教学效果？第三，要善于激起必要的反应。例如教师发了一个问题，学生能加以思考，并运用旧经验，以使问题得着圆满的解答，这就是学生的反应。出了一个作文题，学生去仔细构思收集资料，把必要的意思尽量加以发挥，这也就是学生的反应。反之，如教师不留给学生思考的余地，或帮助学生去回答问题、收集资料，拘束学生的思路，那么学生就没有反应了。自动原则的教学，不仅是教师的讲解，而是要养成学生研究问题的兴趣和探求事理的精神。第四，要养成学生自制的习惯。自动并非盲动的，无论为筋肉上的动作，或心理上的反应，都须能自制。一切的学习活动要在正常的状态下进行，过度紧张的情绪不适宜于学生的思考。环境中的纷扰因子要设法除去，务使学生能集中心志静心工作。第五，应用自动原则，要注意养成学生的习惯，例如教师要养成学生的思考判断能力，须渐渐使学生成为习惯。学生作文，起初感到立意的困难，教师可以说一个大意给学生听，慢慢地训练他们独立构思的能力，以达到完全的自动思考。

（乙）类化原则　类化原则就是借旧经验以解释新事物的意思。易言之，即以旧观念融和新观念，使新观念更加明确。教育心理学家认为教材的排列，应从旧到新，由近至远，由浅入深，其实都是类化原则的应用。根据类化原则的教学，学生的新经验必须建筑在他的旧经验上，因为无论何种刺激，如不与学生的旧经验发生关系，便不会产生适当的反应。

类化原则有三种含义：第一，教师说一句话或写一个字，学生马上就会拿他心中所联想到的旧经验来解释其意义，因为各人所联想到的旧经验不同，所以同是一句话或一个字，所解释的意义就不会相同了。即同是一个人，因所唤起的旧经验随时而异，也会在不同的时间产生不同的反应。例如在初中国文教学上教到陈西滢的《哀思》（一篇描写中山先生奉安礼的文章），有些学生立刻联想到创造中华民国的伟人，有些学生因中山先生而联想到推翻满清政府的事迹，有些学生联想到挂在党国旗中间的一个半身画像，还有些学生心中不发生什么观念。又如教师出“农村”这题目给学生做，有些学生马上想到一幅充满着美景的乡野，有些学生想到田里所种的各种谷物和蔬菜，有些学生想到农人生活困苦的情形，有些学生想到与民生最有关系的农村问题，虽然题材是有相当的范围的，而各个学生所联想到的意义却有各式各样。原因就是各个人的经验不同，联想到的事物都和过去的旧经验有密切的关系。

第二，使学生对于教材引起适当的反应，教师须先引导学生的思路，使他们由适当的旧经验的回忆而寻求新教材的意义。所谓引导学生的思路，使之回忆旧经验而解释新教材，也就是说教师在教学前应先使学生原有的感应结凡与所教的教材有关系的都准备着动作。在这一点上，类化原则与桑代克的准备律有着同样的含义。

引导学生的思路有种种方法，最普通的有下列几点：

1. 把从前学过的有关系的事件提起来说一下。在教叶绍钧的《母》以前；如已教过冰心女士的《寄小读者通讯》或朱自清的《背影》，不妨把这两篇文章提出来略说一番，因为他们在内容上都是发抒亲子间的情感的。在教梁启超的《最苦与最乐》以前，如已教过到高一涵的《立志》，不妨把这篇文章提出来略说一番，因为从文章的体裁上讲，它们都是说理的文章。所以在国文教学上的唤起旧经验，应从教材的内容与形式上去着想。

2. 叙述现在学习目标。这就是说把新教材的题目或问题向学生说明。海尔巴脱（Herbart）的五段教学法。第一阶段的用意，就在叙述教学的目标，先引起学生适当的心向，使他们知道有一个学习的趋向。克伯屈所谓“心向着一个目的”（mind set to an end）的一种态度即是此意。学生集中心志去学习某种事物，或对所学习的事物有一种强烈的欲望，则其心向能使所有反应结合（response connection）适宜于所学习者准备去动作，而使所有无关系的反应结合不准备去动作。学生在一心一意地练习作文的时候，无论什么事他也不会去注意，因为此时他的思想或反应都和练习作文的事情有关，故引起学生适当的心向是引导思路的唯一方法。学习的目的不确定，则必不能集中心志于学习的工作。庄子说：“用志不纷，乃凝于神。”亦是说明这层意思。

第三，如果没有适当的旧经验可以解释新教材，那么当然也就不能采用类化原则了。在这种情形下，教师也应先供给学生所需的实在经验，然后再教新教材。凡是新教材的教学，教师须以学生的旧经验为依据，教师在教学前，如先将学生的旧经验加以研究，则一定会发见许多事物，不能为学生所完全了解。中学国文教材选编的标准固都以学生的普通的经验为依据，但教学时仍不能不注意到类化原则的应用。国文教学上所以要增进学生的常识，开展学生的思想，亦无非要扩充学生的经验，以便教学的进行。初中国文教材的分配，先着重记叙文，而后及于议论文，就是因为记叙文与学生的经验较为接近，而议论文比较抽象，与学生的经验关系较少。所以教材的排列，由具体而抽象，是适合类化原则的。

类化原则的三种含义已如上述。概言之，类化原则所倚托的两重根据是过去的经验与目前的心境。桑代克说："旧知为新知之钥。"类化原则必须根据于过去的经验是无待赘述的。不过旧经验有时亦足阻碍新知识的获得；有许多号称老师宿儒的国文教师，因袭成见，思想顽固，目一切新文化为洪水猛兽，不惜拒之于千里之外，对于语体文非但不研究而且加以攻击，像这样的"旧经验"实在是要不得的。类化的另一根据为目前的心境。

目前心境的消极势力亦有下列两种：

1. 感情态度的改变　怀着愉快的心情去读范仲淹的《岳阳楼记》，则有"心旷神怡喜气洋洋"之感。在不愉快时读起来，便觉得"满目萧然感极而悲"了。这是目前心境所受影响的例子。

2. 意义的错出　《列子·说符》篇，有这样的一节："人有亡鈇者，意其邻人之子。视其行步，窃鈇也；颜色，窃鈇也；言语，窃鈇也；动作态度，无为而不窃鈇也。俄而抇其谷而得其鈇，他日复见邻人之子，动作态度，无似窃鈇者。"为何当初会把邻人之子的言语动作态度都会看成窃铁的样子，以后又改变了，就为了“意”其邻人之子的原故。

根据类化原则的教学法，学生的新经验必须建筑在旧经验之上，所有的教材宜切合学生的旧经验，要由浅入深，适合学生的程度。我见过不少的国文教师，把艰涩难懂的教材教学生，不管是否切合其经验。学生对于所教的东西不能明了，如何会发生兴趣？如何会有心得呢？还有教学语文法作法时，只知引用抽象的原理与原则，而不知引用和学生经验有关的实例，这在教学上都是违反类化原则的。非但选材要切合学生过去的经验，同时又须准备适当的心境。教学时最重要的无过于使学生目前的心境针对着当前所要讨论的问题。理想的教师，要能多方设法利用儿童心境或造成背境，使他跟随上去，在这方面教材似乎又须适合时令和教学环境。

（丙）准备原则，准备与学习的关系，至为密切。教师要希望学生发生何种反应，必先使学生的心理状况适合于教学，即是使学生的心理对于所要发生的反应有相当的准备。学生对于某种学习活动，如有相当的准备，则从事这种活动时便能得到满意；反之，则得到失望。学生对于某种学习活动没有准备，就很难发生正确的反应。就连教师的发问也得预先让学生有充分的准备，否则，必不能圆满地回答的。

准备原则在教学上所根据的原理，是桑代克的准备律（Law of Readiness）。这可分三层来讲：

1. 对于某项动境正准备反应时，动作或意向如果能实现出来，便得到愉快。例如学生心中有什么话要说，他一心要想发表，能达到目的便得到满足了。

2. 对于某项动境，正准备反应而被外界阻挠动作或意向不能实现时，则生烦恼。例如学生心中有了要说的话而不让他发表，便生烦恼。

3. 对于某项动境，尚未准备反应而外界强使动作或意向时，亦生烦恼。例如学生心中并没有什么话要说，而教师强使他作文，也是要产生烦恼的。

根据桑氏的准备律，教学前必先使学生有充分的准备。现在中学国文教学最大的缺陷，便是没有这种教学的准备。教师在上课前既无教学准备，对学生又没有适当的预习指导，教学的目的怎样，步骤怎样，要学生先做那些预习工作，都不在上课前作通盘的计划，到教学讨论时，便不得不感到种种困难了。教学准备的意思对于某项事物的学习能够“心向往之”的用全副精神做去，在进行教学时使所有的一切反应都和所教学的事物发生关系。现在将中学国文教学时应注意的准备方法，择其重要者说明如下：

1. 在讨论某项问题以前，先要把问题有关的事情提示一番，或发为问题，作为研究某问题的准备。讨论《纳尔逊轶事》的课文以前，可以先考问学生崇拜哪些伟大人物？伟大人物成功的要素有哪些？这样可以使学生有所准备。教《送东阳马生序》前，可以先考问学生做学问要抱怎样的一种精神？苦学有什么一种乐趣？然后再教课文。又如教《黄花岗纪念》一文，可先说明革命烈士的义勇，以及攻广州督署时的经过，目的在给学生学习的必要准备。

2. 关于文艺欣赏的作品，教师要设法先造成学生感情上的背景，然后开始教学。教《归田园居》的诗，要先引起学生对自然环境的爱好。教《我所知道的康桥》，要先使学生感觉到春晨郊野景色的恬静和优美。教《几种赠品》，最好让学生充分了解友情的真挚和伟大。

3. 教学抽象的原理原则，如语法文法作法等，应多引用学生习见的例证，或先教学生预习，由教师指出一个适当的范围，从何处准备至何处，学生预习时，教师可令学生于教材以外，寻找与所讲原则有关的实例（最好与课文联络）。这种准备工作是很重要的，比拿起一本书就教下去好得多。因为学生对于所要发生的反应——研究的问题——已有相当的准备了。

4. 指导学生作文，要先使学生感到迫切的需要。譬如学生要组织自治会，可以教他们做“自治会组织缘起”。要参加某种民众运动，使学生练习拟讲演稿。学校中要举行某种纪念，可利用这机会做纪念文字。教师如能引起学生写作的需要，激发他的期望心，心理上就有了适当的准备。

此外教师要使学生学习国文有相当的准备，必须善于控制教学的环境，除去一切足以纷扰学生心志的事物和阻碍准备的因子，如身体的疲倦、心理的紧张状态和沮丧失望等情绪必须排除，因为教学时必须集中学生的全副精神，以努力克服一切困难；这些纷扰的因子都是有妨碍的。环境控制得不好，学习的目标就纷散了。还有教师自己也应该以热忱用到指导学生的学习上，使学生感到亲切和同情，对于学习也更加肯努力。

（丁）注意和兴趣原则

学生的学习由于自己反应的结果，类化原则指出了要使学生起适当的反应，必须利用学生的心向和旧经验。但反应一经激起以后，教师便要维持学生的注意，使其继续反应，以期获得学习结果。注意是教学最不可缺少的因素，要使教学有效，唯一的方法就是唤起并继续维持学生的兴趣。注意通常分为两种：一是自发的注意，一是强制的注意。自发的注意是根据学生自然动作倾向或后天获得的兴趣，鲜明的色彩，响亮的声音，不习见的新奇的事物，都能引起自发的注意。教师读一首有音节的诗歌或生动的对话，学生都静静地听着，也是一种自发的注意。强制的注意是为了要达到某种目的而专心一志从事于某一项工作，学生为怕考试不及格而用功读书，就是一例。自发的注意是学生对外界刺激发生兴趣而引起的，强制的注意则发生于未有兴趣之前。学生对于读书本来并无兴趣，但因怕考试不及格而留级，便不得不努力用功，所以虽未获兴趣，仍不得不被强制地用功。自发的注意是客观的，不须勉强，最能持久。在学习开始时，注意是勉强的，但经过若干时间以后，所学的材料能直接引起兴趣，注意便是自动的了。由强制的兴趣慢慢也可促成自发的注意的。所以强制的注意，并非绝对不能利用，教师如能善于利导，未尝无益。不过教学上总以利用自发的注意为宜。在勉强的注意下，学生对于所注意的事物以为无足轻重，而另有其他的用意。因此工作成为苦役，效率减低，实际未至疲倦而产生疲倦的感觉。自发的注意，犹如游戏，效率高而持久，真的疲倦也往往不觉察，因为学生感到兴趣不需外力的驱策。

自发的注意和兴趣是分不开的。凡是我们能感到兴趣的事情，必定能引起自发的注意。在我们实现一个目的或实行一种活动时，注意即指理智的活动，而兴趣乃对于一种欲望或喜悦的感情状态而言。兴趣乃对于某种活动有所感奋而努力去从事的一种感情。譬如我们说某生学习国文的兴趣很深，这就是说，某生对于学习国文很愿意去努力。学生对于某项学习活动发生了兴趣，会伴着满意的情感，既有满意的情感，就可继续反应。无比的热忱油然而生，这样很容易达到预期的教学目的。

照心理学家的解释，凡能满足人类各种需求的活动，都是有兴趣的。换句话说，凡是成功的活动，一定是有兴趣的。一般人把兴趣看做成功的原因，其实兴趣更是成功的结果。兴趣既和成功有关，当然也就和能力有关。若是一种活动只能引起学生的困难、错误、失败、讥笑、烦恼，则学生决不能对这种活动发生兴趣。可是过犹不及，太容易的工作和太难的工作，都同样令人乏味。所以最能引起一般人兴趣和努力的工作，便是他所恰能成功的。成功不但克服困难，而且达到目的。一切活动都有目的，能达到目的就算是成功，故目的亦为兴趣的条件。有兴趣的活动固为胜任愉快的活动，亦是一种有目的的活动。教学若无目的，学生就不会感到兴趣，便不足以引起努力，不足以引起愿望。目的有远近，一如困难之有大小，太近的目的容易达到，达到后兴趣便因之消失；太远的目的无从努力，亦不易引起兴趣。远大的志愿须有可以实现的计划。国文教材的编选，应以阶段为单位，教学上除了总目标以外，应有较小分段的目标，就如远路的中途，须有碑石标记，使最后的目的和目前的活动取得联络。

注意、兴趣、努力、成功都有联带的关系。教学上应多利用自发的注意，以引起学生的兴趣，使学生于继续不断的努力中，获得成功的反应。强制的注意只能当作一种无可奈何的办法，因为强制的注意是分散的，自发的注意是集中的。心理学家由实验证明自发的注意，集中学习十五分钟比注意分散了学习一点钟来得好。教师不得已而要用强制的注意，也应该在利用了强制的注意之后，引导学生发生学习的兴趣。若是对于功课的兴趣仍不能发生，则此种强制的注意，于学生有不良的影响；因为强制的注意必不能维持长久，而且学生学习功课，并未感到真切的价值，被动的注意，一定是分散的，而不能集中的。这种分散的注意养成了习惯以后，学生以后对任何工作便不肯尽心尽力去做了。

桑代克谓增进学生兴趣有三个因素：第一是满意，如学生对于某事而有兴趣，能使之满意，则此兴趣得保持长久，愈满意则此兴趣愈浓。第二是摹仿，人无不欲摹仿的，社会所好，人亦好之，这便是摹仿，愈摹仿则兴趣愈浓。第三是知识，包括了解或领会，知识产生兴趣，知识增进则兴趣愈增进；学生知识愈多，则读书的兴趣愈浓。桑氏认为欲增加兴趣必须注意上述三者。

教学须注意兴趣原则，差不多谁都知道的。可是误解兴趣的人极多，通常都以为要使学生发生兴趣，唯一的方法就是要娱悦学生，诱谀学生，只要可使学生对某事物感有兴趣者无不可为。常见中学国文教师选低级兴趣的教材，像神怪故事、言情小说之类，以为拿这些教材辅佐着国文教本的教材，一定会使学生发生兴趣。这样的使学生娱悦，是否能达到教学目的，似乎不是他们所顾虑的。实际上兴趣的真义，从心理学上讲，即前面所说的心向或心向着一个目的的一种态度。兴趣和努力、勤劳、忍耐、刻苦等习惯，并非对等的。满足学生低级趣味，而不耗学生的脑力的学习，并不就是真正的兴趣：教材没有高尚的意义，不必学生仔细地思考的材料，即能取悦学生于一时，是不会有教育的效果的。所以兴趣不能纯以学生的好恶为根据，必视其教育的价值若何。同时兴趣也不是一味放纵学生，学生既心向着一个目的，自然要殚智竭虑，克服种种困难，以实现其目的。兴趣愈浓厚，学生愈肯努力。兴趣不是一味的放纵学生，不是一味地投学生之所好，它一定要从纪律的精神与勤苦的习惯中获得。

现在谈到兴趣原则在中学国文教学上的应用：（1）兴趣是依着年龄、程度与心理变迁而不同的。不可拿教者编者的兴趣当做学生的兴趣。教材的编配、指定学生的工作和考查学生课业的标准都要适合学生的程度，不要太容易，也不要太难。学生最感兴趣的是因“努力而成功”，要是学生觉得功课太容易，用不着努力，兴趣就会消失；但如功课太难，学生常遇到失败，则其学习的勇气也要受到挫折而使兴趣减少的。教师在这种情形之下，要深切地了解成功足以增加兴趣，失败足以减少兴趣。教师供给学生的活动，须激起学生最高的努力，不可超过学生能力范围以外。现在中学国文教师，大多数对于学生的课外作业，未能适当指定。学生除了上课以外，似乎没有什么工作可做，不像其他的科目需要努力，结果因无成功的反应，而兴趣也不会发生了。有的学生又感到教材与程度距离太远，尤其是高中国文教材，读文与作文不能联络，教材不合于学生实际的需要，络果也不会使他们发生兴趣。

（2）教师要善于应用适当的自然冲动。根据兴趣原则来实施教学，教师当然要常常利用学生的自然冲动，但所利用的自然冲动一定要适当。最要紧的是要能引起大多数学生的兴趣，同时要避免流弊。例如中学校时常举行的作文竞赛，未始不能引起学生对于国文的学习兴趣，但有时不免发生自私自利之弊；故利用竞赛常不及利用合作之有利，像组织读书会、文艺研究会、壁报编辑社等，使大家一同参加，研究讨论，编辑写作，浓厚的学习兴趣是可以因之加强的。

（3）教师要随时发展学生新的兴趣。学生兴趣的时间和兴趣的范围是随着程度的增进和自己的努力而愈加推广的，推广学生的兴趣，教师应时时予以注意。推广学生的兴趣最好的方法，是使学生由直接的兴趣发生间接的兴趣。例如学生在练习作文的时候，其对于作文的兴趣是直接的兴趣，但因作文而感到有实地观察或参考书报的需要，这是间接的兴趣。教师要在平时随机指示，使学生由直接的兴趣而发生间接的兴趣。学生的作文原是训练发表能力的，学生因作文而搜集某项问题的材料，或竟因此而发生了研究某项问题的兴趣，到后来这间接的兴趣也许一变而为直接的兴趣，更因此而发生其他间接的兴趣，不仅作文的兴趣如此，读文的兴趣亦如此。凡是经过这样的过程，学生的心智会得到迅速的发展。

（4）教师须明了中学生的主要的兴趣，以为教学的根据。学生的兴趣是随着年龄和程度而演变的；心理学家说，从十三岁起，冒迁徙险浪漫的兴趣渐渐浓厚，好奇想像的兴趣渐趋向生活的一流，理想的目的渐渐悬起，精神的自我逐渐发现，向成人生活及理想之途逼进。教材和效法必须适应其需要。

（5）利用有节奏的刺激，如生动的诗歌和对话，以陶冶学生的美感，借以增进学习兴趣。教学有音节的教材，要引起学生丰富的情感，并指示朗诵的方法。

（6）利用含有对比性的刺激，像"鹤立鸡群"，"蓬生麻中"一类的辞句，最易引起学生的兴趣。此外如突来的刺激，像"人能碎千金之璧而不能无失声于破釜；能扑猛兽而不能无变色于蜂虿"一类的辞句，也都是容易发生兴趣的。

（7）教师要注意自身的影响。教师的仪表和态度都足以影响到学生的兴趣的，教师教学时，声音要响亮明晰，高低适宜，态度要活泼而庄重，举止要敏捷，精神要焕发，体格要健全，服装要整洁，习气浪漫边幅不修的号称风雅文士型的中学国文教师，因为他们的教学态度太随便，所以不易使学生对学习有专一的心向。

（戊）个性适应原则　班级教学最大的缺陷是不能适应学生的个性。在过去个别的教学方法之下，教师既以个别学生为单位，个性适应的问题并不若何严重。到了近代，为时间经济及教育普及计，事实上不得不改用班级教学的方法，于是个性适应的问题遂成为十分严重的了。就拿中学国文教学来讲，学生的能力各有不同，聪明的学生学习的速率较快，愚笨的学生学习的速率较慢，教师不易找出两个学习速率完全相同的学生。能力的差异如此大，而教师通常采用下列三法：（一）教学以全班的平均程度为标准。（二）教学时只顾到聪明的学生。（三）教学时只顾到愚笨的学生。这三种方法都是不公平的，而且都是不合于机会均等的原则的。实际上我们找不出什么平均程度的学生来，若教学只适应聪明的学生，坐视愚笨的学生因考试不及格而留级或辍学，便有失教学的本旨。若教学只顾到愚笨的学生，则聪明的学生无事可做，使他们养成不注意或懈怠的习惯，这哪里合于教学的原则？个性适应的意思是要教师把个别的学生作为教学的对象。在班级的教学制度之下要完全达到个性适应的目的，固然是非常的困难，但教师却必须在这方面尽其最大的努力，因为教师所教的是个别的学生，而非抽象的班级的集体。

在国文教学上所谓个性适应原则，不仅指学生的聪明愚笨而言，个性适应问题还有许多方面是与教学方法的关系密切的。

（1）普通智力的差异：照近代测验的研究，凡学习某科的能力强者则学习他科的能力亦强。教育家假定有一种所谓普通智力，有人说这就是聪明的程度。智力是无法使之改变的，故教学方法与教材一定要适合学生的普通智力。

（2）经验的差异：前面讨论类化原则时，说要注意学生的旧经验，各个学生因所处环境和所受教育不同，所以旧经验亦大异。教师要使教学有效，就得注意各个学生经验的差异。

（3）品性气质的差异：语文教学所表现的是思想和情感，与学生的品性气质有关。学生品性气质上的差异，教师要特别注意，这样可以减少教学上的困难。

（4）特殊能力的差异：学习语文需要特殊能力，有些学生长于语言文字的组织能力，宜于从事文学的研究；有些学生长于抽象的研究能力，宜于从事哲学数学的研究；有些学生长于社会的智力，宜于从事社会科学的研究。教师发现学生有学习语文的特殊能力，宜使他充分地发展。

除上列四种差异外，又有年龄的差异，性别的差异等，同为国文教学所应注意。教师对于一班的学生，固须有最低的同一的希望，但在求实现国文教学的目的时，亦应顾到学生个别的差异。在可能的范围内，补偿其短而发展其长，这才是真正的教学。

适应个性的教学方法原很多，像能力分组、弹性分级制、道尔顿制、文纳特卡制等，都有各种不同的个性适应的方法，但拿来用于中学国文教学就不很适宜了。我觉得中学教学和小学教学不同，历史地理自然科学的教学和语文教学又不同。中学国文教学的适应个性，指定不同的课外作业易于办到。就是把所指定的作业分为三类：（一）最低的指定。（二）普通的指定。（三）最高的指定。最低的指定只包括最低限度的教材和分量，使天资较差的学生能不觉其困难。普通的指定适合于一级内最多学生的能力。最高指定仅供一级中天资较高的或最优秀的学生作补充研习之用。这是富有弹性的一种指定作业的方法。谁愿做这三类作业指定中的哪一类，只须由各人自己选择好了，但学生当然都想尽其所能做更多的工作，所以这种方法对于个别能力的差异，却能作极圆满的适应。况且学生都自动地搜集材料，报告读书心得，颇合于社会化教学的原则。

我所以主张中学国文教学要定一个最低限度的进程标准，也就是根据个性适应的原则。教师对于各个学生切不可作超过于最低标准的希求。有些中学国文教师，对于高中国文教学所定的标准太高，以致不能实现，像要求每个学生都能读“左”“国”“史”“汉”“论”“孟”“通鉴”等，每个学生都能欣赏古代诗、词，小说、传奇等，希望每个学生都能仿做古文诗歌及现代文艺，这都是不能实现的空想。根据个性适应原则，教师只能希望一部分对语文学习特别有兴趣有心得的学生去做这些工作。

（己）熟练原则　熟练原则是根据美国中等教育专家莫利逊（Morrison）所提出的熟练公式（mastery fomula）的教学手续。他所提出的这个公式，很适用于中学语文教学。所谓熟练，是指完全学习的意思。凡是通过学习活动以后，对于动境的适应，就该和未学习以前不同。真正学习的结果，必须能保存永久，并时时应用于实际的生活。学习的真义，在教学目标彻底的实现，使得所要寻求的教学结果，不论知识、技能、习惯、态度或欣赏，都为学生完全获得，以制驭其对于生活的适应。普通以六十分为及格的不彻底的教学，与熟练原则相违反。照莫氏的见解，如果学生仅学习了一半，或快要学习纯熟，但尚未达到完全纯熟的地步，则教师的任务还没有完毕。

莫氏的熟练公式如下：

“预测验→教学→测验结果→适应教学手续→再教学→再测验→到真正学习的一点。”

这公式的意义就是在教学前，教师应先决定什么是直接寻求的教学结果。第二步应预先测验学生的旧经验，以使新的学习能基于旧经验而进行，这符合前面所说的“类化原则”。教学以外，必须测知教学的结果，如结果不能接近理想，便该设法更改教学的手续，以适应学习特殊的困难，到完全获得真正的学习为止。这公式对于教学法的革新有很重大的影响。我觉得这公式拿来应用到中学国文教学，一定可以得着确切的教学效果：

一、教学时须确定所希望达到的教学结果。中学国文教师在教学预备时就得先拟定一个适当的计划，以最有效的教学方法，求达到预期的教学结果。

二、教师要把所希望的教学结果，全部付诸实现，应使学生有反复练习的机会，以提高学生熟练的程度。我认为中学国文教学必须根据“教学做”合一的原则，注重师生间反复的讨论，对于文章的内容和形式要详加剖析，并着重写作技巧的研究，和作文教学联络。读文教学的大部分工夫，当做作文的准备，作文当做读文的应用练习，这样可以达到日常生活中应用的目的。学生能获得正确而有法度的思想和表达能力，国文教学的熟练原则才算真正达到。

三、教师要常常采用诊断教学的方法，将学生的种种困难加以诊断，然后根据诊断的结果，施以适当的补救。诊断教学应该是个别的。中国国文教学必须利用诊断教学的方法，发现各个学生个别的特殊困难，施以个别指导。例如有的学生学习国文，缺点在不能分析文章组织，有的学生不能彻底明了普通辞句的正确用法，有的学生作文层次不清，有的学生作文语欠简当。各人所感觉的困难不同，各人对于学习国文的缺陷自然也不一样，因此诊断教学也就成为必要了。

(庚) 同时的学习原则　近代教育学家对同时的学习原则（simultaneous learnings）提倡最力的有克伯屈、桑代克、盖兹诸氏。一般人只知道同时的学习原则适用于小学的教学，而不知中学教学同样需要这种原则。就拿中学国文教学说，如能应用这种同时的学习的原则，那一定会获得显著的教学结果的。

所谓同时的学习，就是说学生在同一时间内所学习的事物，实际上不止一种。例如教学生读文，在一般国文教师看来，以为要学生学习的事物，只有读文的教材一项而已，因此教师就仅注意学生学会读文的教材，不再注意到其他的事项。但在事实上，学生所同时学习到的事物，除了读文教学本身之外，还有思考方法、文法、作法和教材所涉及到的问题（知识)、学习时的种种态度和习惯，例如对于国文学习的态度、对于教师的态度、学习时的习惯等。教师哪里知道教学读文会使学生联带地学习到其他的事物呢？国文教学所涉及的问题很多，知识、技能、态度、习惯等无一不包括在内。今日学校中各学科分开来教学，只为教学时的便利，并非各学科都可各自独立，不相关联。学生平时在校内所学习的事物，原是互相牵连着的，不是彼此可以划清界限的。所以读文教学必须应用同时的学习原则，不应仅注意于一个小小的范围，同时更应留意到学生学习活动的全都。至少中学读文教学要和作文教学取得密切的联络。

克伯屈把学生同时学到的事物分为三类：第一类称为主要的学习（primary learning），即指直接寻求的教学结果而言，如教学读文教材便是主要的学习，主要的学习或为一项技能，或为一项知识，或为一项欣赏。读文教材的学习却同时包括这三项。技能是写作的技巧，如读文上语法文法作法的研究。知识是教材的内容，教材里所讨论的问题或所涉及的事物皆属之。欣赏是对于文艺作品鉴赏的态度，含有感情的共鸣作用。

第二类称为副学习（associate learning），在读文教学上是指和教材有关的思想与观念。例如教学谢冰心的《国旗》一文时，有的学生也许要联想到人类应如何获得同情与互助的生活。这种联想到的思想和观念，在下次的功课或以后几个星期的教学便可利用这种联想以进行教学，所以教师对于副学习切不可漠视，因为它支配学生的学习活动是很有力量的。

第三类称为附学习（concomitant learning）。这类学习本来是很重要的，但却被一般教师所忽视。在国文教学时，学生所养成的理想和态度如静心聚神，严守纪律，充分运用思考及批判能力，以及对教材、教师、同学所发生的兴趣和态度等皆属之。

语文教学所涉及的学习范围甚广，副学习和附学习实在和主学习有同样的重要。中学国文教学应特别注重的是在教材本身的教学外，使学生能运用思考，增广知识，与作文教学取得联络，兼顾知识、技能、欣赏、态度、习惯各方面的教育意义。不过，中学国文教学上的副学习和附学习，不能用作业指定，又难于测知教学的结果，以致许多教师都把副学习和附学习忽略了，这缺陷要力予补救才好。

在结束本文以前，还得把以上所说的中学国文教学所应依据的重要原则概括为下列各点：

一、学生的语文学习应该完全是自己反应的结果。

二、学生学习国文，要感到自发需要。“教”与“学”二者能打成一片则效果必大。

三、要学生学习什么反应，便教他练习什么反应。

四、要使学生知道在练习作文的过程中是无法避免错误的。要设法使错误逐渐减少，而不能稍存怕错误的心理。

五、国文教学要完全以学习的旧经验为基础，故教师在教学前必先引导学生的思路，使之唤起有关系的旧经验，以解释新教材。

六、教学国文要多利用自发的兴趣，力避强制的兴趣，教材和教法要适合学生的程度。教材太难或太易，作业指定太多或太少，都不妥当。

七、学生学习国文的兴趣愈浓厚，则愈肯努力。

八、教学国文时，教师所供给的活动，须足以激起学生最高的努力，绝对不可超越于学生的能力范围以外。

九、国文教师须善用兴趣，切不可误解兴趣的真义，一味娱悦学生，诱谀学生。要知真正的兴趣也是必须经过相当的努力才能获得。糖衣式的教学反而违背兴趣的原则。

十、教师要利用学生最适当的自然冲动，不要认为作文竞赛是唯一的引起学生兴趣的方法。

十一、国文教学要能使学生由直接的兴趣而发生间接的兴趣。

十二、国文教师要深切地了解教学准备和预习指导的重要而切实施行。

十三、国文教师要注意学生普通智力的差异、经验的差异、个性气质的差异和特殊能力的差异等，不要对每个学生作同样的希望，当然一个最低限度所预期要达到的一般标准还须力求其实现。

十四、国文教师要以每个学生作为教学的对象。

十五、国文教学要采用莫氏熟练公式，使中学国文教学目的能彻底实现，并采用诊断教学方法，补救每个学生学习国文的不同的特殊困难。

十六、国文教学要注意同时的学习原则，认学生在同一时间内所学习的事物不止一项。读文教学须与作文教学联络。教学时又须注意副学习和附学习的影响。

（原载《国文月刊》第 48 期，1946 年）

15. 技能的训练和理论的研讨

周振甫

新的中学国文教学，技能的训练和理论的研讨应该并重。过去旧式的国文教学，偏重技能的训练，忽略了理论的研讨，固然不够。现在的一般中学里，理论的研讨未必够得上标准，却把技能的训练忽略了，这是急需矫正的事。

中学国文教学的主要目的，在培植学生欣赏文学作品和阅读平易古文的能力，训练写作语体文和浅近文言文的技能。其他虽有使学生了解固有文化等目的，因为那不是国文一科所能独力担负的责任，姑且不论。倘只就这两个目的讲，那么旧式的国文教学，它在技能方面的训练，确实是做到的。旧式的国文教学最为五四运动以来所诟病的，就是专重诵读。这种看轻诵读的风气，使一般中学国文教师耻于范读，学生也以诵读为可耻的事，于是学校里只讲不读。一般的所谓讲，也不过逐字逐句解释一遍就算了。教师讲过了，学生听过了，就算读完了一课。这样一课一课讲下去听下去，到了学期考试时，教师就教过的材料中提出若干问题来测验一下就算完事。所以学生读了一学期的国文，只是获得每篇文章内容所述说的一些知识，而这些知识又是各各独立不相联贯的，转不如读史地还可获得系统的知识。一学期过去了，那些不相联贯的知识也淡忘了，于是读如不读，这就是忽略诵读的弊病。

国文课本中所选的应该是需要精读的文章。读这些文章并不是仅仅懂得一些大意就算完事。这些文章，字句的安排应该是顶妥帖的，用字的轻重应该和所要表达的情意相称的，音节的缓急应该和文中情事的起伏相应的，条理的明晰应该合于论理学的规范的，叙述的次序应该恰好表达事态的发展的；像这些精读时所当注意的事，都不是粗观大意所能领略，都有待于体味吟会，虽不一定要高声朗诵，至少也要默读，要默读到能够背诵，然后对于所读的文章才能够有深切的了解。过去旧式的国文教学，偏重背诵，照现在想起来，大约有下列几点好处：一、读时分轻重缓急，恰好和文中情事的起伏相应，足以帮助对于文章的了解，领会到作者写作时的情绪。二、懂得音节和情绪的关系，到写作时，自会采用适宜的音响节奏来表达胸中的情意。三、读熟了字句妥帖的文章，习熟于种种变化的句式和虚字的安排，到写作时，自然不会写出生硬不妥的句子，运用虚字，也在知其然不知其所以然中渐渐合乎规则了。因为照我们作文的经验说，在下笔时，全神贯注的是所欲表达的情绪或意念，应该用怎样的字句怎样的形式把它表达出来，并不是在想什么是主语，什么是述语，什么是宾语，什么是补语的。一切文法上的知识，要在全文写好以后，仔细推敲时才用得到。倘然下笔时只注意到文法上种种问题，定会使欲表达的情绪或意念不能集中因而忘却的。所以仅仅懂得文法还不够，仍须熟习于妥贴的句式，熟读那些范文的。四、读熟了以后，即使自己的鉴赏力不够，还看不到文章的好处，只要能背诵不忘，到后来读的文章愈多，阅读的能力愈提高，对于以前看不懂的也自会懂得了。旧式的国文教学，往往教小孩子读几千年前高深的哲理书，这是无论如何不能使小孩子了解的书。可是到后来，小孩渐渐长大了，读的书也渐渐多了，以前所不懂得的，自然会慢慢懂起来，那就靠熟读。因为中国的字，常用的究竟不过数千。书读得愈多，这些字见面的机会也愈多。一个字当初读时见得陌生，不懂得它的意义和用法，到了二次三次十次百次读过以后，就熟习了。而且从这样熟识得来的字，不是一个个孤立的字，而是从十句百句句子中认识它的。这些句子，既然都熟读在脑里，那么看见了这个字，自会唤起脑中所有的许多句子。人的脑子既有综合辨析的能力，自然会把这许多句子按照那个字在许多句子中的意义和用法的同异，分成若干类。这样子，对于那个字的认识自然非常精确了。一个个字都经过这样的认识，那以前所不懂的自然会懂得了，这就靠能熟读。这种专重诵读的教学，可算技能训练的一种。

在现代，中学生要担负各科知识的学习和技能的训练，自然不容许再走旧时国文教学的老路。但我以为一星期中读熟一篇范文并不是困难的事，那么一学期也可以读熟十六七篇范文，三年中有百篇左右的范文读熟了，对于阅读和写作的能力自会提高的。这是就阅读方面说。

再就习作方面说，以前的教师所教的学生不多，自然可以仔细批改并令学生多多习作。现在一班里的人数既多，一位教师又不止担任一班国文，要仔细批改和加多习作次数，事实上也许不可能，不过现在的教师也有比以前便利的地方，以前的教师对于写作上的种种弊病往往知其然而不知其所以然，现在有文法修辞学论理学等等的帮助，教师可以说明白写作上种种错误的理由。而一般学生作文时所易犯的错误，又往往相类的，所以教师在改好一批作文卷子时，应该抽出一部分时间，把学生在写作上易犯的错误择要指出。这样，学生习作的技能自可逐渐改进了。

国文教学不当以技能的训练为限，更当进一步作理论上的探讨，指导学生认识和国文教学上有关的各种知识。这是旧式的国文教学所缺乏的。旧式的国文教学知其然而不知其所以然，终是懂得不透彻。譬如碰到一篇说明文，要是文中的分类分得不妥当，界说定得不切合，这是论理学上的问题，做教师的应当把论理学上重要的规律简明地介绍给学生，使他们减少思想不精确的弊病。再如讲到一篇抒情文，作者为了要加强读者的感受力量，有铺张的写法，有比拟的写法。为了表达回肠荡气的情绪，有重言反复的写法。为了加强文句的力量，有用排比的句法，或者一层紧一层地逼进去的层迭句法。碰到这些场合，教师便应替学生讲修辞学上种种修饰格的运用方法。再如读一篇叙事文，究竟作者的立场是怎样，他的观点有没有变动，层次是否分明，取材是否合适，是否足以表现人物的个性，编排是否足以表达事态的发展。碰到这些场合，教师便应替学生讲文章理法上的种种规律。再如读文言时，对于每一个虚字考究它的词性，是介词还是连词助词，辨别它的功能，说明它相当于口语中的什么词。倘使是助词，更当考求它表示的是什么口气。这些场合，做教师的便应替学生研讨文法。再说文章往往是作者有为而发，读者既不一定和作者同时，便不易懂得作者所以写作文章的用意，因此对于作者的议论便无法了解，至少不易了解作者的真意，譬如曹冏的《六代论》是一篇拥护封建政治的文章，那因为曹冏看到魏代的皇族孤立于上，宗室没有一些实力可以做急难时的靠傍，加以对外的战争不息，武人掌握着军权，所以想提倡封建来辅佐皇族，抑制武人。到唐朝，藩镇专权，造成割据的局面，所以柳宗元的《封建论》，就极力反对封建，那是针对当时的藩镇说的。到明末，大权集中在皇帝手里，地方政府的权力非常削弱，一到流寇起来，各地守土的官吏都望风逃亡。所以顾炎武做《郡县论》，主张加强地方政府的权力，寓封建于郡县之中（注）。像这些，都非考求它的时代背境，便不会懂得作者为什么要那样说的用意。再如有许多文学作品，像诗词那样，我们要是不懂作者的时代背境，更不易了解。再说，同一句话，在适当的场合说是对的，换了一个场合也许是大错了。譬如中日亲善这一句话，在革命党人流亡日本得到日本支持的时候说是对的。一到日军侵入中国的沦陷区里讲这话，便成了汉奸理论了。像这样考求作者的用心，辨别心术的诚伪，设身处地来看前人的著作，给与公平的评价，又是做教师的应当用心的事。

像这样，技能的训练和理论的研讨，如车之双轮鸟之双翼相辅前进，那么中学的国文教学，也许可以收到较满意的效果了。

（注）引例采自叶圣陶、朱自清两先生合著的《精读指导举隅》中《封建论》指导大概。

（原载《国文月刊》第48期，1946年）

16. 我的中学国文教学经验*

罗莘田

（一）

截到现在为止，我一共教过四次中学的国文：

第一次是民国十年春天到夏天，在北平市立第一中学校；

第二次是民国十年秋天到十一年夏天，在天津私立南开中学校；

第三次是民国十一年秋天到十二年夏天回到一中；

第四次是民国十四年秋天到十五年夏天在北平私立四存中学校。

这四次中间只有在南开的一年算是专业，其余两次多少都带点“玩票”（Amateur）的性质，因为那时候我在教书以外还有别的职业。

民国八年我在北京大学中国文学系毕业后，人刚满二十岁，受当时新文化潮流的激荡，又没有力量到国外去留学，便决定再入哲学系念书。那时候北大哲学系最热闹，教授中如胡适之、梁漱溟、蒋梦麟、陶孟和、陈百年、傅佩青诸位先生而外，还有从国外请来的杜威（John Dewey）、罗素（Bertrand Russell）两位先生。同学中像顾颉刚、朱自清、田培林、吴康、谭平山、朱谦之、章廷谦、李荣第、宗锡钧、陈政、蒋复聪、王昆仑、金公亮等等，乃至于陈逆公博，都是这几年里先后造就出来的。我念到第二年下学期的时候，中学的同班董鲁安（璠）约我到一中兼教五小时国文，一小时修身。

鲁安是北平高等师范学校国文部出身，他是第一个提倡在北平市立中学的国文课程里兼教语体文的，在当时北平的中学界算是一个风头十足的国文教员。他因为高师附中的功课忙不过来，所以约我到一中去接他的手。我很记得，第一次听见上课铃，心里真像十五个吊桶七上八下的忐忑不安！校长致完了介绍词以后，我还没有像一位好朋友那样：在黑板上连续不断写“请等五分钟”，“再等五分钟”，……挨延到半点钟后，终于一语不发地下了堂，我总算开腔了，而且信口开合的继续说满了一点钟，不过事后听一个相熟的学生说，当时的声浪确乎有点儿颤抖。其实，这也没有什么希奇，照声学（acoustics）的原理讲，一切声音的构成都由于弹性物体的颤动，我当时不过颤动率比较大一点罢了！在这短期内教过的学生，后来有所成就的，有潘凫公（式）和齐燕铭（振勋）两个。后来从天津回来，再到一中，因为兼管事务，对于教书的经验反倒记不清楚了。

第二次到南开去教书就比较老练多了。记得我刚到二年级的一组去上课，在课室门外听见一个很淘气的孩子（后来知道他叫夏芝）在那儿喊：“看！新教员是个小孩儿！”我跑到讲台上，借着这个碴儿先发了一顿下马威说：“你们看我像个小孩儿吗？你们知道不知道古人有‘三岁为翁，百岁为童’一句话？假如我这个孩子可以作你们的老师，那么我便有作‘翁’的资格，你们就得安安顿顿作‘童’；假如我不配作你们的老师，那么我想充‘翁’也不行，纵然我家里没存着一石粮，我也没脸再作‘小孩王’了！咱们姑且以一礼拜为期，如果我不称职，到时候我自然会卷铺盖。”说完这一段话大家居然静悄悄的连一口大气都不再出，老老实实听讲。从今以后，不单相安无事，而且师生间的感情十分融洽。那一班的学生里有一个国文很通顺，而且会作两句旧诗的，叫吴堉威；有一个天真烂漫的广东孩子，后来在童子军界颇有声名的，叫徐观余；还有一个当时南开体育界的“大金刚”张颖初。他是陕西人，身材很高大，心地很朴诚，国文程度很好，文言语体都作得像样子，年龄大约比我大，但是在老师面前总是规规矩矩的温和恭顺。直到民国十三年我在西北大学教书的时候，无意中在西安街头碰见他，那时候他正参加渭北靖国军的秘密工作，见面后还是很谦逊恳挚的。他后来改名张锋伯，追随冯焕章先生很多年。另外还有四年的一组，学生是预备入商科的。其中有一位叫宁恩承，他进南开大学以后，曾经因为发表一篇《循环教育》出了名，后来从国外留学回来，在财政界颇有地位，中间作过一度东北大学的秘书长。北方人毕竟朴诚，直到他贵显以后，他通讯时还以“受业”自称，比那一班过河拆桥的浅人，因为地位增高，慢慢把“夫子”降为“仁兄”的，懂礼多了！此外不在这两组上课的，还有许多人常在课外找我谈谈。其中让我怀念很深的，就是民国十四五年间在文艺界颇有小声名的张采真，那时候他叫张士浚，是河北霸县人，性情温柔而富于文学的兴趣。后来因为党争在汉口殉难，到现在已经十几年，他在北新书局出版的集子《如愿》，恐怕和“采真”这个名字一同被人忘记了！

最后一次在四存教国文，那完全是替一个朋友帮忙。这个中学是提倡颜李之学的四存学会创办的，学风很笃实，却不免保守。校长齐树楷，持躬对人都有可取的地方。有一天一个坐汽车的学生家长要拜访校长，看见一个穿着破旧布衫在校门口扫地的老头儿，就喊他通报一声，交谈之下才知道眼前失敬的正是他要拜访的人！这时期我因为旁的事很忙，不能专心致志地教书，当时的印象渐渐模糊了，只记得讲读和作文而外还教一小时文学史，讲读的课本，学校指定用王昆绳的《左传评》。

（二）

关于教材一方面除去第三次以外都是自由选择的。那时中学的国文师资大半是不得志的秀才拔贡之流，他们的枕中鸿宝不外《古文观止》或《古文释义》，能够知道《古文辞类纂》或《经史百家杂钞》的就得算个中翘楚了。南开有两位老先生，一位叫“臣密言”，一位叫“臣亮言”，因为他们的拿手好戏翻来覆去的只是《陈情表》和《出师表》。举此一例，其余不难概见。我们在那腐旧的氛围里去教国文，有两层困难：第一、在这班老先生的心目中以为你们这些乳臭未退的黄毛小子顶多念过一些呢啦吗呀的《引车卖浆者言》，哪里读过圣经贤传？哪里能领略韩柳欧苏归方刘姚的义法？怎么配来教国文？我们为应付这种环境，除去博得学生信仰以外，还得让他们知道，他们懂得的我们固然懂得，我们懂得的他们可未必懂得。第二、在这文化运动的启明时期，我们既负着指导青年的责任，就得用力托住被传统思想压抑很久的千斤闸，把他们解放出来，一方面不让他们再受腐朽的流毒所感染，一方面还得防止他们矫枉过正，趋向偏激。在这双层夹攻之下，当然感觉不大好处。好在那时我正在初出犊儿不怕虎的时代，虽然不敢自负是“知类通方”的学者，可是对于中国学术的源流，文章的正变，古今的遭蜕，新旧的废兴，都比那些老先生见得深切，所以不久就把第一层困难克服了。不过那班受了新文化洗礼的青年，因为求知欲的驱策，好奇心的激荡，便把他们所信仰的教师当作万能的全材。他们所提出的问题，除去和古今中外文学有关的以外，上自宇宙来源，人生究竟，下至社会内幕，家庭琐节，几乎无所不包。要想克服第二层困难，教师自己必须有深厚的修养，纯正的思想，才可以胜任。在当时，我除去课外谈话抱着因材施教补偏救弊的态度以外，对于选择教材偏重三个方向：

（一）避免俗滥。关于文言文的选择不再拿《古文观止》当宝库，在我的选本里已然没有《陈情表》、《出师表》、《原道》、《获麟解》、《桐叶封弟辨》、《捕蛇者说》……等等烂熟的文章了。因为不鼓励学生摹仿古文的滥调，所以选文的成分学术文便多于模范文。那时选文的目录现在不在手边，不能详细开列，就记忆所及的举例来说，比如选一篇《汉书·艺文志诸子略》，就连类而及的拿章太炎《诸子学略说》、胡适之《诸子不出于王官论》作副教材，这是有关学术源流的例；讲一篇魏文帝《典论·论文》，就旁征博引的拿《三国志·王粲传》，《魏文帝与吴质书》，《曹植与吴季重书》，《吴质答东阿王笺》等作参考，这是有关文学变迁的例；讲一篇章太炎《与友人论文学书》，便剥茧抽丝般牵涉到范晔《狱中与甥侄书》，刘勰《文心雕龙·镕裁篇》、《附会篇》，刘知几《史通·叙事篇》，洪迈《容斋随笔》、《论文章繁简》等等，这是有关批评的例；讲一篇《墨子·非攻》，便展转联想到《国语·向戌论弭兵》，杜甫的《兵车行》、《石壕吏》，白居易的《缚戎人》、《新丰折臂翁》等等，这是有关政治思想的例。诸如此类，不能备举。当时的目的只想把有关中国学术的各种问题，借着讲授国文，分别作有系统、有条贯的简要介绍。

（二）启发思想。在新文化潮流正在澎湃的时候，除去介绍国学以外，还得灌输新思想。所以我选的文章里有胡适的《杜威论思想》是训练构思方法的，胡适的《不朽》，李大钊的《今》，梁启超的《为学与做人》是讨论人生观的，有陈大齐的《迷信与心理》是破除迷信的……在一中时代所任的那一点钟修身，我并没有去讲道德，说仁义，而是拿 Ellwood 的 Sociology and Social Problems 作蓝本来讲述家庭问题。这可以代表那一个时代的风气，并不能算是我个人的好奇。

（三）喜欢比较。我因为要见出文言和语体的短长，选材往往采取对照的方式。比方说，讲宋濂的《王冕传》，一定和吴敬梓《儒林外史》里记王冕一段并列；选一篇鲁迅《域外小说集》里所译的《月夜》，不单附上袁弼的白话译文，甚至于连英译本也一并附进去。有时候同是文言教材，我也喜欢用比较的方法。比如选一篇《通鉴 · 巨鹿之战》，我总想拿《史记 · 项羽本纪》里《章邯已破项梁军》一段来比较；这一篇范晔《后汉书 · 传论》，我总想引华峤《汉后书》的原文来对勘。因为我觉得这种方法最可以启发学生作文的思路，增进他运用文字的技巧。直到现在我还想有机会试验一下。

照我这样避熟就生的选材，教起来吃力得很。假如存心偷懒，立志混饭，只要拣一本现成的教材，旧的旧到《古文观止》，新的新到《白话文范》，满可驾轻就熟地敷衍一两年，何必这样自讨苦吃呢？因为我对于教学抱着一种研究的态度，拿教学当着一种兴趣，所以不怕麻烦，不怕受累。在学生一方面的反应，只觉得新教员所讲的确乎是闻所未闻，可是未必能完全吸收，充分了解，彻底融会。结果虽然不至于费力不讨好，而师生之间，终究不免隔了一层，不能衔接。记得我讲李大钊那篇《今》的时候，学生还都没到理解发达的年龄，听完之后大部分都有丈二金刚摸不着头脑的感想；又在讲陈大齐《迷信与心理》的时候，附录了一大段《儒林外史》上的陈和甫扶乩，后来连自己都感觉繁冗无味。那时在旧教员一方面已然不骂我浅薄了，反过来的批评却是“以艰深文其浅陋”！现在回想起来，当时只顾廓清旧的积弊，开创新的风气，却不免犯了矫枉过正的毛病，没有审慎考量学生的程度，没能恰好适应他们的需要，这是不能不自行检举的。

（三）

谈到教法一方面，我也觉得好坏参半，不敢过分自是。我不是学师范出身的，当时没有研究过教学法。从前听见我的朋友伍叔傥尝说："我不知道什么是国文教学法，我只晓得自己作通了才能叫学生通，自己看懂了才能叫学生懂！"这几句话固然有些过分，可是，至少总得自己通了，懂了，再讲教学法，才能相得益彰，如果自己根本不曾通，不曾懂，就是把教学法讲得天花乱坠，也不免是隔靴抓痒的空谈！

那个时候的旧式教国文法，离开念、背，打的三部曲还所差无几。先生上得堂来，先摇头晃脑，哼哼唧唧地把本文念一遍，然后顺文演义的，就着字句来解说。能够逐字逐句解说清楚，再谈到一点儿起、承、转、合的章法，那就算是"瓜瓜叫"的"大好佬"了。若叫我描写那时候老先生讲国文的情形，我且摘录《牡丹亭》学堂一出里陈最良给杜丽娘讲《诗经》，丫头春香插科打诨的一段，作为映照：

陈："'关关雎鸠'，关关是鸟声，雎鸠乃是鸟名也。"

春："先生！鸟声可学与我们听听！"

陈："我怎么学与你听！鸟性喜幽静，'在河之洲'……"

春："吖！我晓得了！不是昨日是今日；啐！不是今年是去年。我衙内关着一个斑鸠儿，被小姐一放，一飞飞到何知州衙内去了。可是吗？"

陈："这是兴吓！"

春："哟！一丢丢的小鸟儿嘿，有什么兴介？"

陈："胡说！兴者是起也，起那下文。'窈窕淑女'是幽闲贞静女子。'君子好逑'有那等君子好好去求他。"

春："先生！为何要好好的去求他介？吓！吓！吓！"

陈："嗯！依注讲解，只管胡缠！"

杜："依注讲解，学生自会，先生但把诗经大意教道一番。"

我虽不敢说那时的国文教员人人都像陈最良，可是"依注讲解"总占大多数，把"逑匹也'讲作"好好去求他"的，一定也不少。于是淘气的学生便"只管胡缠"，用功的学生不免有"依注讲解，学生自会"的觖望！难怪当时的教会学校，甚至于像南开那样的学校，只把国文教员当作"告朔之饩羊"！

我们这班年轻人上台以后，气象确乎有点不同了。要讲一篇文章，先得介绍作者的略传，说明他的时代背景，他在文学史上的地位和这篇文章的价值等等。然后解释字句，划分段落，指示篇章结构的法则，研讨文法修辞的奥妙；末了儿综览全篇的大意，看它的风格跟前一时代有什么异同？对于后一时代有什么影响？费的时间虽然较多，对于文章的剖析却无微不至。记得我讲《孟子·有为神农之言章》的时候，先叙述许行学说的大意，再拿它和现代社会学说比较，然后推寻孟子的辩论方式。这样一来，耗去两三点钟还没讲到本文，可是学生并不感觉沉闷。这种不拘泥篇章字句的教法，固然可以让学生有进一步的了解，同时却也犯了"陈义过高"，"揠苗助长"的毛病。并且完全采取灌输式，使学生没有自动的机会，材料纵然加多，仍然和老先生一样不合教育原理，好学生还可以量力吸收，坏学生就有点儿招架不住了！选材既深，教法又难，究竟能否使学生受益，是很值得深切反省的。

那时候的作文大多数还喜欢文言，可是真正清通的卷子却不很多。往往囫囵吞枣地背过几篇古文，似懂非懂地记住些个典故，作文的时候，不管对题不对题，就把那些陈谷子烂芝麻一下子全搬到卷子上来！改文时不幸而遇到这种卷子，就当真遭了黄季刚先生所谓“索阅者命”的厄运！我还记得有一次出了一个《拟征集救国捐启》的题目，有一篇妙文的起头儿四句是：“天昏地暗，割地赔款，铜驼荆棘，黍离可叹！”你说他不通罢，每句也还可以讲得过去；你说他通罢，凑在一块儿简直不知所云！叫改者何从下手？从前的老先生守住“浓圈密点，狼藉行间”的八字诀，圈点完了再写上“有词有笔，不蔓不枝，佳构也”；“平空突起，大有黄河之水天上来之势”；“通畅无疵”；“字句清顺”……一类的批语，就可以敷衍过去了。即或遇见太不像话的卷子，那么，多抹两条杠子，加上“潦草塞责”，“文字欠通”……一类的批语，也可以交代过去了，像这样改文，好的不见得会更好，坏的却准保越来越坏，我当然不能率由旧章的自欺欺人，因此改作文便成了我的最苦工作！记得我那时每改一篇文章，除去注意字句是否通顺，段落是否分明，还得看思想是否清晰，结构是否谨严，修辞是否雅洁等等，有时候几乎得全体下挂，和自己另作差不多。大部分光阴都费在这种味同嚼蜡的工作上面去，头一批刚刚清理出去，第二批跟着又堆积起来。难怪周予同说：“无论什么样的人，只要连续作过五年中学国文教员，没有不变成时代落伍者的！”话虽这样说，我在改文上虽然花了这么多的力量，可是所收的效果并不是十分理想的。因为当真善于改文的，得有脱胎换骨的工夫，点石成金的技俩，化臭腐为神奇的手段。我的改笔终嫌更易多于迁就，主观胜过客观，对于作者还不能循循善诱，使他行远自迩，登高自卑，一层层地逐渐达到自由抒情申意的清通境界。现在回想起来，才知道当年的经验是不够的。

(四)

时光过得真快，从现在推溯到我开始教国文那年，一恍儿换了二十多个寒暑了。我在民国三十一年的今天还来谈二十年前的国文教学经验，岂不惹“明日黄花”的讥诮吗？其实，古人尝说：“前事不忘，后事之师”，一切过去的事情，无论成功失败，都可以供现在或未来的借鉴。我的国文教学经验，无疑是失败的，可是，失败纵然失败，它的时代价值仍然不能磨灭。因为由大学中国文学系出身而教国文的，那时候正在开荒时代，正当新陈代谢的枢纽，所以，我和我的同辈都不能算是没有开创的功绩。至于选材教法上的许多缺点，也可以给后来的人留下不少的教训。假如我自己，或者指导后辈，再到中学里去教国文，至少应该抱着下面的几个态度：

（一）选材须适合学生的需要，卑之勿甚高论；

（二）教法须深入浅出，注重启发，不可好高骛远，一味灌输；

（三）改文须多迁就，少更易，多客观，少主观。

这是我从过去生活片影中所得到的一点儿经验，愿意写出来和研究中学国文教学法的人们商量商量！

三十一年六月六日，教师节。

（原载《国文月刊》第 20 期，1943 年）

17. 我的中学读文教学经验*

庞翔勋

（一）

我这篇文章是给罗莘田先生的《我的中学国文教学经验》一文（见本刊二十期）所引起的，罗先生在那篇报告里，坦白地提出了许多成功与失败的经验，对于成功的地方他并不妄自菲薄，作虚伪的谦逊；对于失败的地方亦不企图掩饰，自文其过。这种科学态度深深地感动了我，我自然比不上罗先生的学养，却也有我的成败经验，这些经验对自己有好处，对别人或者也未必全无作用，于是我便写下如下的率直报告：

我不是中国文学系出身，在中学时读的是师范，在大学时读的是教育系，但一向对国文很有兴趣，虽然没有受过从文字学读起的正轨国文训练，却多少看了一点书。同时很早便对国文教学发生了疑问：师范时国文教师显然分成了两派，一派专教古文，旁若无人地自教自的；一派专教学术文，从哲学、社会科学研究到考古，我那时便想：古文教师固然是失败的，上面讲庄子《逍遥游》，下面看《阿Q正传》；新派教师又何尝成功，下面也同样有人做高等代数，于是我立意要研究出一个答案来，怎样才是一个理想的国文老师？那时我们每年暑假常和一班朋友举办暑期学校，招收小学至初中的学生，我开始教初中国文，仿照了自己钦佩的国文老师的教法来试验，结果居然相当成功，学生们对国文都颇感兴趣。两年暑期学校的收获鼓励着我，使我进大学后特别留意国文教学法的探讨。二十四年夏天大学毕业，在广东清远县立中学担任初中二国文，我不大会讲广东话，教学时很感痛苦，为补救学生听不懂我话这一缺陷，尽量多用预习，并时常令程度好一点的学生起来复讲，结果同学们都颇欢迎。那时教材用的是坊间的教科书，对选材方面无甚心得。在课外，他们一向没有听到过阅读参考书，更谈不到杂志，于是我便为他们开了一个书目，还特地替他们跑广州去买了一大批书，其中如《寄小读者》、《爱的教育》、《文心》等，买的人尤多，《中学生》也订了好几份，这一工作在当时颇起了些启蒙作用。可惜不到半年我便离开了那边，一切计划都没有完成。二十五年春，到江西赣南第二乡师任教导主任，兼教一班师范和一班初中一国文，语言的阻碍已经消除，教学进程容易得多，但那时一大半精神集中在训育，国文方面的收获至今已没有特殊印象。二十五年秋至二十六年夏，在江苏省立洛社乡师担任国文教育教员，教的是三四年级的国文（等于普通中学的初中三高中一），当时江苏省教育厅对各校教学督促甚严，教学实施录须与教材预定录完全符合，于是教材既预先确定，教学进程也受了限制，一周规定教两课，形成了刻板式的方法：先由教师范讲，再由学生复讲，最后研究段落大意便完事；或先由学生试讲，教师范讲，再由学生复讲，最后研究段落大意。明知这种方法并不高明，但在当时的环境中不允许有新的尝试。教材方面，仍然用的现成教科书，课外阅读方面，规定了共通的书，而且要摘录笔记，缴交批阅，这算是新的方法。二十七年春到广西，任职私立培桂中学，纯粹教高初中国文，那所学校都是一班青年在主办，一切均颇注重试验，各科教材教法，都可由教师随心所欲，创造实验。我开始根据记述、叙述、抒情、说明、议论这一分类法来选教材，选的都是唐宋以后的文章，还注意着内容的优良，我觉得一篇技巧好的文章，应该通过好的内容才可显出它的价值。当时，抗战的狂热刺激着每个青年，使他们疯狂地阅读课外书籍，我便利用着这个空气，尽量介绍课外书，指导阅读及笔记的方法。但当时功课担得太多，无法对每级乃至每个同学作较深入的指导。二十八年春至广西省立宾阳中学担任导师，专教初中二一级国文，每周只上六小时课，除训育工作外，全部时间都集中在一级国文的指导上，我常利用个别谈话，对每个学生作因势利导的特殊指示，告诉他研究国文的方法，他的需要改进之处，并介绍适合于他的参考书。但教本是由省教育厅规定的，选材上一无活动。二十八年夏由桂入川，任职中华职业学校，初时专教高初中国文，后来兼任文书，去年起主持教导。但仍教国文，一直到今天。在此地，我完全踏入了自由的境地，中华职教社和本校当局，常鼓励同人自由研究，自由实验，一切教材教法，都可以尽量变化，毫无限制。在这四年中，有一班学生一直从初中跟我研究到高中三，有一班从高中一研究到高中三，职校学生较普通中学生更需要实用的材料，我完全抛弃部分高中国文课程标准的系统，不以文学源流或文学史为经，有一级用国文百八课的办法来选材，先讲文话，再讲文选。有一级用培桂中学时的办法，高中一侧重记述文和叙述文，高中二侧重抒情文和说明文，高中三侧重议论文和应用文。有一级采取《古文观止》，根据各体文章选读。教学方法，时常变化着试验，有时采用洛社乡师时的方式，有时采用叶绍钧、朱自清两先生的《精读指导举隅》中的方法，记得一课《泷冈阡表》曾详细研究了足足一个月。每学期选定几篇要他们背诵或默写，课外阅读，有时由学生自行选取书籍教师核定后阅读并做笔记，一周缴一次，有时师生共同决定一本书来看如最近读的将公的《中国之命运》，事先指导他们阅读的方法，开始阅读之后，每周举行一次讨论会，由同学做主席，当记录，教师从旁协助补充或纠正，也常为学生开书目，或公开用口头或文字介绍新书。为了学校图书不够，发动了全校师生，将藏书集合起来组织一个流通图书馆，对同学的阅读兴趣，提高不少。

（二）

有了适当的教材，才会有浓厚的兴趣，有了浓厚的兴趣，才会有飞速的进步。过去私塾教育的失败，最大原因便是教材不适合受教者的程度。我对选材方面，有如下几点意见：

1. 要适合学生的程度　部分高中国文课程标准，以文学史为经，从古代选到近代，叫高中一的学生读《易经》、《尚书》、《诗经》、《楚辞》等古书的篇目，实在是不合理的事，现代中学生的程度实在够不上读这古文，我常选秦汉以后的文章，而且从现代倒选到近代古代，因为课内精读教材原是研究文言句式遣言措词等以帮助其写作的，文章的时代愈近，与现代文字的关系愈密，它对写作方面的帮助也愈大。我也不选太专门的学术文，例如哲学、政治学、经济学或文字学等等方面的论文，这些文章的内容既太深，篇幅又太长，文字又不一定可作模范，对学生的写作能力似无多大帮助。要希望学生增进这些方面的知识，尽可从课外阅读中去获得。

2. 要适合学生的兴趣　学生的程度因时因地而不同，学生的兴趣更因年龄、性别、程度及心理变迁而生差异，有人说自己有兴趣的文章，才可教得学生有兴趣，这句话并不完全对的，教师与学生的年龄总有些相差，心理也常不同，所以兴趣也往往各异。以教师个人主观的看法去选材，往往会犯私塾教师的错误，因此教师在选文时，应该以学生之心为心，以青年的兴趣为兴趣。我常从个别谈话与调查表中，探测学生爱读的书籍文章，以这些调查为依据，来选取精读的教材。

3. 要适合学生的需要　只顾到学生的程度与兴趣，可能被学生所左右。教师成了被动，只有迁就而没有指导与提高。所以，另一方面，教师得考察学生的客观需要，配合着两者渐渐推进。照我的看法，初中学生只需要能写作通顺的白话文，高中学生只需要能写作浅近的文言文，要增进这两种写作能力，唐宋以来的文言文与现代的白话文似已足够，用不到阅读秦汉以前的古文和国故方面的名著。

4. 文选、文章作法、文法、修辞、作业须打成一片　从来选取国文教材，大多只是几篇文选，这些文选的决定，又往往没有根据文体的分类或文法修辞等的演进，一言以蔽之，没有系统（正式教科书比较好一点）。而尤其不合理的，是读文与作文分家，读的是《陈情表》，做的是《春郊》；读的是记叙文，做的是议论文；读的是文言，做的是白话；读的是诗歌，做的是散文。试问这样怎么会使国文进步？所以我竭力赞成国文选材数学化；或用演绎法，如夏丏尊、叶绍钧合编的《国文百八课》；或用归纳法，如孙起孟、顾诗灵、蒋仲仁合编的《写作进修读本》，采取单元制，每学期的材料分成若干单元，每一单元包括文选、文章作法、文法、修辞及作业等，文选的选取，应完全根据文体，根据文章作法，竭力系统化，成为文章作法及文法修辞等的例证，而文章作法及文法修辞等，应成为文选的说明。以上数项与作业，尤应取得密切的联系，有机地配合，读什么样的文选，便应练习什么样的作业，如数学之教何种例题作何种练习一样。只有采取这种办法，国文教学才会科学化，只有国文教学科学化之后，学生才会迅速地进步。

5. 内容与形式并重　一篇优良的文章，应该是内容与形式俱臻上乘的作品；一篇优良的国文教材，尤其应该注意两者的并重。内容优良而技巧拙劣的文章固不能使学生获得写作上的好多参考，技巧优良而内容恶劣的文字亦会使学生思想上产生不良影响。但古今文章够得上这标准的实在不多，这里我很同意叶绍钧先生前年给我的信中的话："国文教材，古文现代文俱难其选，编辑者与施教者，往往有勉强将就之感，钧尝谓小学国语教材既可出于撰作，中学国文教材又何必定取现成之篇章。苟能集合若干人，共同撰作新篇，以中学生必须具备之语文形式方面之知识为经，以中学生种种方面之生活为纬，据以教学，收效必宏。"中学国文教材能另撰新篇，实在是最理想的办法。不过，这办法须多人合作，目前一时还不易做到，迁就现实的暂时办法，仍得向现成文章中去选取，选材时务必尽可能注意形式与内容的并重，能选到两者俱优的篇章最好，否则形式优良内容不太恶劣亦可，如果思想歪曲题材恶劣的文字，则纵然写作技巧十分佳妙，亦不可作为教材。

（三）

"我不知道什么是国文教学法，我只晓得自己作通了才能叫学生通，自己看懂了才能叫学生懂。"伍叔傥先生这几句话是不错的，罗莘田先生接下去说："如果自己根本不曾通，不曾懂，就是把教学法讲得天花乱坠，也不免是隔靴抓痒的空谈。"的确，教学法是要通过了教材才能显出它的作用，离开了教材，根本无教法可言。但，教材与教法毕竟是两件事，有了教法而不懂教材诚然收不到好的效果，懂了教材而没有教法也不一定能收到好的效果。自己不懂的固然无法使人家懂得，自己懂的也不一定能使人家懂得。现成的一个例证券：过去全国千百个中学里的国文教师，自己不懂不通的人大概不会很多，但这班懂了通了的国文教师教得学生也懂而且通的似乎为数颇少。远在民元前三年，蒋竹庄先生便在《教育杂志》一卷三期上发表《论小学以上教授国文》，其言曰："中学教授国文，无秩然之蹊径可寻，退步可虑，其所以致此者，实有二弊：一则教师为能文之士，不肯虚心研究教授法，二则多讲授而不诵读，必致毫无成效……"，蒋先生在三十五年指出的，不幸在今天依旧是尚待改进的缺点，能文之士的教师，确是大多数"不肯虚心研究教授法"，教师的不肯虚心研究教授法以致毫无教授法，恐怕是年来中学生国文程度江河日下的主要原因之一。所以，"提高学习效率的方法，固有赖于激发国文兴趣，增多写作机会及考核国文成绩，而尤赖于教学法及改文法的改善。"（《中等教育》季刊一卷一期罗根泽：《卅一位中学国文教员的改革中学国文意见》）叶绍钧先生也在《中学精读文选》序中说："选取适当的教材固然要紧，但利用教材，作适当的教学，这决不是次要。"要希望今后中学生对于国文发生兴趣，程度提高，国文教师的研究教学法，实为必要条件之一。以下是我对于读文教学法的几点意见：

1. 课外略读指导应与课内精读教学并重　提高国文程度的一个重要方法是"多读多看"，这已成了众口一词的常识，一班名家的优良的国文程度之养成，几乎全部是由自己"偷看闲书"而得，鲁迅、胡适、郭沫若诸先生的自传中都提到这一事实，当前的许多国文教师，自己回想一下，国文之所以能"懂"而且"通"，恐怕也是靠自己阅读的地方多，赖教师之指导少。这一事实告诉我们一个重要的教学法：课外略读指导应与课内精读教学并重。不幸大多数国文教员（尤其是科举出身的老学究），强调了课内教学，忽略轻视甚至禁止学生的课外阅读，以为教完了一本教科书或几十篇油印讲义，便已尽了教学之能力，结果教师教的不是学生爱读的，学生看的不是教师赞同的，各走极端，两不相干，好一点的学生去自己摸索，普通的学生（占大多数）便弄到上课不听下课不看，国文课成了赘疣。此后要希望中学生国文程度日益进步，并把课内外兼筹并顾精读略读密切联系不可：课内的精读，注重在文体句式遣言措词等文章作法文法修辞的研究，工夫要细，用力要精，要咬文嚼字，斤斤较量，要作深入的探讨，勿计进程之快慢，要读一字得一字的用法，读一句得一句的方式，读一篇得一篇的典范。课外的略读，注重在思想的开导，知识的汲取，材料的吸收，阅读的范围要广泛，要有计划，有方法，要看得多，看得快，还要做笔记；要使学生从被动的阅读变成自动的阅读，从盲目的翻阅变成正确的选读，从看书变成爱书，从偶一涉猎变成手不释卷；要使他们爱看书籍也爱看报纸杂志。总之，要使他们养成自动阅书的习惯。我甚至说过矫枉过正的一句话：只要能够养成学生阅读的习惯，即使课内教得不好，教得不多，这位国文教师便已成功了的。所以，我要在这里向全国中学国文教师大声疾呼：我们不仅要会教课内的书，还得会教课外的书，不仅要会讲解古文今文，还得会指导小说戏剧诗歌，我们要随时随地留心学生的看书，介绍他们新书，我们要一贯地计划课内课外的教材，有机地取得精读略读的联系，只有达到课内精读与课外略读均使学生发生浓厚兴趣的地步，国文教师才算尽了他全部的能事，国文教学才可收到高度的效率。

2. 教学方式讨论会化　　叶绍钧先生在《论中学国文课程的改订》一文（见本刊第十五期）中说："我以为要谈教学方法的改进，必须先废除现在通行的逐句讲解的办法。"这是一针见血的至理名言，无可讳言的，这"逐句讲解"的注入式方法，现在依然通行于各中学，"先生讲，学生听，先读字音，后解字义"，几十年前小学教科书中的教学描写，依然是今天的上课情形，这办法的弊病，便是剥夺学生运用心力的机会，一味让他们被动地听，结果好的人"大概"了解，差的人莫名其妙，依赖的习惯一经养成，脑筋便生了锈，不能亦不想自动研究。此后，课内的教学应该从“先生讲，学生听”改变成开会讨论的方式，或者说是自学辅导式，先由学生自己预习，预习时由教师从旁协助，然后由学生报告，大家讨论，教师犹如讨论会的主席，提出问题，鼓励发表，补充意见，纠正错误，最后结束讨论。课外的阅读，更应该纯粹采用讨论会方式，事前由学生自选或教师介绍书籍，各自阅读，撰摘笔记，然后开会报告，集体讨论，教师或为主席或为会中的一员。采取了这一种方式，每一个学生都无法偷懒，个个都得参加，由于自己辛勤的工作，收获必然较多，印象必然较深，兴趣必然较浓。不过，当这样的教师会麻烦得多，学生预习，教师也得预习，学生讨论以前，教师得帮助他们拟定大纲，而且自己也要有充分的准备。但学生的得益，却大得多了，相信一个爱护学生的教师，必然会采用这一种真正有效的教学法。

卅二年五月二〇于重庆中华职校。

（原载《国文月刊》第 25 期，1944 年）

18. 三年国文教学记

田葆瑛

教书以来，我总爱给学生出“国文学习记”这一类的作文题目。我们让学生作“国文学习记”，自己也似乎该作一篇“国文教学记”。国文教师自然不见得比学生作得漂亮，但这类文章也许多少可以给研究国文教学的人一点儿参考。我正式教书，到现在才整整二年。正式教书以前，却担任了七八个月的家庭国文教师；后来又有一个短时期为着一个朋友代课；合计起来，约莫有十个月的样子。在学校里教书一年，最多也不过十个月。所以这十个月的光景，也足可以算作一年了。只是我这一年还在学校里读书，教学究竟是课余的事，但是此文题为《三年国文教学记》，也许不算过分罢！

民国二十九年一月到八月，我在蒋家担任家庭教师。那时我还在昆明西南联大中国文学系肄业，蒋家就在联大附近。只让我教一个学生，这个学生才十三四岁，初中程度，名字叫做蒋观光，浙江诸暨人。工作很简单，一星期讲一篇文章，改一篇作文，每天催着蒋生作日记。只是每天晚上去，倒一点儿也不妨碍我的读书工作，权当作找了一个自修的地方。同孩子一块儿读书，却也是一件有趣味的事。教起书来，真是又入了一个新的境界。做学生的心理一变而为做教师的心理。素来认为无关宏旨的错字误读，现在却要反复考究，定要以正写正读授人，以免展转传讹。改起文章来，自然要侧重字句的推敲而比较地忽略文章的内容。这时深深感到了中国文字的繁琐麻烦，发现了历代的通儒也难免有错字误读；名人的文章又常常会用字不当。我在学校里虽然喜欢语言文字，但究竟比较偏重学理的探求，现在却要分外注意基本的语文知识了。一个认为毫无问题的字音，说不定就自幼读错了。一个大家都如此写的字形，说不定就不见容于极平常的字书。教书的工作逼着我多翻字典，推求字义。基本的语文工作与语文理论的研究打成了一片。或从基本的语文现象上去证验语文的理论，或从语文的学理上去说明基本的语文的现象。或从课文的讲解上去探索中国语文之特点，或从作文的批改上去推求中国文法的规律。因此倒更引起了我教书读书的兴趣。但是这时候我却也深深地感到国文教师切不可忘记学生的心理。对于作文，一方面应该着重基本语文的训练，一方面也应该着重代表学生性灵的作文内容。对于讲授，一方面应该讲解有价值的文章，一方面也应该讲解合乎学生心理的文章。我教了蒋生七八个月的书，最能引起他的兴趣的，曾经赚得他的眼泪的，还是袁枚的《祭妹文》。只有随时了解青年学生的心理，在国文教学上才可以收到更大的效果。

担任家庭教师究竟比较简单。自己想，将来正式讲书，真个登坛说法，难免不出笑话。因此找一个地方作为自己实习的场所倒是必要的。于是民国三十年的五月就在昆明云南省立昆华师范代一个朋友上课。最先在该校师范二年级代课，采取讲演式的讲书，题目是《论国文法》。这位朋友和我讲，讲书一定用两眼注视全体的同学，否则他们便会专瞧你的，你也就会感到手足无措。我便依了他的吩咐，上台讲书，一连讲了两小时，其初不免慌张，但不久也便镇定了。初次教书颇觉吃力，讲完后只觉口渴肺涨。但是情形总还算好，学生尚带着满意的神情。六月的一天，我又在该校师范三年级实习一次，仍是讲的《论国文法》。这次讲书比前一次进步多了，从容多了，并且讲到末尾我还试着说几句煽惑人的话。我说："明清以前，我国虽有文法而无文法之学。百年之后中国文法科学当可有一完善之系统。故今日乃是文法之时代。诸君生于文法之时代，起而研究文法，必有大的成就。"他们都很满意，下课后有的问我文法上的问题，有的让我介绍文法的书籍。这两次实习之后，我感到了教书的趣味。

民国三十年的夏天，我毕业了。三十年八月到卅一年七月，我正式在昆明云南省立昆华女子师范教书。这个学校原设在昆明，现在却疏散到滇池南岸的昆阳。八月十四日那一天，几位同事便一块儿坐汽船到昆阳去。下船后即进城搬入学校里，校中有松柏草木之胜，顿觉清凉和穆。又复居高临下，青山绿水在望。环境如此，我满意了。到校之后，学校里还没有开课。没有事情便预备课文。预备课文，像是容易，却也并非十分简单的事。三五同好，互相讨论，共同预备，分外有趣。这时更感到教书的益处，不仅可以借着批改作文以研治文法，还可以借着讲授课文仔细读读历代的文章，使自己更切实些。从前烂熟的文章却似乎都是囫囵吞枣，现在倒看着处处不懂了。开课前自己又草了个国文教学计划，准备着怎样进行课文，怎样评定作文，一一拟定了具体的办法。九月一日开课了，头几天我都在讲我的国文教学计划。虽然这是初次正式教书，究竟因为有了实习的关系，言谈举止却很从容。说话的技术比较进步了，材料的分配也渐渐适当了，再加以故事的穿插，更能引起学生的兴趣了。上课的第三日，两点钟的国文排在一起当中本有十分钟休息的时间，学生听得有趣却嚷着我连续讲下去。我一直到现在都还喜欢授课，未尝不是女师学生给我的鼓励。

女师的学生从最高班到最低班没有一个不爱好国文的，因此更引起了我讲书的趣味。讲书时我总反覆咀嚼文章的内容，务期与学生能共同领略欣赏文章的意境。讲到圣贤的文章，自己也就不由得正襟危坐，仿佛是一个正人君子。读到明清的散文，自己却又觉得周身清快，俨然是一位文人才子了。讲课时因为学生的要求，我就在课堂上朗读文章，务期学生能揣摩其神理气味。记得有一次在初中三年级上课时，朗诵起王仲宣的《登楼赋》来，我也就学着老先生摇头晃脑地朗诵起来，学生真高兴极了。学生问我究竟应该怎样诵读。我说读文章，调子贵乎自己揣摩，务期能模仿古人的筋肉活动，体会到作者当时的情景。读豪放的文章，应该学北方人的朗诵，闻其声则如铁马之奔腾。读柔婉的文章，应该学南方人的朗诵，闻其声则如夜半之歌声。

因为教的是中等学生，讲授课文除着重文学的欣赏外，仍须着重基本的语文工夫。讲解字义固不可过于板滞，但也须一字不苟，义有所本，免得望文生义。而且这种基本的语文训释工夫，更能帮助文章的了解。训练中等学生的这种基本语文工夫，是干燥的，但是顶重能的。借着严格的考试来督促学生，是国文教师不可避免的责任。考试制度有利亦有弊，但在目前尚没有更好的一种制度来代替之前，我们如能善于运用，我觉得还是利多弊少。但是学生自信力的大小往往系于考试的优劣。我们做教师的对于考试，也就该特别小心，谨慎从事。我们固然不该特别注意天才而忽略学力，以致天才无从发展，却也不能只是着重学力，埋没了天才。所以我平时要背诵要回讲，着重基本的工夫；笔试时题目则比较灵活，以启发她们的灵智。所以学生只要平时肯用心听讲，考试前并用不到开夜车，考试成绩就往往是全班之翘楚了。学生们都很乐意接受种种比较合理的督导，最高班人数较少，往往让他们全体背诵，竟没有一个不会背的。大学里师长们治学谨严的精神，养成了我教书负责认真的态度。然而我督导学生的成功，却又是因为女师浓厚的读书风气。

这一学期，我还每星期为各班讲授文法一小时。师范班讲文言文法，初中班讲语体文法。这固然由于自己爱好文法，却也因为文法乃是语文之基本训练，对于读本的了解及作文的技巧都有莫大的帮助。一般人都觉得文法干燥，但我总试着少讲些无谓的定义及繁琐的分类，进而与她们究讨文法的本身，也往往会更能引起她们辨析，研究的趣味，在课堂上热烈地和我讨论，她们认为“在”字不是介词而是动词，助动词可以取消而算作副词，都是文法学上很有趣味的问题，可以给我们很大的启示。所以我觉得讲授文法是应该的，不仅是基本语文的训练，且可以使学生有清晰的头脑。

关于批改作文，因为初次教书，便特别仔细谨慎。觉得作文之批改无论如何简略，总该把不通的地方改得通，不对的字儿改得对。有时还要改二次，并且让别人指摘我批改过的文章。而且批改作文预先定出了批改作文的具体标准，免得因为一处之优劣而评定甲乙，以致有欠公允。关于作文命题，每次作文我总试着出一些与学生生活有关系的题目，务期学生能道出自己之积蓄，引起作文的兴趣。然而学生的环境志趣却又不尽相同，似乎自由命题更利于发挥。但如此一来，却又不免有了抄袭偷懒的弊端。于是我创立了自由命题审核制，学生可以不用我的命题而自己出题，但一定要经我的审核批准。如此既可避免抄袭的弊端，又可激发学生作文的兴趣。女师是一个注重国文的学校，各班每月皆有壁报，由各班导师领导。有时我便很热心地领着她们办壁报，甚或自己也给她们写点文章，以引起她们的兴趣。为她们办壁报的结果，又感到编壁报与平时作文，文章取舍颇有不同。平时作文以文字通畅为标准，比较偏重作文的技术。编壁报就要以情意起脱为标准，比较着重个人的才性。因为有才的文章，即使技巧稍见拙劣，但一经教师批改，即可像样了。

这就难怪昔日科试的文章每每平庸无奇，天下所崇拜的文人却又不善于应试了。

为着自己多得一点教学的经验，本来打算二学期再换一个地方。但人总是有惰性的，看到学校的环境，终于又接了二学期的聘书。二学期我仍采取严格的办法，背诵的背诵，回讲的回讲。学生总是偷懒的，要是不督促的话，说不定听讲都会大意起来。本来借着上学期的信仰，讲书满可以偷懒些，但那不是我们青年人的态度。而且讲书稍不精彩，学生立刻就表现出懈怠之神情；稍见精彩，又立刻会露出愉快之姿态。我现在还不是教书匠，还不愿意看见学生怠惰的神情。因此讲授课文，更要作进一步的预备。假如不能进一步的预备，讲旧文章都往往赶不上第一次的讲授。由此我们才知道中学教员的程度为什么会有天渊之别，教学也真是如逆水之行舟，不进则退。这学期讲课文，我更以清楚明白为主，觉得不必引经据典以自炫。那只是故意啰啰唆唆益增人之惑罢了，譬如我讲曹丕的《典论论文》宁肯深入浅出地以学生自己的作文为例，来说明较深的文艺理论。这一学期我确也比较任性了，喜欢讲授所喜欢的文章。我总觉得只有对于自己所爱读的文章，才可以真正地了解，也才容易讲得出色些。这一学期除讲授课文外，师范班每周讲授中国文法一小时。用我自己的讲稿，比第一学期讲得进步多了。初中班因为快毕业了，每周讲一小时的文学史。因为时间关系，自然讲得简略。我觉得文学史的讲授，繁简倒没有多少关系，主要的在给学生一个清楚的文学史的系统，借此让她们得到一个正确的文学观。

关于批改作文也是一样。一方面努力保持着往昔批改作文的良好习惯，一方面希望着能得一点更多的经验。批改作文久了，养成了注重错字的习惯。甚至街头的牌告，村里的碑碣，也都看着满是错字了。留心错字原是我们国文教员应有的态度，但我也不敢因为过分注意错字而忽略了学生作文的内容。记得有一次学生问我怎样才是好的作文。我和她讲，作文的好坏，各有各的看法。但我看作文，第一先看思路清楚不清楚，第二再看内容精彩不精彩，第三要看造句通顺不通顺，第四要看修辞适切不适切，最后就要注意文字形体的正误及书法的端正了。有时我们几位教国文的人为着鼓励学生作文的兴趣，便共同筹募国文奖金，举办作文竞赛；对于国文的进步，往往会收到更大的效果。有时我更领着学生举行国文座谈会。记得有一次晚饭后我领着一班学生在山头上举行国文座谈会，竟达三四小时之久，我们很随便地讨论国文上的各种问题。大家都发生浓厚的兴趣。直到熄灯铃摇了，她们还不肯回校呢！本来国文的讲授，不是呆板的灌输，应该师生打成一片，与生活密切联系起来。所以我有时候便宁领着学生到郊外去，或到庙宇里，坐在神前，讲讲佛家的故事。或到河边上，席地而坐，谈谈诗人的生活。甚或爬上山头，在山林中随着曲曲折折的羊肠小道，前呼后应，及至夕阳西下，大家便唱着歌儿一块回校了。女师的文艺生活到如今尚如在目前呢！

父母望儿北归，三十一年的夏天我终于从昆明到了四川绵阳，任教于国立六中。在六中任教期间从三十一年的八月到三十二年的一月，恰恰一个学期。六中在绵阳来说，还算是一个有读书风气的地方，但却也有一种特殊的传统校风。因为都是战区的学生，情绪就不免暴躁。学生不敢亲近师长，否则便是逢迎。师长不敢会见学生，否则便是拉拢。新教员上课，学生在堂上要问问教员的资历。上课不听课而做其他的工作，已是安分守己的学生。学生是主动的，教员倒是被动的。课本自然是正中国文，但各教员讲授课文也最好一律。在机关化的学校里，教员自然不值甚么，但青年教员最好跟着老教员多学点做事的经验。现在我才知道教书与环境之重要了。

但我无论如何要本着青年的热诚，以尽职教书为自己的正事。八月三十一日开课了，我仍抱着往昔教书的态度，自然更小心些。高中部从没有背书的事，但我开始让学生背书了。平时要认真地回讲，考试要严格地监场。但自己也分外努力，出题目务求合理，阅试卷定要认真，画分数必求公平。富有正义感的青年，终于会接受热诚的教导的。学生都能背诵课文。每当早晨起来，鸟语悠扬里可以听到学生在屋后树下的琅琅书声。甚么是国文教师的快乐？这便是国文教师的快乐。除讲授课文外，每星期并为他们讲授文法。在女师讲授文法总算有点失败，因为到了学期末尾，总有不少的学生糊涂起来。这固然由于内容上欠充实，却也由于督导上欠工夫。这次讲授，自然内容上会更充实些，此外又为他们编写习题。国文教员改卷子已够麻烦，哪儿还有时间督促学生作其他的练习？但我规定月考一定有一个题目是平时的文法练习题目。如此，学生自然要作习题了。文法有点类似数学，一演习题也就会发生浓厚的兴趣了。因此便常常有些学生和我讨论文法上的问题。譬如有学生问到同位与形位的不同，宾词与副词的关系，这都给我们研究文法的人不少的启示。最后自然仍难免有的对文法又糊涂起来的事实，但比起在女师时的文法教学总算好多了。

关于作文方面我照例让学生注意错字。并且我从教书以来归纳出学生作文上最通常的错字，约～二百字，规定为考试的范围。再为他们讲文字之原理，务期他们举一反三，引起注意错字的习惯。关于作文内容，我也作了进一步的督促。课堂上所讲的尽是文言，学生的作文却又十九是白话。因此课本只在学养上和了解古籍上有很大的帮助，而对于作文却没有太大的好处。我为着促使他们国文的进步，引起他们作文的兴趣，让他们至少读课外书籍一种。并且一定要作读物报告，才有参与期考的资格。老实讲，课外的阅读，对于国文的学习实在太重要了。作文之进步，贵乎写作。有一班学生为着练习写作，要办壁报。但六中又无办壁报的风气，除了三民主义青年团的壁报外却没有任何壁报。他们又怕学校的干涉，来征求我的意见。我给他们说，办壁报是国文进步的秘诀，是学生正当的活动，学校不会干涉的。如果不谈政治，不为学校，不毁私人，纯以写作为目的，我可以负完全责任。结果这一班学生出了一个壁报，叫做“霜剑”。参加者二十余人，超过全班学生半数以上，由此足见他们对于写作之热心了。为着鼓励他们写作的兴趣，我除任该报指导外，又给他们写文章。我终于冒学校之不韪领着学生办壁报了。但这是环境的需要，不然为什么“霜剑”一出，全校之壁报却又如雨后之春笋呢？学校里并不怎么重视课业的负责，我们又不愿意离开自己的岗位，而做一些原非我们自己的事情。因此我们教国文的都往往感觉着一种教书的困难。于是我决计下期到绵中任教了。但我却始终不愿离开这一群活泼的六中青年。

从三十一年二月到七月，也是恰恰一个学期，我在四川省立绵阳中学任教。真是一个学校一个样子，绵中和六中却又完全两样了。这儿更没有读书的风气，甚至没有听讲的习惯。所以上课时就不免有的伏案而睡，有的交头接耳。你如果回问功课，他们却嬉皮笑脸，以不会解答为光荣。你如果责怪他们，他们却又抓耳挠腮，满不在乎。然而这儿学生亦确有好处。你如果真的热心教书，努力劝导，他们却非常顺从师长。所以不久秩序便好多了。只是你要随时督导。否则秩序便又乱了。这儿需要养成学生自动读书的风气。有时我逼着他们预习课文，他们反更用功了。他们往昔受的国文教学多半是旧式的，所读的文章不出乎《古文观止》。更有的还上过两年私塾。读过一点经书。懂倒不大懂得，背倒背出一点儿。我教的高中班课本上所选的文章多半是先秦的文章，我就为他们讲《诗经》之

《关雎》，《书经》之《牧誓》，《礼记》之《儒行》，《易经》之《文言》。这种文章自然不大好讲，但我却也不能学着老先生，读一遍便算完事。我不仅要用孔疏郑笺，更要引用段朱之声训，王俞的校释，甚至甲骨钟鼎，一套把戏都来上了。这样一点钟只能讲个三言两语，学生反更觉得神乎其神了。对中学生这样讲解，未免有点儿铺张。但经书不如此讲，却又不能真正了解。何况对四川学生历来不求了解但求背诵的风气，也正该给他们一个相反的纠正。我们且不论五四的文学思想是否偏激，但在四川这地方如能为学生讲讲章学诚的《古文十弊》，胡适之的《文学改良刍议》，倒反更有意义些。除讲授课文之外，每周为高中班讲授中国文法一小时，为初中毕业班讲授中国文学史一小时。绵中的学生对于文法的了解比较费劲些，但对于文学史却更发生兴趣了。

绵中学生的作文，也有与他处特别不同的地方。不注重思路，不注重层次，东抄西凑，妄用典故。但他们生在现在的中国，自然写不出来古色古香的古文。又因为他们受了旧式的国文教学，他们也写不出来生动活泼的白话。所以一般的作文都是文白夹杂。我常劝他们，作文自然应该文体不拘。能写出通畅的文言亦可，能写出活泼的白话亦可。但总要思路清楚，说话明白，切不宜文白夹杂。成名的作家，文言白话皆能运用自如。间或文白夹杂，反更能各取其精华，分外觉得调和。学生的作文，还没有成功，只求偷懒，也文白夹杂起来，结果反是各取其糟粕，不免令人欲呕。有的学生确曾熟读过几百篇古文，我就因势利导，劝他们不妨学写畅达的文言。如果根本连这一点儿根基都没有，又没有熟读古文的决心，我就干脆让他们写实用的白话。为着鼓励他们写作的兴趣，我每星期为他们介绍一些报纸上内容精彩文辞优美的文章让他们读。如此一来，他们的作文也就一天进步一天了。

正式教书已两年了。为着种种原因两年来每学期都要在外校有一个短时期的兼课。在昆华女师任教时，第一学期第二学期都在昆明市立女中兼课一个月的光景。在国立六中任教时，在绵阳中学兼课两个月；在绵阳中学任教时，又在国立六中兼课两个月。兼课比较无拘无束，任情所之，总是讲得更精彩些，学生会以为你是理想的教员，但这本不是理想的教员。因为兼课的教员，多少带一点玩票的性质。讲也许讲得更精彩些，但是并不能负实际的责任，更不能热心地指导。教员兼课自然多花费些宝贵的时间，对于学生也并不能收到真正教学的效果。教书二年，期期兼课，颇含有一点实习的性质，今后决计不再兼课了。

直到今日已是过了三年的教书生活。国文教学的八股也许不过如此了。教国文三年，我深深感到果欲收到国文教学的效果，一个国文教师只能担任一班国文，这一班学生最多三十人，最好国文教师也就是该班的导师。我教书以来，为着自己的进益，不大喜欢讲重复的文章。但时间久了，自然要讲重复的文章；加之以批改作文过多，恐怕国文教师也就很难进步了。教师之不进步，也就直接影响学生之学业。特别国文教师非有深厚精到的学识，不足以贯彻教书的兴趣；非有继续进修的精神，不足以领导进步的青年。国文教学又不同别科，比较困难些灵活些。时代的不同，地域的不同，学制的不同，校风的不同，年龄的不同，性别的不同，都会影响教学的不同。甚至各班有各班的风格，各人有各人的志趣，自然在教学上不能取一成不变的准则。所以果欲收到国文教学的效果，达到因材施教的地步，无论从进修上教学上国文教师都只能担任一班国文。国文教学与学生生活又有极密切的关系，因此国文教师最好也就是这一班的导师。不过目下的情形，国文教师要担任几班国文，每班的国文卷子又往往有七八十本之多，如何谈国文教学？更无论教师之进修了。但是我们国文教员总该注重自己的事业，尊重个人的志趣，应该选择一个适当的环境，竭力设法少任功课，能以多读点书。领导着学生共同前进。这未尝不是战时生活的一点幸福。以现今来说，各校程度以数理分级，国文程度的不齐不堪想象。学生方面也觉得演数学是本分，读国文就是多事。高中的学生更是如此。直到现在我看到不少喜欢国文的学生，但总找不到一个立志要学国文的人。依道理讲，教国文初中不如师范，师范不如高中。依目下情形论，却是教高中不如初中，初中不如师范，今日之师范学校，当真是比较看重文史教艺的地方。所以我决计下期到背山面水的丰谷井，在四川省立绵阳师范任教。

三十二年八月二十七日，教师节。

（原载《国文月刊》第28、29、30期合刊，1944年）

19. 国文教学经验谈

——湖南省立七中国文科会议报告

罗农父

关于国文教学的经验，有倒也有一点点，不过向来没有把它加以分析、总结，使它带上条理性、一般性，向理论上升，所以只是些零零碎碎的东西。现在不妨提供出来，给诸位参考，请诸位指正。请从讲解一方面谈起。

关于讲解或解书这一个“解”字，它的含义，我以为该有两种：一种是“注解”，另一种是“剖解”。世所谓汉学家、宋学家，他们的研究对象都不外乎几部古典经籍，他们的工作同是解书的，只是解的方式不同。汉学家偏重注解，仅仅把书上的名（文字音训）物制度一个一个讲一下就完了。宋学家则进一步要通过名物制度的注解，去探求书的著者的意思所在，可说是注意到剖解了，这比汉学家确是进了一步。姚惜抱说：“逮宋程、朱出，实于古人精深之旨所得为多，而其审求文辞往复之情亦更为曲当，非如古儒者之拙滞而不协于情也。”不过宋学家也不无毛病，毛病在主观力太强，往往拿起自己的成见去硬套古人——强古人来就我，所谓“六经皆我注脚”。从宋代到满清，一些文章批评家，如吕东莱、真西山、谢叠山、唐荆川、茅鹿门、归震川、冯天闲、金圣叹、何义川、林西仲、吴楚材、仇兆鳌、方望溪、姚惜抱、曾涤生、吴至父，都替我们做过剖解工作，留下不少的成绩，供我们参考，这是不容否认的。而世之所谓大方之家，却藐视他们，笑他们是批尾家当，说他们鄙俗；当中剖解工夫做得特别详细的，如冯、林二家，那被笑被藐视也就特别来得厉害，以为谁看了他们的书，谁也就不免是鄙俗的。这态度，我以为是不对的。我并不是说他们的工作没有毛病，毛病是有的：第一，也和宋学家一样，常常强古人来就我，不够客观，不够精核；第二，宋学家有一套关于哲理的玄谈，他们则有一套关于文艺鉴赏的玄谈（大部分是从八股文的学习经验中得来的），做起剖解工夫来，常常把这些玄谈夹杂进去，把科学分析跟文艺鉴赏的话头搅和纠缠在一起。这些都是毛病。不过无论如何，在解书上，他们总算是替我们开出了一条新的路来了。这一条新的路，在书的了解上，我以为是非常必要的。原来注解是个别孤立的，剖解则是全面联系的；二者相互依存着，渗透着，是偏废不得的。没有注解做基础的剖解，难免流于空，所谓“便辞巧说”；反之，没有剖解做指针的注解，则一定会失诸琐，所谓“碎义逃难”。我曾经做了这样一个公式：注解 + 剖解 = 了解。我在头一次跟青年同学们见面时，总要把这个公式提出来，予以大书详说。我以为对于解书，单单有注解——一个一个孤立的注解——是不能解决问题的。像一些汉学家那样的作风，专门做注解，做得过分详细，而对于剖解则一句话都怕说的（在他们也许是不屑说吧），这一面是谦谨，是所谓“大雅”，另一面则也可以说是懦弱和偷懒的表现，因为做剖解比做注解实在要艰苦得多。一篇短短的《出师表》，曾涤生前前后后给剖解过三次；那最后一次的剖解，我们现在看起来，似乎还不能就承认是定论。所以我主张，上课时，关于注解一方面的工作，在可能范围内，不妨指导学生自己去做，好匀出时间来，多替他们做点剖解工夫，像“庖丁解牛”似的，从一句一段到一篇，一一给剖解开来，去加深他们的了解。现在流行的各种国文教本，大都中了所谓方家之毒，只有注解而无剖解（世界出版的颇有一点），我以为这是一个亟待补救的缺陷。明、清以来几个较有成绩的文章批评家（姚、曾较正确，冯、林较详尽），我们是不能一概抹杀的；接受他们的遗产，弱点则克服之，优点则发扬光大之，这是我们的责任。

剖解剖解，谈了一大串，可是剖解究竟是怎样进行的呢？它的具体方法和内容究竟怎样？关于这，还得简略地谈一谈。

我们写文章，意思有了，材料也有了，这时候特别感到棘手的，是这意思该怎样把它表达出来，这材料该怎样予以剪裁和组织，这就是所谓谋篇布局问题。所以我们做剖解，也该从文章的篇局上做起，分段，做概语。一篇文章有着一篇的中心思想（篇旨），一段有着一段的中心思想（章旨），用一句简单明白的话把那一段一段的中心思想分别概括起来，这叫做概语（也叫小标题）。做概语颇不容易，要做得恰如其分，不漏不枝。分段做概语时，只要注意文章的中心思想的集结点和推移转换点。集结了，就是一段；推移转换了，就是另一段。千万不要被文章的转换形态——文人们行文的手法所眩乱（先秦、汉、魏诸作家，往往直起直止，转换处不高兴多要手法，所以结体非常高峻）。在这里，曾涤生是特别眼明手辣的。他只看中心思想集结的所在就给划成一段；文人们行文时手法变化不可方物，他根本不睬。这是冯、林诸家不敢做的。冯、林诸家，往往都只在文人们的手法里跳圈子（自然涤生也有武断处）。

任何一篇健全的作品，给下过这么一番剖解工夫，我们就看得很清楚，总是一段一个中心思想（只能有一个），段段可以独立起来；同时段和段间又有着一种有机的联系。一面是独立，一面是联系，任何一篇健全作品在篇局上总是这么矛盾统一着的。

我们的思想方法，是以个别的具体的感觉始，以一般的抽象的概念终的。终而复始，始而又终，这样一环节一环节不断发展下去。

文章是思想的表现，所以文章的句子的发展方式也不外乎这两套：不是由具体的到抽象的，由列举的到概括的，由特殊的到一般的；就是倒过来，由抽象的到具体的，由概括的到列举的，由一般的到特殊的（两者，在实际写作时，也往往有省略不全的）。在句子的积累上，指出思想发展的方式，也就是文章发展的方式，这是关于剖解的第二步工夫。

文章里面也存在着“点”和“线”这两个东西，这是我在不久以前才经验到的。

所谓线，是由干句（骨骼句）联成的；而所谓点，则是枝叶句（装饰句）的茂合处或紧凑处。假如写的是一篇论说文，那提出命题指出论点和结论的几个干句，联起来就成了线。命题复杂、深奥，非反复加以解释和证明，不足以取得读者的了解和信服，这证明和解释部分茂合或紧凑起来，就成了点；命题简单，无须多说，这就只有线而没有点。假如是一篇记叙文，那表示观点移动或情节推移的几个干句，联起来就成了线。对于某一观点或某一情节，觉得没有甚么值得描写的东西，一直往后一观点或后一情节推移下去，这就没有了点而只有线；觉得有值得描写的，而给以具体的描写，这描写部分茂合紧凑起来，就成了点了。在一篇文章里面，找出干句构成的线，线有断续；再沿着这线，逐步去观察枝叶句构成的点，点有轻重：这又是关于剖解的一种工夫。

学习一篇文章，由注解而剖解而达到了解，学习的功夫就完了吗？还没有完。还有一种功夫，站在了解的对面，也可说是站在了解的上面；这功夫，就是“欣赏”的功夫，了解的功夫，是科学的、分析的，是属于文字学、文法学及作文论研究的范围；欣赏的功夫，是艺术的、直观的，是属于修辞学中风格论（就是《文心雕龙》讲的“体性”）研究的范围。只能了解，不能欣赏，那么读人家的作品，就只能懂得它的意义，还不能辨出它的风格的高卑和雅俗；自己写起来，也只能做到通的一步，还不能做到好的一步。上面说的线和点，把它们拉到这里来，那就可以说，欣赏是对于点的把握，了解是对于线的把握。

在讲解时，我有两种比较特别的脾气，在这里不妨联带报告一下。

第一，解不得的不强解；不但不强解而已，进一步还要着重提出，明白告诉学生，某句某段是解不得的。我以为我们读书，要会发疑，会解疑，同时更要会阙疑，会传疑；把自己解决了的拿出去送给人们，这是需要的；自己解决不了的拿出去向人们公开，这也同样是需要的。

第二，文章有好处要提出讨论，有坏处也同样要提出讨论。曹子建说："世人之著述，不能无病。"这是一句非常心平气和的话。中国几部顶有名的古书，我看，最健全不过的是《论语》和《易系辞》（后者篇法上有问题，但过不在作者而在编者），其次是《孟子》、《老子》、《檀弓》和《左传》；《庄子》和《史记》就难免有毛病了。唐、宋八家，欧、王的毛病尤其多。我读文章，常常诊察到人家的毛病，而且常常喜欢给人家处方治疗毛病，一字，一句，甚至全篇改组，不管作者是甚么权威或神圣。我以为在科学分析之前，甚么权威或神圣都不存在。

关于讲解一方面的话说得太多了，暂且带住，来谈谈批改。

在上作文课时，我常常加重口气对学生们讲："文章是表达意思的；意思是事物在脑子上的反映。事物认识得不清楚，意思不清楚，文章是无法清楚的；没有意思就根本没有文章。没有意思而做文章，这叫做'放屁'；因为放屁根本没有表情达意的作用存在。

"作文要用自己的诚实的话。把脑子里的意思整理整理，移到纸上来，这就是文章了；千万不要东扯西拉。

“我们只该说‘写’文章，不该说‘做’文章；文章是做不得的。一做就根本不是了。把意思从脑子里移到纸上来，把无形的意思翻成有形的文字，这叫做‘写’；没有意思，专门在文字上雕琢剽窃去讨好，这就是‘做’。专门在文字上雕琢剽窃，是一点好也讨不到的。‘切勿误信作文是可以雕琢取胜的’（夏丏尊语）。

“练习作文，只该求通，不要求好，好是勉强求不来的。一定要勉强求，结果会使你大大失望，不但不会好，反而会欠通。

“练习作文，头一步求其确实、明白、有条理；进一步再求其深刻、生动、有力、有味。”

同学们提问：“文章的好是怎样构成的？怎样才算是好？”考虑再考虑，在黑板上大书着这样一个公式答复他们：意确 + 辞达 + 自然 = 好。

“作文和读书，是一回事的两个方面。读书，所以吸收人家的意思；作文，所以发表自己的意思；读书，是翻文字做意思，由具体到抽象；作文，是翻意思做文字，由抽象到具体。对读书，要钻得进，要破得开；对作文，要发得出，要团得拢。”

上面这些话虽然广泛、拉杂得很，却是基本的；我常常对同学们这样讲，意在使他们对自己的习作问题有着一点基本的认识和把握。现在来谈谈关于批改的技术问题。

对于作文的批改，我一向是异常认真的，往往一点钟批改不了一本卷子。后来经验告诉我，这作风错了：第一，改得太多了，会使作者扫兴，以后提起作文就生厌、害怕；第二，批改得太多了，青年朋友实在也看不清，接受不了。他们决不能捧着一本涂鸦满纸的作文卷子，逐字，逐句，逐段，逐点，逐窜，逐批，一一研究下去；他们没有这样的耐心，也没有这样的能力。于是改变作风，努力少改，一本卷子一次只着意给改三五句。然而改少了，心总放不下，于是制定一套批符号（开始时有二十五个使用起来，师生都感到麻烦，逐渐减缩，现在只有十个而已）。凡是字义上、文法上、逻辑及事实上犯了错误，乃至别字、误笔，一一用符号分别标示出来，教学生照着符号的指示自己去改正；层次不清，体裁不合，则另加眉批或尾批。下次缴作文时，给复查一过，看改正了多少，酌量增加分数。“多改不如少改，添加字句不如删减字句。”蒋伯潜先生的这主张，我是同意的，不过有时还难免故态复萌，点窜、钩乙、添加一齐来，弄得连自己都看不清。

我的批语是不规则的，短则三两字，长或数十百字，觉得没有甚么批的就不批。四字或八字冠冕堂皇不着边际的话头，我一向是不用的。

某一个作者犯的错误，比较有一般性的，批改时给另纸记下来，上课时来一次公开的总提示。

批改工作，同学们相互间也可以交换担任起来。我在十几年前，制定过一套“同学作文交换批改规则”，规定每个学生每次作文课须担任批改两个以上同学的卷子，自己的卷子也须经过两个以上同学的批改；批改用红蓝铅笔；批改者须署名。批语是规定的，只有四句：一，“确达”；二，“确而不达”；三，“达而不确”；四；“不确，不达”。

第一有效的批改方法，我觉得是让作者来看着批改。这方法，我试用过三次，都很有效，而且很有趣。批改时间规定在上灯后，依照作文卷号码，把作者叫来，一次来两三个，一边批改，一边和他们问答、商谈。这方法，和交换批改那办法配合进行，收效尤其大。

方法多而又多，我们做事并不愁没有方法，可恨的是时间和精力往往不容许我们经常地照着方法做，这是觉得非常对不起的。

经验粗浅，报告拉杂，望诸位多多指教。

（原载《国文月刊》第72期，1943年）

20. 我们的宗旨与态度

叶圣陶

编辑《中学生》十几年，觉得我们一班写稿朋友有个共通的观点，虽然并没有明文规定或者口头约束。这个共通的观点用夏丏尊先生的话来说，就是“受教材”并不等于“受教育”，学校教育如果只能使学生“受教材”，那是欠缺，如果连教材也受不到，当然更不成话。必须使教材像食物一样，在学生的身体里消化了，转化为血肉；学生就在“受教材”的当时得到补益与受用，那才是“受教育”。

从这个观点出发，我们自然而然反对文字教育与记诵教育。这需要略加说明。反对文字教育并不是反对识字与读书，是反对功夫只做到识字读书而止。必须通过了文字与事物的实际打交道，才可以获得真知识，真经验，养成真能力，真才干。有若干事物很可以不必通过文字的，那就应该直接与他们打交道，不必绕弯儿读什么书。反对记诵教育并不是主张学了什么不须记住，要赶快把它忘掉，是反对死记死读，反对食而不化。要知道记住只是初步，跟在后头的事情还有很多，必须把记住的东西化为自身的习惯，即知即行，才算作到了家。

刊载在《中学生》里的无非是一些材料，犹如学校教育的所谓教材，并且，一篇一篇的无非是文字，这是个没有办法的办法。如果不提供些材料，不用文字写出来，我们还有什么办法给读者诸君服务呢？可是我们并不希望诸君看过了记住了就完事，却希望诸君经过一番消化作用，生出新的血肉来：这是十几年来一贯的想法。

我们给诸君提供材料，每月一回出杂志给诸君看，又念念不忘教育，好像我们自居于老师的地位似的。就年龄说，我们的确与诸位的老师相当，而且，我们中间大部分曾经当过老师或是现任老师，就承认自居于老师的地位也不要紧。不过老师有种种，大概说来可以分为两个派头。一派是取教训态度的。自己方面好像什么都没有问题，样样懂，件件能，立身处世，所作所为就是标准。他们把学生或者比作一张白纸，五颜六色都待涂上去，或者比作一个空瓶子，甜的咸的固体的液体的都待装进去。于是根据自己的见解来“涂”来“装”，什么应该怎样怎样，什么不应该怎样怎样，这就是他们的教训。他们只巴望学生领受，全部领受的是好学生，领受一部分的是次好学生，领受不下的是坏学生。还有一派是取辅导态度的。不承认自己全知全能，自己也还在学习的中途（学习哪里有止境呢?），不过比学生多走这么一步两步，或许多一点知识经验，能够尽一点导引与辅佐的责任罢了。他们不把学生看作白纸或者空瓶子，他们知道知识能力全从与环境接触而来，婴儿孩童就有知识能力，只待引导他，发展他，让他的知识能力越来越精深强盛，可不能硬要给他什么。这就自然而然站到学生的旁边，安排好适宜的环境，让他们自己去活动，他们忽略了什么的时候，给他们提醒一下，他们弄错了什么的时候，给他们纠正一下，他们遗漏了什么的时候，给他们补充一下，不过如此而已。而在提醒与纠正与补充的当儿，又必然像亲切的朋友似的，用商量的口气说，如果这样，是不是更好一点？决不会像严厉的长官似的，用命令的口气说，你那样不行，非这样不可！因为活动的主体到底是学生，活动要有意义，有价值，必须让他们自愿自发才成。以上说的两个派头很不相同，要我们挑选，我们愿意属于后面一个派头，我们愿意取辅导的态度，我们十几年来也一直取的这种态度。我们时常把读者诸君称为青年朋友，这个“朋友”不是一种浮泛的称谓，却表示我们真心诚意的把诸君认作朋友。我们想些什么说些什么固然不肯马虎随便，可不敢相信一定想得对说得对。既然彼此是朋友，这一层也无所谓。朋友之间原有共勉互励的情分，我们想得说得不对，诸君尽可以不客气的给我们纠正，这在我们与诸君都是非常有益的事儿。

以上一些话其实说过不知道多少回了，这回《中学生》出满两百期，社中同人要把编辑的宗旨与态度表白一下，所以又来简要的说一回。(略)

(原载《中学生》杂志第 200 期，1948 年)